正解は"マーケット"が教えてくれる

世界の"多数派"についていく
「事実」を見てから動くFXトレード

著 浜本 学泰
TAKAYASU HAMAMOTO

まえがき

「ひとりでも多くの人に経済的な独立を果たしてほしい」
「相場の魅力をひとりでも多くの人に体感してほしい」

このような思いで、ここ5年間、述べ1000名ほどの方々にトレードを教えてきました。

私は、1973年に生まれ、1985年のプラザ合意後の急激な円高のニュースに興味を持ったことをきっかけに、金融市場に身を置くことを選択しました。大学在学時は、「外国為替・国際金融」を専攻し、マーケットのメカニズムを学術的に説明できるのかという研究に取り組みます。

その後、ディーリング業務、トレーディング業務、ファンドマネジメント業務に興味を持ち、野村證券をはじめ、メリルリンチ日本証券、ファンネックス・アセット・マネジメントにて、セルサイドとバイサイドの経験を積ませていただきました。

◆退社したその日にリーマンショックが起こった

2008年1月、サブプライムローン問題の異常性に気づいた私は、社内でヘッジファンドの「ネットショートのポジション」を提案させていただきました。しかし当時は、その異常性を認識している人は少なかったのです。そこで、私は、金融市場が大混乱するときのために密かに準備を始めます。

そして、2008年9月15日（月）に辞表を提出しました。その日が

まさにリーマンショックとなる日でした。辞表を出した日の夜にリーマンブラザーズ社が破綻することなどは知りませんでしたが、自らの信念と直感を信じて、自ら辞表を提出したその晩に象徴的にリーマンブラザーズが破綻したことは、私の判断が正しいことを証明してくれたように感じました。

◆個人投資家に有利な時代が始まった

時同じくして、ファンドマネジャーとして金融業界を調査対象のひとつとしていた私にはある考えが台頭してきていました。
それは、「これからは個人投資家が活躍する時代で、プロの運用者の優位性は大きく損なわれた」というものです。
それまでの長い時代、投資関連の情報は乏しく、一般投資家が株価を知るのは翌日の新聞を待つか、証券会社に電話するか、テレビ東京の番組を見るしかありませんでした。
ところが、インターネットやIT技術の発展によって、インターネット証券という業態が台頭したことで、状況は大きく変わります。
さらには1998年の規制緩和によってFX市場が個人投資家にも開放されました。世界でも類を見ないインターネットによる金融取引の条件の改善には目を見張るものがありました。情報、トレードツールなど、プロと遜色のないところまできていたのです。
プロには投資行動の制約がありますが、個人投資家には制約はありません。投資対象も手法も、投資するか休むかまで自由なのです。しかもトレードするツールはプロとほぼ遜色がないという状況です。「これからは、個人投資家が有利な時代だ」と考えても無理はありません。

2008年9月、ファンドマネジャー辞職後に、個人アカウントを開設してFXトレードをスタートさせました。退職金などはすべて家族

に報告済みで使えませんでしたので、試しにトレードをするためにコソッと用意できたお金は50万円。そこから始めました。

　これまでの投資経験で学んだことをいろいろと試しながらのトレードでしたが、初月から150万円の利益を得ることができました。その後も、継続的に月利100％〜300％のパフォーマンスを出し続けることができました。

　ただ、その過程で、FXトレードの仕組みを十分に理解せぬまま始めたこともあって、強制ロスカットになる経験も何度かありました。しかし、規律を持って取り組むことで、お金は着実に、そして、通常では考えられないペースで増えていったのです。

◆ **FXトレードを教える**

　トレードだけではなく、事業を興す傍ら、不動産投資を教えている人とたまたまご縁をいただき、その方の前でトレードをしていたところ、「そういう技術を欲しい人はたくさんいるから教える活動をしたほうがよい」というアドバイスをいただきました。

　それまでは、「投資など教えるものではなく、自分で学ぶものだ」と思っておりましたが、不思議にご縁はつながるもので、私のトレード手法を形にした教材が販売されることになりました。最初はあまり売れませんでしたが、徐々に多くの人たちに教えさせていただく機会が増えていきました。そして、次第に、私のトレード手法を学んだ方々の中から、「勝てるようになった」「FXで生活できるようになった」という喜びの声が寄せられるようにもなってきたのです。

　私の13年間の業界での経験が人の役に立つのだと初めて実感した瞬間でした。

　私は、自らの投資経験を通して、「トレードを行うことでとてもメ

ンタルが鍛えられる。トレードは、エゴと向き合うとても良いツールである」と強く信じています。私のモットーである「トレードは全員やったほうがよい」「資産形成しながら人格形成になる」も、実は"そこ"から生まれています。

　トレードを極めることで、自分の人生がより幸せなものになる。トレードをすることで人生の悟りのようなものを得られ、すべてのことを受け入れられるようになる。そう思うようになったのです。

◆**学ぶべきことをしっかり学ぶこと**

　原稿執筆段階の2015年2月、多くの人たちに積極的に投資を体験していただきたい、そのために精力的に活動をしたいと考え、お金の学校「アーニングアカデミー」を開設することになりました。
　これまで、投資をきちんと学ぶ場があまりありませんでした。投資は座学で学んでできるようになるものではありません。実践が大切なのです。そのための場が私の立ち上げた"お金の学校"です

　私はよく投資を自動車の運転に例えます。運転できるようになるために、1ヵ月以上、自動車教習所に通います。実技を中心に練習し、安全運転に必要なルールを座学で学びます。何度も何度も訓練を積み上げて、運転免許を取得できる段階へと成長するのです。
　投資も同じです。「運転する＝投資で勝てる」ようになるために必要な技術の実践を積み、リスクを押さえて、リターンを上げやすいルールを覚えていく必要があるのです。それまでは実際にお金を入れることなく、練習を繰り返すのがよいと思っております。

　トレードも運転も、基本的にひとりで行うものです。それゆえに、どちらもエゴが出てきやすいのです。決められたルールの中で、いかに、

自らを律しながら安全運転をしていくかが、免許取得後には大切になってきます。

もちろん、お金という欲にかかわるところですので、一筋縄ではいきません。実際、自身の欲に左右されておかしなことをして、資産を失ってしまった人もいます。

しかし、このような事態が起こってきたのも、今まで「お金」について学ぶ場がなかったからだと思っています。自動車教習所に通わずにいきなり自動車を運転するようなものです。それでは事故が起こっても仕方ありません。

だからこそ、学ぶべきことを、学べる場で、しっかり学ぶことが大事だと考えています。勝てる技術とルールをきちんと学び、それを着実に実践することができれば、誰でも勝てるようになると私は信じています。

◆相場道

FXに限らず、株式投資、商品先物投資など、多くの投資機会が個人投資家の皆様には解放されています。それらは、自己の可能性を広げるだけでなく、自己の人格も向上させてくれる、とても優れたツールだと思います。

私は相場を「相場道」と捉え、自らの精神鍛錬の場としてふさわしいと考えております。

本書を機会にひとりでも多くの人たちが、「投資」という世界に触れ、自らの人生をより幸せなものにしていただければありがたいと思います。

多くの方が当たり前に投資を行い、自らの人生を彩る世の中が近い将来実現することを祈って、まえがきとさせていただきたいと思います。

株式会社倭・美　代表取締役
アーニングアカデミー　代表
浜本　学泰

まえがき —————————————————————————— 2

第1章　当てにいかずに"流れ"に乗る

第1節　順張りか、逆張りか —————————————————— 14
　　　1）流れに乗るほうが簡単だ
　　　2）転換点は無視すること

第2節　トレンドに乗るということ ———————————————— 17
　　　1）当てようと思うと難しくなる
　　　2）相場を難しくしている原因は自分にある
　　　3）素早く動く

第3節　トレンドに乗るためにテクニカルを使う ————————— 22

第2章　世界の"多数派"についていくためのツールとは

第1節　トレンドを見つけるツール ——————————————— 28
第2節　5つのテクニカルについて ——————————————— 31

コラム
● バンドウォークについて ——————————————————— 50
● 利益確定の美学 ——————————————————————— 53
● 自省することと男女のトレード傾向の差について ——————— 55

第3章　事実を見てから動くときのエントリーと決済のルール

第1節　1時間足で流れを見る ————————————————— 58
第2節　5分足でエントリーする ————————————————— 60
第3節　移動平均線反発　レベル1 ——————————————— 62
　　　1）買いの場合
　　　2）売りの場合
　　　3）移動平均線反発のサインの強さ

第4節　移動平均線ブレイク＆水平線反発 ──────────── 66
　　　　1）買いの場合
　　　　2）売りの場合
　　　　3）移動平均線ブレイク＆水平線反発のサインの強さ

第5節　高値＆安値（水平線）ブレイク、トレンドライン反発 ──── 72
　　　　1）買いの場合
　　　　2）売りの場合
　　　　3）高値＆安値ブレイク、トレンドライン反発のサインの強さ

第6節　一目均衡表の雲抜け（雲割れ）＆トレンドラインブレイク ── 78
　　　　1）買いの場合
　　　　2）売りの場合
　　　　3）雲抜け（割れ）＆トレンドラインブレイクのサインの強さ

第7節　ペナント（三角持ち合い）ブレイク ─────────── 84
　　　　1）買いの場合
　　　　2）売りの場合
　　　　3）ペナントのサインの強さ

第8節　損切り（ロスカット）について ───────────── 88
　　　　1）ロスカットは回復を早める作業
　　　　2）エントリーした根拠がなくなったら切る。それだけのこと
　　　　3）小さくロスカットすることが大事

第9節　利益確定について ────────────────── 92
　　　　1）利益確定は難しい作業
　　　　2）消極的なやり方と積極的なやり方がある

コラム　●同じ時間軸を使う ───────────────── 96

第4章　"最良"トレードにつながる「戦略」＆「シナリオ」

第1節　「これから何が起こるのか」を知る ─────────── 100
　　　　1）重要指標のスケジュール確認
　　　　2）戦略上のチャート分析
　　　　3）戦略の手順

第2節　シナリオを作るとはどういうことなのか？ ―――― 107
　　　　1）シナリオとは値動きの最大の幅を想定すること
　　　　2）買いの場合の基本シナリオ
　　　　3）売りの場合の基本シナリオ
　　　　4）レンジの場合の基本シナリオ

第5章　事実を客観的に「判断」し、迅速に「執行」する

第1節　事実を見つめる ―――― 116

第2節　判断と執行の関係 ―――― 119
　　　　1）判断したら、即、執行が原則
　　　　2）執行後の対処

第3節　判断の詳細について ―――― 123
　　　　1）良い判断とは何か
　　　　2）判断する内容
　　　　3）チェックする癖をつける
　　　　4）「判断」を曇らせるものとは

第4節　「執行」について考える ―――― 136
　　　　1）執行で覚えておくべき4つのこと
　　　　2）判断から執行へ移行する前に
　　　　3）良い執行をするためには

コラム　●やらないという判断ができるかどうか ―――― 143

第6章　手法以上に大切な「メンタル」との付き合い方

第1節　トレードにおけるメンタルの位置づけ ―――― 146
　　　　1）裁量トレードとメンタルの関係
　　　　2）裁量トレードとメンタルは切り離せない
　　　　3）トレードの成果を左右する
　　　　4）メンタルとパフォーマンスとの関係
　　　　5）メンタルの働き

第2節　メンタルを動かすもの ──────────── 156
　　　1）メンタルに影響を及ぼすものとは
　　　2）メンタルに影響を及ぼすもの　その1　〜恐怖と不安〜
　　　3）メンタルに影響を及ぼすもの　その2　〜傲慢〜
　　　4）メンタルに影響を及ぼすもの　その3　〜無知〜
　　　5）メンタルに影響を及ぼすもの　その4　〜集中していない〜
　　　6）メンタルに影響を及ぼすもの　その5　〜体調〜

第3節　メンタルの特性を知る ──────────── 168
　　　1）メンタルの特性　その1　〜メンタルの方向性のバイアス〜
　　　2）メンタルの特性　その2　〜メンタルの困った特性〜
　　　3）メンタルの特性　その3　〜メンタルの影響を抑えるには〜

第4節　メンタルの整え方 ──────────── 174
　　　1）メンタルの整え方　その1　〜メンタルダメージを最小限に〜
　　　2）メンタルの整え方　その2　〜想定内に収める〜
　　　3）メンタルの整え方　その3　〜常にチェックする〜

第5節　メンタル状態のチェック ──────────── 182
　　　1）ロットがいつもより異常に大きい、異常に小さい
　　　2）損失額がいつもより大きい
　　　3）勝率が下がる

第6節　メンタルの鍛え方 ──────────── 185
　　　1）メンタルの鍛え方　その1　〜原因と理由を探る〜
　　　2）メンタルの鍛え方　その2　〜負荷をかける〜

第7節　メンタルが確立すると ──────────── 194
　　　1）正しいトレードができる
　　　2）柔軟性が生まれる
　　　3）自己革新が加速する
　　　4）「超客観的」な心理状態になれる

第8節　スランプについて ──────────── 199

第7章　事実を見てから動くFXトレード　実例紹介

第1節　ここまでのおさらい（チェック項目） —— 210
第2節　実例紹介　その1 —— 212
第3節　実例紹介　その2 —— 216
第4節　実例紹介　その3 —— 220
第5節　実例紹介　その4 —— 224
第6節　実例紹介　その5 —— 228
第7節　実例紹介　その6 —— 232
第8節　実例紹介　その7 —— 236
第9節　実例紹介　その8 —— 240
第10節　実例紹介　その9 —— 244
第11節　実例紹介　その10 —— 248
第12節　実例紹介　その11 —— 252

第8章　事実を見てから動くFXトレード　利食いの実例

利益確定の練習 —— 258

　・事例1の解説
　・事例2の解説
　・事例3の解説
　・事例4の解説

コラム
　●時間軸の考え方 —— 280
　●通貨ペアについて —— 282

あとがき —— 286

第1章 当てにいかずに"流れ"に乗る

～第1節～
順張りか、逆張りか

1）流れに乗るほうが簡単だ

　トレードのやり方には、大きく、順張りと逆張りの2つがあります。どちらがいいのかは意見の分かれるところであって、そこに正解はないと思います。ただ、私の経験則から言えることでどちらがやりやすいのかをあえて決めるなら、順張りのほうがわかりやすいだろうと思っています。

　なぜかというと、順張りの場合、流れに乗ることができれば、大きく利益を取ることが可能になるからです。逆張りの場合は、一般的に大きく振れた分の戻りしか狙いにくいですが、順張りはそれ以上に大きく狙える可能性があります。損小利大という原則には一番よいであろうと思います。

　また、逆張りでは、「行き過ぎたから戻るであろう」という考えが大前提になっています。この大前提に個人的な疑問があります。「行き過ぎたら本当に戻るのか？　戻らなかったらどうするのか？」と思ってしまうのです。加えて、すでにお話ししたように、戻ったとしても高が知れている（逆に振れた分だけしか戻りにくい）ので、そこに自分の大切なお金をさらす勇気が出ないのです。

でも、順張りは違います。流れが出て、それに乗ることができたら、勢いが収まるまでその流れに乗り続ければいいのです。流れが出てから乗るわけですから、このやり方のほうがより確実だろうという考えでいます。これが、順張りのほうがやりやすいと思う理由です。

　順張りとは『トレンドの波に乗る』ということです。自分の乗りたい波が来るまで待って、波が来たらそれに乗る。そういう感覚です。サーフィンのイメージで考えていただけるとわかりやすいと思います。

　あとで、あらためてお話しすることになるかと思いますが、ここでのポイントは「乗りたい波が来るまで待って、流れが出てから乗る」ところにあります。ここを間違えると、順張りを狙ってやっているとはいえど、失敗する確率が高くなると思います。

　私がファンドマネジャーをやっていたときは、ファンダメンタルズを参考にしていました。でも、理屈では説明しきれないマーケットの波に乗ろうとしたときには、ファンダメンタルズはあまり役に立たず、結局、波が来てから流れに乗るほうが確実であることに気づいたのです。この点も、私が順張りを勧める理由のひとつです。

2）転換点は無視すること

　早く、しかも大きく利を取りたいと思って「転換するかしないか」という瀬戸際でエントリーしたこと、ありませんか。結果はどうでしたか。思っていたよりもうまくいかなかったのではないでしょうか？

　マーケットは上げたい人と下げたい人の綱引きの場といえます。そして、ときに、上げたい人と下げたい人の力関係がまだはっきりしない状態になることもあります。それがいわゆる転換点です。転換点は、

勝負がついた場所ではありません。単なるグレーゾーンだと思ってください。実際、勝負があったと思って入っても、負けた人がほかの仲間を連れてきて、リベンジを果たすことがよくあります。これが、いわゆるダマシにつながります。

　転換点がグレーゾーンならば、私たち投資家はどうすればいいのでしょうか。すべきことは実は決まっています。上げ下げの決着が完全についてから市場に参加すればいいのです。例えば、上げたい人に軍配が上がると、売って下げたいと考えていた人たちは、「勝負あった」と考えて、ポジションを買い戻します。こういう動きになると、音で言うなら「ダダダダッ」という感じで動きが出ます。だから、それからエントリーの場所をじっくり探しても、十分、間に合うのです。俗に言う「頭とシッポはくれてやれ」です。慌てる必要はまったくありません。どうせ、頭とシッポは食べないですよね。一番美味しいのは真ん中の身の部分ですから。
　結局、全員が上げに傾いているところ（もしくは全員が下げに傾いているところ）で入ればよくて、赤が勝つか白が勝つか、わからないような場所でリスクを取る必要はないのです。

~第2節~
トレンドに乗るということ

1）当てようと思うと難しくなる

　トレンドに乗るというと難しいイメージがあるかと思いますが、実は頭で考えているほど難しくはありません。

　例えば、ファッションの世界でトレンドに合わせようとするなら、ファッション雑誌を読んで、どこどこのブランドの服を真似して着れば、着こなしこそ下手くそかもしれませんが、一応、トレンドには乗ることができます。

　相場でのトレンドに乗るということも、実はよく似ています。「トレンドを当てよう」と思うから難しいのです。ただ、真似すればいいのです。

　ところで、真似すればいいとはいっても、何の真似をすればよいのでしょうか。答えを先に言いますと、**マーケットに参加しているたくさんの人たちの動きを後追いすればいい**のです。マーケットには、数えきれないほどたくさんの人たちが参加しています。その人たちが動く方向に自分も合わせるだけ、ただそれだけでいいのです。

　例えば、問題文を読み終わった後に、正解だと思うスペース（例えば、〇や×）に移動するクイズがあるとします。クイズの場合は、問題文を読んで正解を当てなければいけませんが、マーケットにおいては、

正解（○か×か）を当てる必要はありません。問題文を読み終わったということがわかればいいのです。そのあとで、どちらに人がたくさん動いているかを観察して、「あ、これは○のほうが多そうだな」とわかった段階で○のほうに走る。それで勝てるのです。なぜなら、マーケットの正解は問題文が読まれた時点ではわからないからです。問題文が読まれた後、○と×、どちらにより多くの人が動くかで正解が決まるからです。要するに、マーケットの正解は常に多数派なのです。

　もうひとつ例を挙げてみましょう。例えば、「1＋3＝？」という問題文が読まれたとします。解答として「4」と「5」が用意されているとします。このとき、問題文が読まれた瞬間に「正解は4」だと当てにいくのはアナリストです。

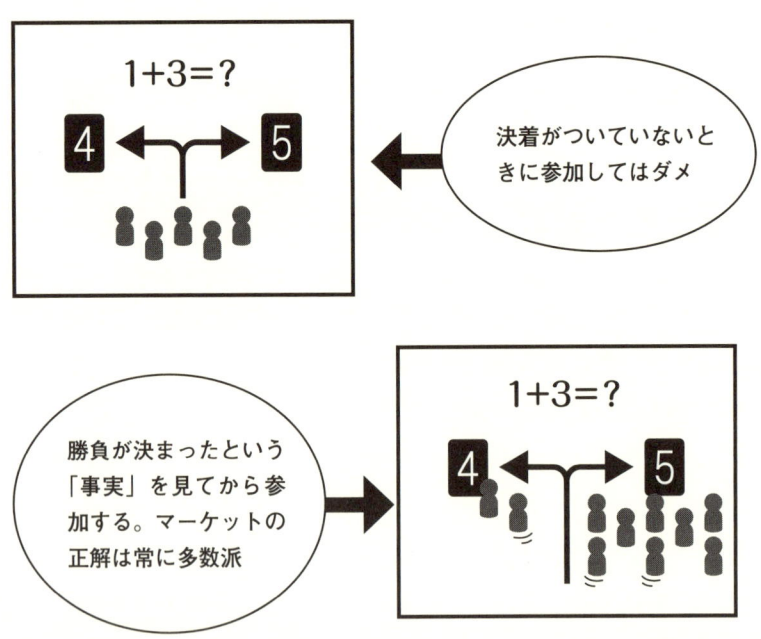

でも、私たち個人投資家は、当てにいってはいけません。「4」と「5」、どちらにより多くの人が集まるのか、その事実をまず確認します。そのあとで、多くの人が集まったほうに動けばいいのです。多くの人が集まったという事実が、すなわち「正解」になるからです。

　一般的に、「上に行くのか、下に行くのかを当てることができれば相場で勝てる」と思われがちですが、実は、そんなことはありません。逆説的に聞こえるかもしれませんが、上か下かを当てようとするから、相場が難しくなってしまうのです。なぜなのか。それは「当てよう」と思った瞬間は、自分本位に動いているからです。

　ここで、プロの考え方を紹介しましょう。プロに多いのは、マーケット本位の考え方です。マーケットが「主」で、私たち投資家が「従」です。わかりやすくいうと「マーケット様に合わせる」ということです。この感覚がないと、途端に相場が難しくなります。トレンドに乗るということは、マーケット様に従うということです。マーケット様が「上だ」と言ったら、「はい、わかりました、上ですね」と、その"指示"どおりに動くことなのです。「マーケット様が上だと言っているけど、自分は下だと思うな」というようなことはどうでもいいのです。
　先ほどの「1 + 3 = ?」にしても、数学上の正解は「4」かもしれませんが、マーケット様が「5だ」と言えば、自分は「4が正解だ」と思っていたとしても、「5」に意見を変えないといけないのです。

　まとめますと、私たち投資家は、問題文が読まれるタイミング、要するに、マーケットが動くタイミングだけを知っていれば十分なのです。上に行くか下に行くかは、動きを見てから決めればいいのです。そう考えると、相場もあまり難しいことではなくなります。

2）相場を難しくしている原因は自分にある

　今までお話ししたように、相場では、「○だなぁ」と思う人が多ければ、○のほうに動きます。逆に「×だなぁ」と思う人が多ければ、×のほうに動きます。ここで私たちがしなければいけないのは、考えを相場に合わせることです。当てようと意固地になって、「自分」を主体にして考えると、相場は一気に難しくなります。
　例えば、自分は「×だ」と思っていても、多くの人が○のほうに動いていたならば、即座に「あ、まずい。○のほうが正解なんだ」と、×から○へ考えを変えないといけません。ここで躊躇していたら、「×だ」と思っていた人が「○」に考えを変え、後からどんどんあなたを追い越していきます。そういう動きが結果的にはトレンドを作ります。

　カメレオンのように、即座に周囲に合わせて自分の色（考え）を変えること。この力が、マーケットで生き残るには必要です。エゴを捨てて、マーケット主体で考えてください。難しいと感じるときは、大抵の場合、自分を基準に考えていることが多いものです。相場を難しくするのも、簡単にするのも、自分次第であることを覚えてほしいと思います。

　「自分はこうだ」という決めつけは、身を滅ぼすだけです。トレンドの波はマーケットの人たちが決めます。自分では決められません。だからこそ、「これからどうなっていくのか」を客観的に見ることが求められるのです。マーケットの世界では、主観は「なし」です。
　でも、そうはいっても、人間は主観的になりがちです。だから、難しいのです。仏教の世界でも、エゴから解脱するのが最大の目標ですからね。
　ぜひとも、人は主観的になりやすいという事実を意識しつつ、「決

めつけを一切排除すること」を目標にしてほしいと思います。

3）素早く動く

　マーケットに合わせることができるようになったとして、もうひとつ、私たち投資家がやらなければいけないことがあります。それは、「○よりも×のほうが多いかな」と気づいた瞬間に、できるだけ早く「×」に走ることです。要するに、素早くトレードすることです。ここでモタモタしていると乗り遅れてしまいます。

　早く動くためには、あらかじめ、すべきことを決めておく必要があります。それが、エントリーの形です。私が推奨しているやり方は、**大きな時間軸（1時間足）の流れを見て、その方向に短い時間軸（5分足）でタイミングを計る**ものです。このことについては、第3章で詳しく解説します。

～第3節～
トレンドに乗るためにテクニカルを使う

1）誰もが見ているチャートを参考にする

　上がるとか下がるについて、「何と何を見て判断すればいいの？」という疑問にお答えします。**判断に使用するものは世界共通のもの、そう「チャート」です。**

　これは、世界中の人が同じチャートを使っているからです。チャートは万国共通です。話す言葉が違っても、文化が違っても、通用します。音楽や数式と同じ類いのものだと考えて間違いありません。

　上に行くと考えている人が多いのか、それとも、下に行くと考えている人が多いのか。みんなが見ているのと同じものを見るからこそ、みんなの意識がわかるのです。

2）チャートで何を見るのか

　世界中の人と同じもの（＝チャート）を見るのはなぜか。それは、買いと売り、どちらの綱引きが勝ったのかを探るためです。上でも、下でも、どちらでも構いません。とにかく、**どちらかに動き出すきっかけを見つけるためにチャートを見ます。**言い換えると、「これから生まれるトレンドを見つけ出すためにチャートを見る」ということになります。

①斜め右上に上がっている形(上昇トレンド)

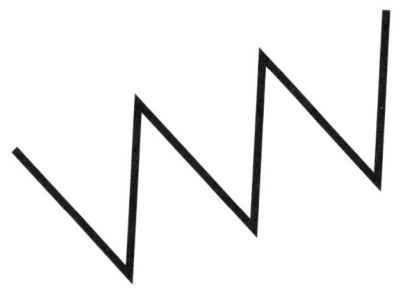

②斜め右下に下がっている形(下降トレンド)

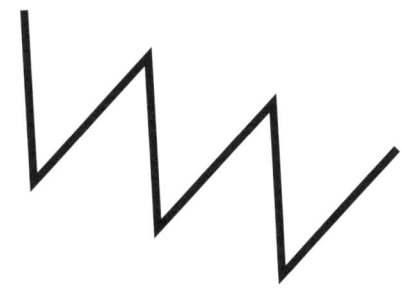

③水平に推移する形(持ち合い=レンジ)

さて、チャートの形は、大きく分類すると、前ページの３つになります。
　基本的にはチャートが斜めになっているときに限定したほうが勝ちやすいと思います。斜めになっているときとは、要するに流れが出ているときのことです。
　ですから、チャートを見て最初にすべきことは、「今、斜めになっているかどうか＝流れが出ているかどうか」を確認することになります。流れに乗るほうが、流れに逆らうよりも断然に楽だからです。

　チャートを見ることのメリットは、実はもうひとつあります。それは、その後の**未来が予測しやすくなる**という点です。「未来を予測できる」と言うと、「そんなことできるわけがない」と思うかもしれませんが、私の答えは「ほぼできる」なのです。「"ほぼ"ってなんだ？」と思いますよね。ここで言う"ほぼ"とは、未来を完全予測できるということではなく、ロウソク足５本〜10本ぐらい先までならどういう方向に動くのかがわかるということを意味して使っています。

　ファンダメンタルズの情報や、噂や思惑、実需の動きなど、すべてをひっくるめて今のチャートが成立していると考えると、チャートを見ること＝すべての情報を把握していることとも言えます。そして、そのチャートは、世界中の人が同じように見ています。相場の流れは多数決で決まるわけですから、「チャートを世界中の人が見ている」という前提でいくと、ロウソク足５本〜10本くらいまでであれば、チャートには未来を予測する力があると言っても過言ではないかなと思っています。
　なぜなら、多くの人が同じ常識でチャートを見ている場合、予想する動きはほぼ同じになるからです。「上がるだろう」というイメージを自分が持っているときには、ほかの多くの人たちもそう思っている

確率が高いのです。その結果として、多くの人が見れば見るほど、自分の予想も当たるようになると思っています。ただし、予測できる範囲としては未来永劫ではなく、ロウソク足5本から、長くても10本くらいまでだと考えています。

　もちろん、時間軸によって、予測できる未来の長さは違います。日足だと1週間くらいの流れはチャートを見れば想像できます。週足だと1カ月くらいです。1時間足だと大体、5〜6時間、長くて半日ぐらいまでならイメージできます。5分足なら30分〜1時間程度です。

　流れが出ていることを確認したら、ここで初めて、エントリーを考えます。流れが出ている方向に向かって、どのタイミングで市場に参加するのかを検討するわけです。

3）テクニカルだけを見ていればいい

　もしアナリストであれば、「どうして下がったのか」「どうして上がったのか」の理由を分析し、説明する必要があります。しかし、私たち投資家は大衆が上に動こうとしているのか、それとも、下に動こうとしているのかを知るだけでいいのです。ですから、ファンダメンタルズは必要ありません。テクニカルだけ見ていれば、事は足りてしまいます。

　流れを見るときに使うテクニカルは、主に移動平均線とボリンジャーバンドです。この2つのテクニカルを総合的に判断して、「今、流れ（トレンド）が出ているか」を判断します。詳しくは、別の章でお話しするので、ここでは、テクニカルを見ることだけに専念すればよいことを覚えておいてください。

第2章 世界の"多数派"についていくためのツールとは

～第1節～
トレンドを見つけるツール

　トレンドを見つけるにあたって、以下の2つの前提を忘れてはいけません。

> ◎ファンダメンタルズの情報や噂、思惑、事件などが、売買を通じて、すべてマーケットに反映されている
> ◎マーケットが主である（マーケットに合わせる）

　この大前提のうえで、22ページでも簡単に紹介したように、トレンドはテクニカル指標で見つけます。私が見ているテクニカル指標は以下のとおりです。

◎水平線・トレンドライン
◎移動平均線
◎一目均衡表
◎ボリンジャーバンド
◎RSI

　もうお気づきのように、ごくごく一般的なものばかりです。特別な

テクニカルは何ひとつありません。その理由がわかりますか。

マーケットは多数決で動きますから、世界中の人が見ているものでないと使えないのです。ですから、テクニカルも基本的なものを見るようにします。

私が使っているものは本当に一般的なものばかりですので、私のセミナーにくる人は、一度はがっかりします。「目からウロコの情報がないじゃないか」と。

「テクニカル指標は人と違うものを使ったほうがよい」とか、「計算期間に凝ったほうが自分だけが早いタイミングでサインが出るからよい」と思われていますが、自分だけが見ているテクニカル指標では意味がないのです。

もう一度、クイズ番組のたとえで説明しましょう。問題文が読まれるタイミングを把握したうえで、〇か×のどちらかに人が動き出すタイミングも見ないといけません。つまり、自分だけが人より早く「買い」と言って、実際に買ったとしても、それは無駄な行為なのです。

私たちが知りたいのは世界の人が動き出すタイミングです。ここに、世界の人と同じものを使う意味があります。同じ指標で、計算期間やパラメーターもデフォルトのまま、ツールに入ってるそのままで構いません。一般的なものでいいです。凝る必要はまったくないのです。

みんなとほぼ同じタイミングで動ければ、ダマシにも遭いにくいというメリットもあります。自分だけ、人より早くサインが出るようにして、アクションを起こしても、その時点では少数派ですからダマシに遭う可能性が高いと言えます。でも、100人、いや1000人、いや1万人が同じようなアクションを起こしていたら、それはダマシではなくなります。

例えば、情報商材などでありがちなように「あなただけに特別なタ

イミングでサインを出しますよ」というものをよく見かけます。こういうものは魅力的に映りますが、実は、まったく使えません。FXに限っていえば、インサイダーがほぼいない世界ですし、アノマリーもほぼないですから、要は、変なことはしないほうがよいのです。FX市場は素直でいいマーケットだと私は思います。だからこそ、本当にベーシックなチャートの知識だけで勝てると思っています。

～第2節～
5つのテクニカルについて

　この本の読者の中には、初心者の方もいると思いますので、先に挙げた5つのテクニカルについて、解説しておこうと思います。

1）水平線とトレンドラインについて

①概要

　水平線が重要なのは『節目』がわかるからです。節目は、言い換えると、境界線です。

　マーケットは、過去の高値や安値を非常に意識します。マーケット参加者は、「ある一定の範囲内でレートが推移する」と考える傾向にあるからです。ですから、過去の高値に近づけば「これを超えることはないだろう」と考えます。とにかく過去の高値・安値は意識されます。ですから、水平線も、過去の高値と安値で引きます。

　水平線には大きな特徴があります。それは、基本的には線に当たったら跳ね返るという性質です。だから、高値に引いた水平線は抵抗線と呼ばれたり、安値に引いた水平線は支持線と呼ばれたりするのです。

　でも、たまに水平線を超える（割る）ことがあります。基本的に跳ね返るはずなのに、それを突破するということは、相当強い動きが出たということでもあります。つまり、水平線を超えた（割った）ときには、超えた（割った）ほうに流れるというサインになるのです。水

◆水平線

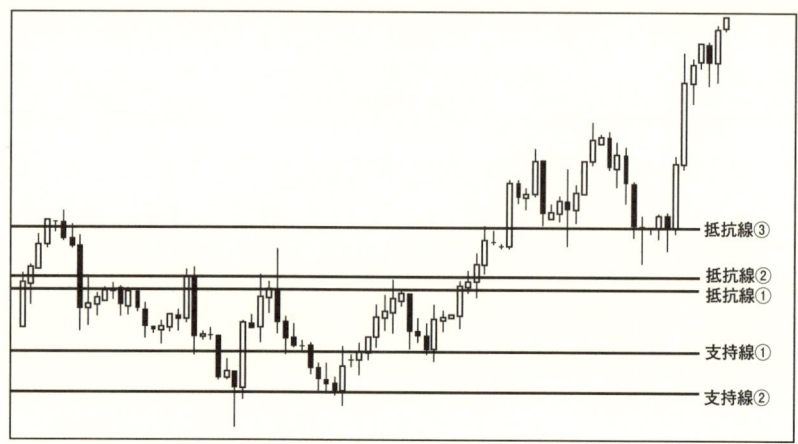

【水平線のポイント】
◎一般的には上昇したら抵抗線で、下落したら支持線で戻ることが多い
◎水平線を一度抜けると、動きに弾みがついてくる。抵抗線①から②へと進み、③をブレイクすると、それより上には抵抗線がないため、一気に加速して上昇する

◆トレンドライン

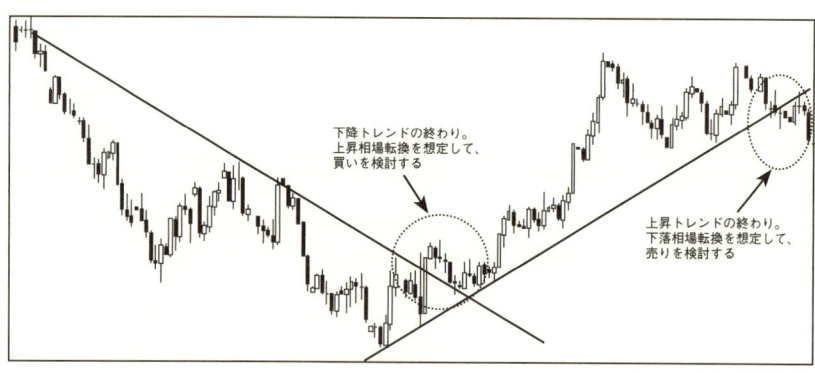

【トレンドラインのポイント】
◎トレンドが継続している間は、トレンドラインにぶつかったら跳ね返ってトレンドを維持しようとする。逆に、トレンドラインをブレイクすると、当該トレンドが終了したことを意味する
◎トレンド相場において、トレンドラインは最終防衛ラインとなる。トレンドラインをブレイクするかどうかに神経を注ぎ、ブレイクしたら新しい動きに対応する

平線について覚えることは、これだけです。

　トレンドラインも、基本的には水平線と同じです。線に当たったら跳ね返る性質があります。でも、ときに線を超える（割る）こともあります。そのときは、超えた（割った）ほうに行くというサインになります。

　トレンドラインは、トレンドのベースを担保してくれている最終防衛ラインです。それだけに、ブレイクしたら「トレンドが終わり」というサインにもなります。トレンドラインのブレイクは、「逆に行くかもしれない」というかなり大きいサインと考えてください。

②線の引き方

　「水平線」と「トレンドライン」の引き方については、私の知る限り、きちんと解説しているものを見たことがありません。例えば、「水平線」であればチャートの「山」と「谷」に水平線を引く、というようにしか説明されていません。経験を積んでいけば、どういう要領で「山」と「谷」に線を引けばよいのかわかるようになってきますが、最初のうちはわからず、意味のない線をたくさん引いてしまいます。でも、世界中の投資家たちが引く線と同じような線を引かないと意味がありません。世界で自分だけが引いている線は、自分ひとりしか使っていないテクニカル指標になってしまうからです。

　そのような事態を避けるために、私が長年生徒たちに伝えてきた「世界の投資家たちと同じように水平線、トレンドラインを引くテクニック」をご紹介いたします。

　まず、大前提として、「チャートに線を引くとはどういうことか」をお話しします。

　多くの人たちはこれまでの思い込みでチャートを左（過去）から時間の流れに沿って見てしまいます。

　しかし、チャートはこれからの未来を予測するために見るものですので、実は過去は重要ではありません。遠すぎる過去を一生懸命見て

いても、未来に有効な線は引けないのです。

　自分でチャートに線を引くときには、「右から考える」という発想にしてください。「今」から過去にさかのぼってチャートを見るという発想です。この発想に切り替えることで、「今」と「近い過去」から「近い未来」を示唆する、投資家たちが引きたい線を効果的に引けるようになります。

　それでは具体的に順を追って「水平線」と「トレンドライン」の引き方をご紹介していきます。

豆知識：水平線とトレンドラインが有効な背景

　昔は、チャートの機能が優れておらず、紙に自分でロウソク足を書くことが多いという状況にありました。そのため、一番簡単で有効な「水平線」と「トレンドライン」が重宝されてきたのです。

　昨今では逆にトレードツールが進化して、複雑なテクニカル指標はすべて自動で表示してくれるようになりましたが、逆に一番初歩的なこの2つの線（水平線とトレンドライン）だけは自分自身で引かなければならないという皮肉な状況になっています。

　ところで、「水平線とトレンドラインだけはトレーダーが自分の手を動かして引かなければならない」ということがどういうことを意味しているのか、わかりますか？

　誰もが、自分自身が手をかけたものは「かわいい」のです。自分自身が引いた線だから、気になりますし、注目するわけです。これが、チャート機能が大変進化した現代においても、「水平線」「トレンドライン」の2つが有効であり続ける背景です。

③水平線の引き方

　水平線の引き方について、順番に説明していきます。

１：チャートを右側から俯瞰して、チャートの山と谷に目星を付けます。

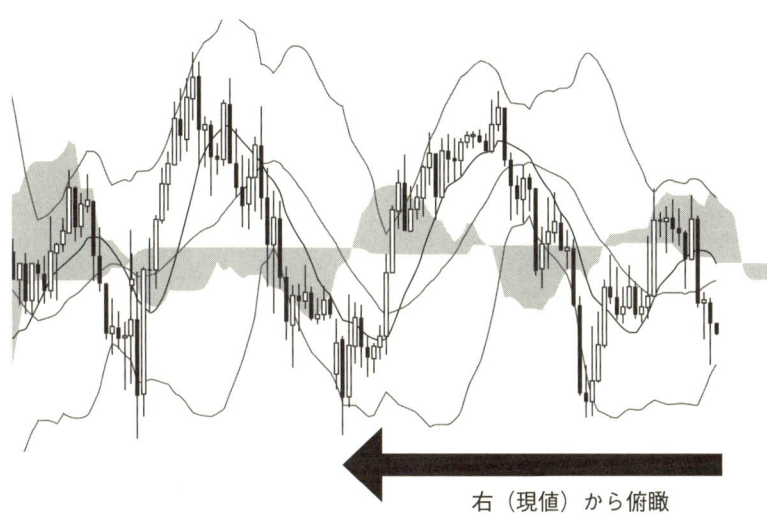

右（現値）から俯瞰

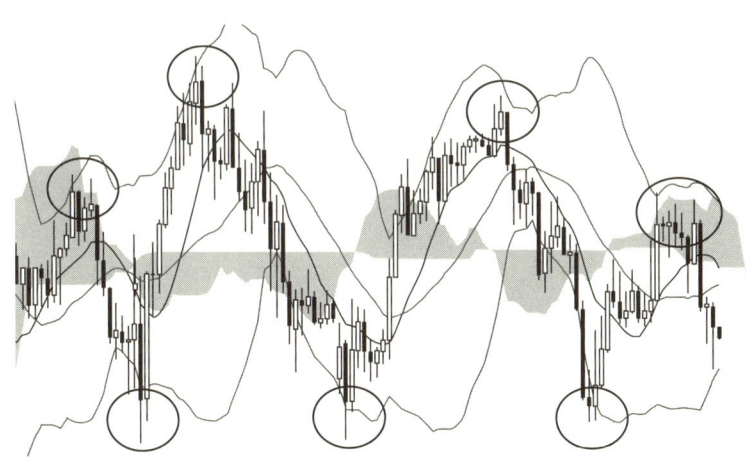

２：チャートの山と谷に目星をつけたら、現値（今）からロウソク足をさかのぼっていき、最初の山（谷）のところを見ます。最初の山が現値よりも上（谷の場合は下）だったら、山（谷）を示しているロウソク足の実体部分に線を引きます。

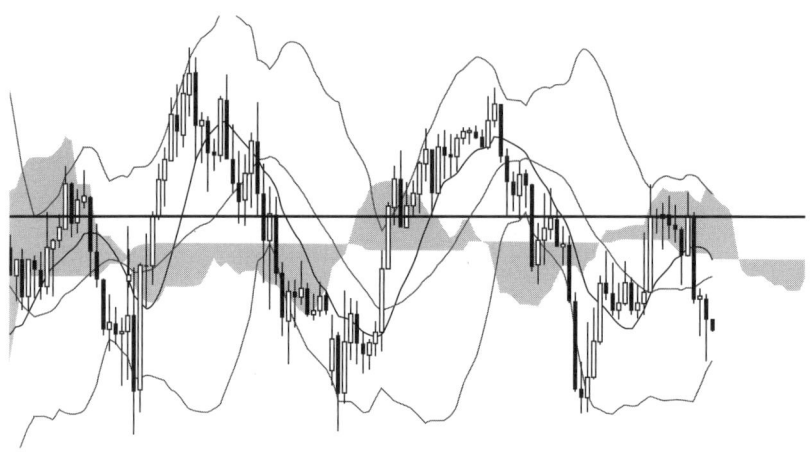

３：線を引いたら、その地点からさらにロウソク足をさかのぼっていきます。次の谷（山）のところまで戻ります。その谷（山）が現値より下（上）であれば、そこに水平線を引きます。

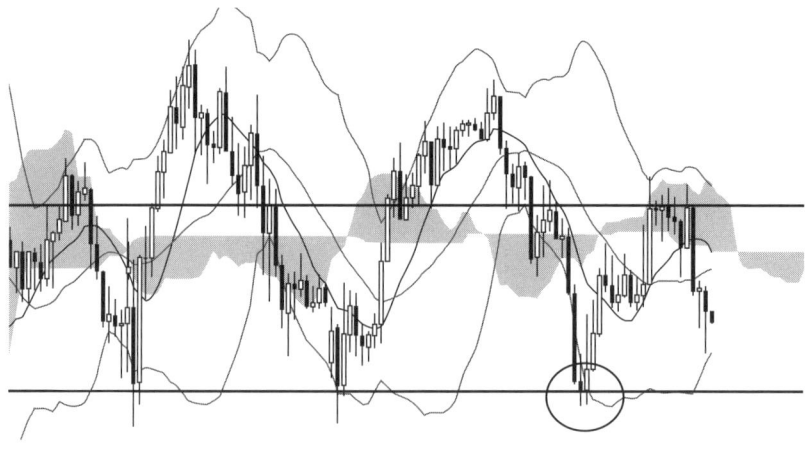

4：これで上下1本ずつの水平線が引けました。この先、チャートが変動したときに最初にぶつかる水平線が2本引けたことになります。山に引いた線を「抵抗線」、谷に引いた線を「支持線」と呼びます。

　さらにロウソク足を遡っていき、次の山（谷）を目指します。次の山（谷）があったら、再びチェックする項目があります。2つ目以降は2つです。まずは「現値より上（下）かどうか」「項番2で引いた水平線より上（下）かどうか」です。前の線より上（下）でないと意味がないので、前の線よりも高く（低く）ない場合は、その山（谷）はスルーします。下図の場合は、さらに遡ったときの山が前の線より上だったので2本目の水平線を引きます。

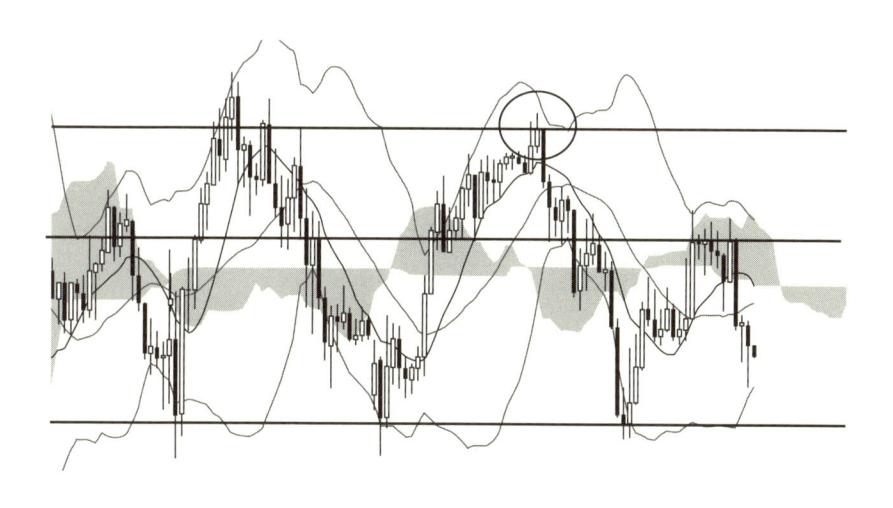

5：さらにロウソク足を遡り、次の谷（山）を目指します。谷（山）に来たら、項番4と同様に2つのチェックポイントに合致するかどうかを見ます。この場合（次ページの図）は谷が前の線と同じような水準にあり、さらに少し上にあるのでここに線は引きません。今回のケースのように前に引いた線と同じような水準で何度も谷が交差する場合には、この水準は何度も下にトライしたけど割れることがなかった水

準になります。だからこそ、その線を割れたときは大きく下落する可能性が高いのです。

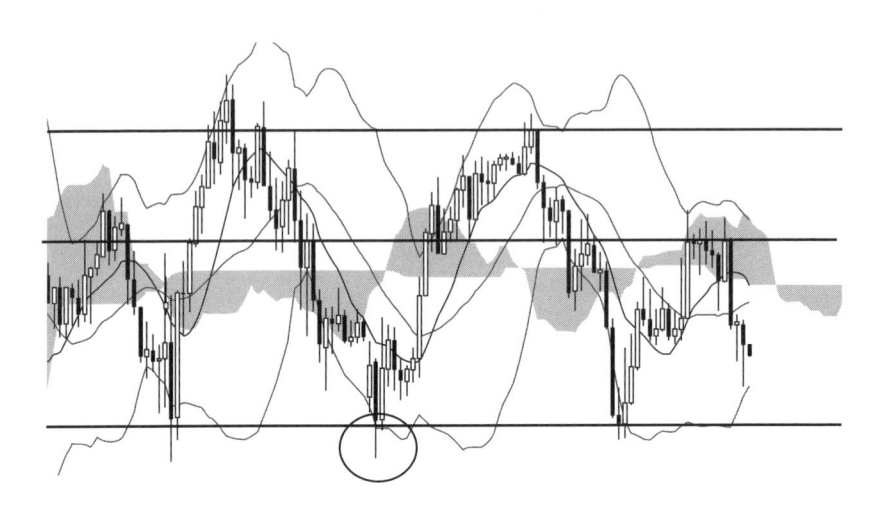

6：同様に、さらにロウソク足をさかのぼります。次の山は前の2本の山より高いところにあるので、3本目の抵抗線を引くことができます。

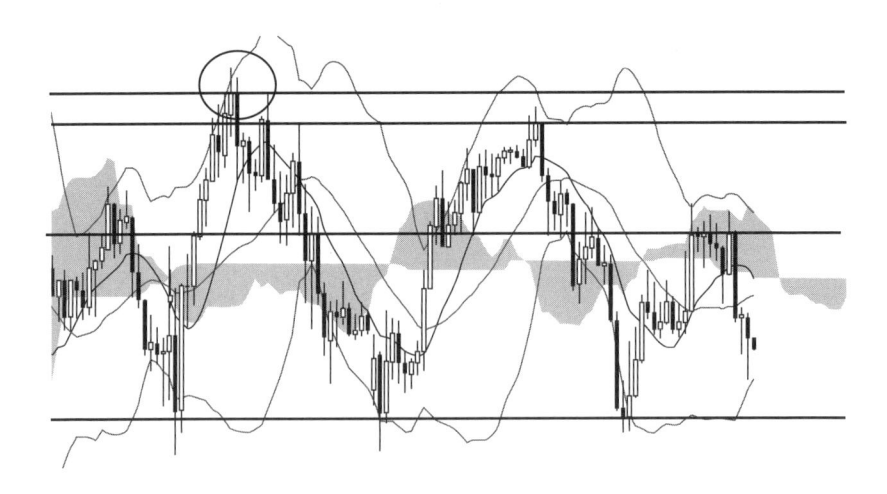

水平線を引く目的は、これから先、チャートが変動して上か下に行ったときに、どこに抵抗線または支持線があるのかを可視化させることですので、上下２本ずつあれば十分です。上下に変動してそれらの線を超えてしまったときには、動いた方向に線を追加して足していけばよいので、最初から何本も線を引く必要はありません。チャートにたくさん線を引くと、チャートが見えにくくなってしまいます。テクニカル指標は必要最低限だけあれば十分です。見た目にもエレガントなチャートを心がけたいものです。

④トレンドラインの引き方
　トレンドラインの引き方について、順を追って説明していきます。

１：現値（今）から過去に向かってチャートの山（谷）がどこにあるかを俯瞰します。上昇トレンドのときはチャートの谷を結ぶ線、下降トレンドのときはチャートの山を結ぶ線を引くのが大原則です。なお、明確なトレンドがないときにはトレンドラインは引けないと心得ておきます。

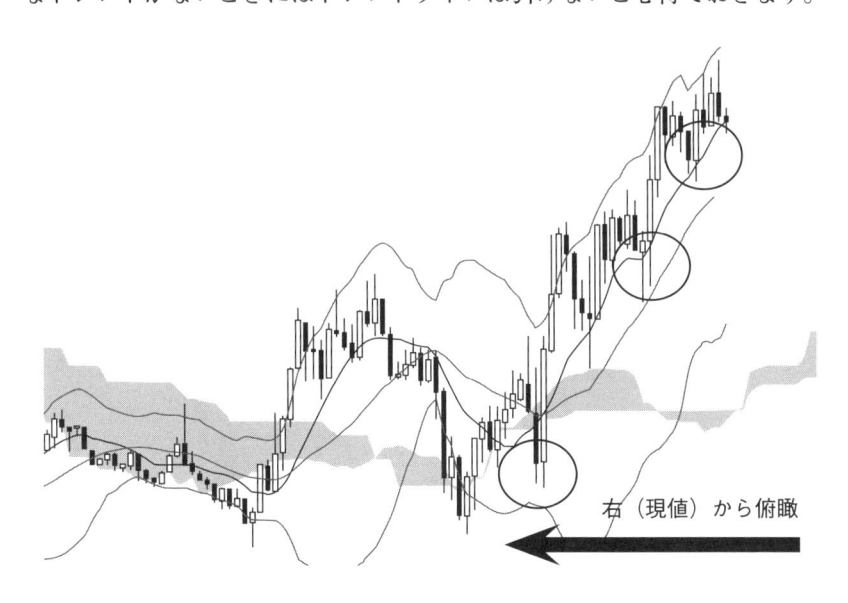

右（現値）から俯瞰

２：過去の谷のポイントがいくつか明確になってきたら、線を引く目星をつけます。直近から遡って右から線を引くとしたら、目星をつけた谷のうち、できるだけ多くの点と交わるにはどういう線を引くのがいいのかを試してみます。できれば、有効性を高めるためにも、４本以上のロウソク足と接するような線を引いてください。

　ロウソク足と接するところは基本的にはロウソク足の実体部分と交わるように考えます。ただ、交わる本数を数えるときはヒゲで接しているロウソク足を入れても構いません。一度、右から過去に向かって線を引いてみると、どの点を通ったら直近から遡った線になるのかがわかります。項番１で目星をつけた段階だと、丸印をつけた３つの谷がすべて線で結べそうですが、現在に近い谷（A）から直線を引いてみると、３つのうち２つの谷を結ぶ線が正しいとわかります。この線は直近の谷の実体部分とヒゲ、２番目の谷の２つの実体部分の計４カ所と交わっているので有効な線であると言えます。

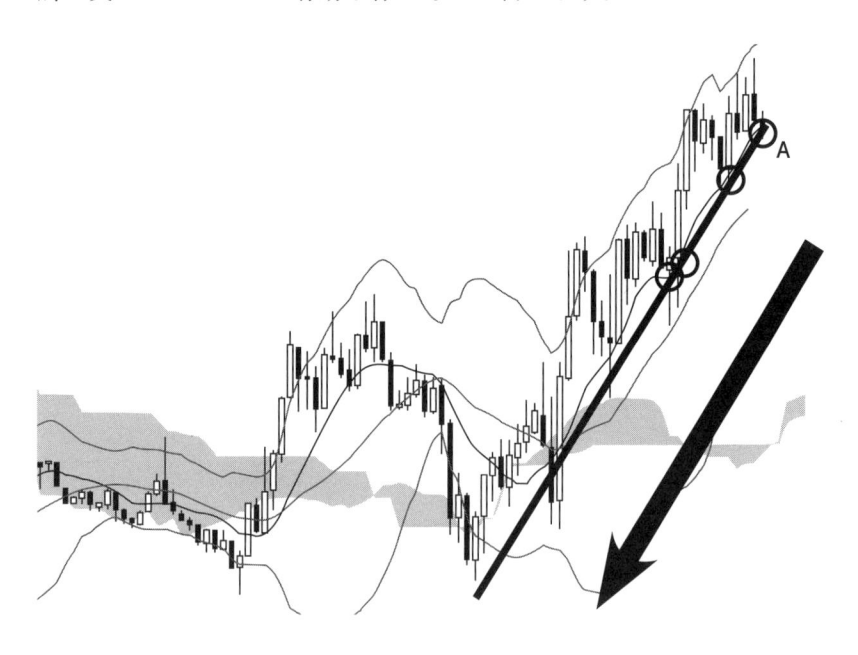

3：項番2で右から引いた線が有効であることがわかりました。ただ、そのままだとトレンドラインが過去に向かって伸びてしまってますので、未来を予測することができません。したがって、どの点を結べばよいのかを覚えたうえで、その線を消去して、今度は、交わっていた点を結ぶように左側から線を引き直します。そうすると、未来に向かって直線が伸びていきます。これで、未来にわたりトレンドの下支えをしてくれるトレンドラインが引けたことになります。

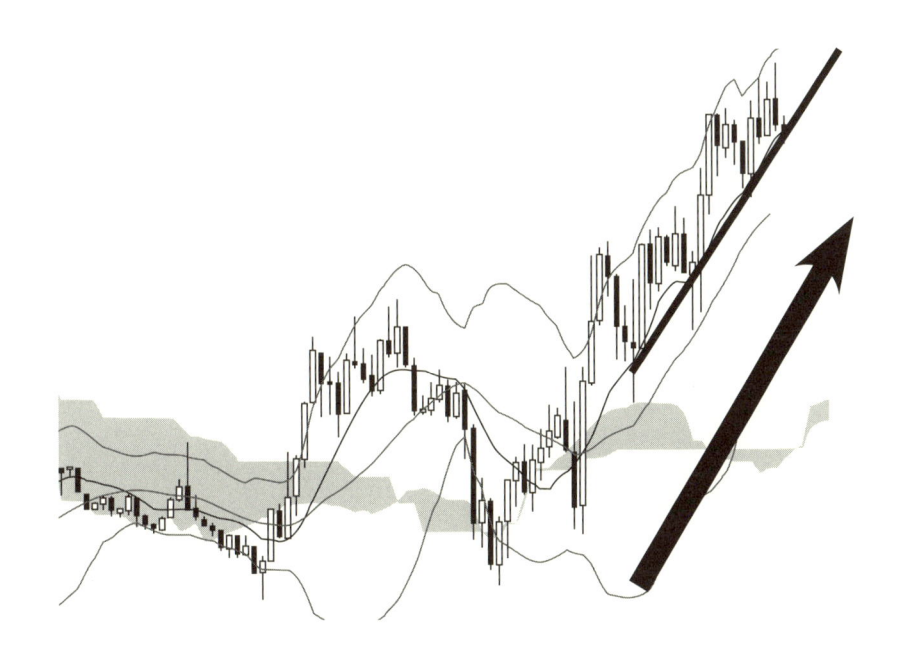

　以上が、水平線とトレンドラインの引き方です。
　ポイントは説明の中にもあったように、チャートを右から見て線を引くことです。こうすることで、熟練の投資家が引いている線と同じような線を引くことができるようになります。この方法で線を引いていただくことで、初心者の人でも有効な線を引けると思います。

2）移動平均線について

　移動平均線は値動きの上下のバラつきを滑らかにしてくれる線です。現時点で上への力が強いか、下への力が強いかを緩やかに示してくれるということは、移動平均線の向きを見れば、「今、どの方向に向かっているのか、トレンドが把握できる」ということにもなります。

　トレンドの把握については、私は長さの違う移動平均線をチャートに表示しています。具体的には、「10」のパラメーターにしている移動平均線（10MA）と、「20」のパラメーターにしているボリンジャーバンドのミドルラインを見ています。ボリンジャーバンドのミドルラインとは、つまり移動平均線（ここでは20MA）のことです。時間軸の違う移動平均線を表示する意味は、10MAで目先の強いトレンドの持続性を探り、20MAでベースのトレンドを探るところにあります。

　ロングを例に考えると、目先（10MA）の強いトレンドが出て、その勢いがまだ続くようなときは10MAで跳ね返ることが多くなります。10MAが目先のトレンドの支えになってくれるのです。
　しかし、目先の強いトレンドの勢いがなくなると10MAを割ってきます。割れてしまうと、強いトレンドはいったん終わりです。でもベースのトレンドは変わっていません。この場合なら、目先（10MA）のトレンドは下目線になりましたが、ベース（20MA）のトレンドはロングです。終値ベースでロウソク足がミドルラインを割らない限りはベースのトレンドが保たれていると判断します。
　移動平均線でのエントリーのサインは、移動平均線に当たって跳ね返ったときと、移動平均線を超えた（抜けた）ときの2つです。詳しくは、第3章でお話しします。

◆移動平均線の特徴：向きを見る

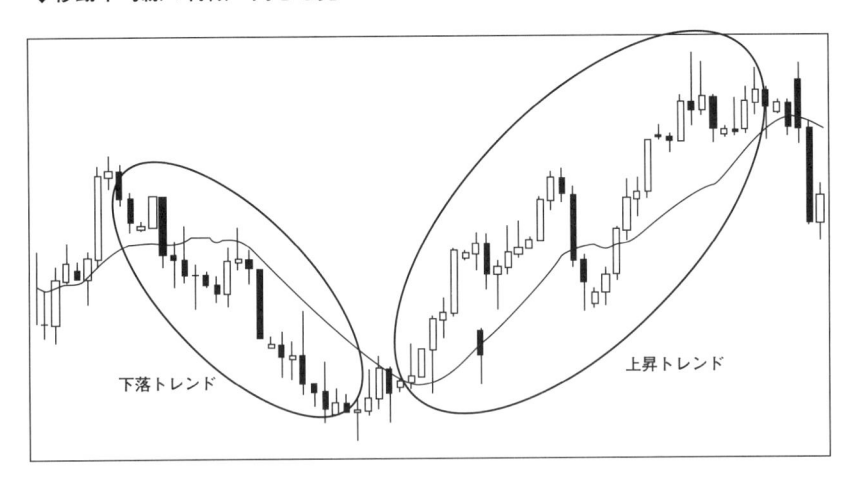

◆移動平均線の特徴：跳ね返り（反発）とブレイク

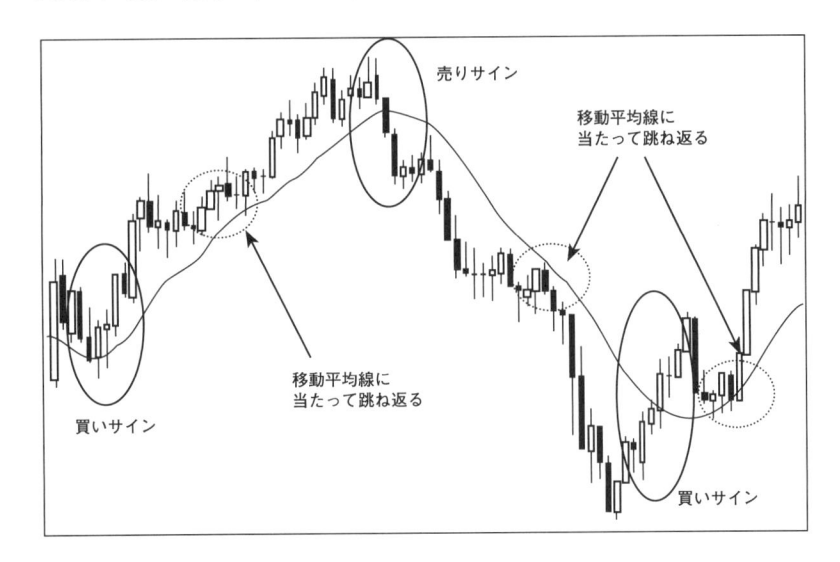

【移動平均線のポイント】
◎向きを見ると、どの方向に向かっているのかがわかる
◎トレンドが持続している時には移動平均線にロウソク足がぶつかっても跳ね返ることが多くなる。逆に、トレンドが弱くなると移動平均線を超えて（割って）くる

3）一目均衡表について

　一目均衡表には、いろいろな線があります。具体的には、基準線、転換線、先行スパン１、先行スパン２、遅行スパンの５本です。これらをすべて覚えるのは大変です。チャートを見る目的は、「世界の人と同じものを見て判断するため」ですから、私たちも世界の人が使っているものだけ見ればそれで十分です。

　みんなが見ているのは俗に言う雲（※先行スパン１と先行スパン２に挟まれたところ）と呼ばれているところです。ということは、見るべきところは「雲」だけになります。私のチャートでは遅行線も出していますが、基本的に注目するのは雲だけです。

　雲とは「移動平均線が分厚くなったもの」と覚えてもらえればいいと思います。雲には、以下のような特徴があります。

◎雲にロウソク足がぶつかったら、ほぼ跳ね返る
　※移動平均線等より戻す力が強い
◎厚い雲と薄い雲がある。厚い雲のほうが抜けにくい
◎ほぼ跳ね返るはずの雲を抜けるようなときは、抜けた方向に大きく
　動き出す

　一目均衡表の見方で覚えておくべきことは、この３つで大丈夫です。
　例えば、下から上がってきて、ロングでポジションを持とうと考えていたときに、すぐ上に雲があったとします。そういうときは「雲でほぼ跳ね返される」ということを想定して、あえてポジションを作らないか、もしくは作っても、雲にぶつかったら利確するなどのシナリオにするのが定石となります。あるいは、確率的に安全にロングのポ

◆一目均衡表

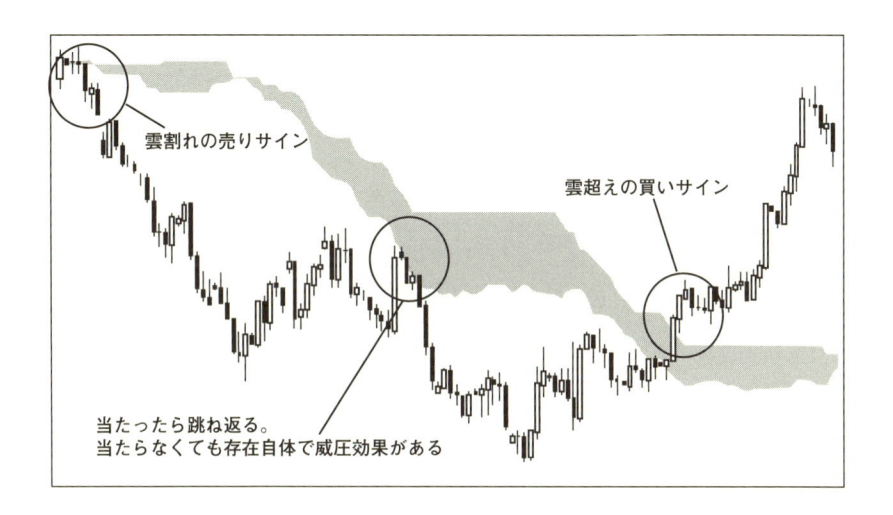

雲割れの売りサイン

雲超えの買いサイン

当たったら跳ね返る。
当たらなくても存在自体で威圧効果がある

【一目均衡表のポイント】
◎現値より雲が下ならば上昇トレンド、上ならば下落トレンドの可能性が高い
◎雲は抵抗帯、支持帯となる。ロウソク足が当たったらほぼ跳ね返されると考える
◎たまに雲を突き抜けることがあるが、これは相場の動きが転換するという「サイン」であり、大きなポイントになる

ジションを持つのなら、雲を抜けてからにするなどの戦略を立てるのもいいでしょう。

　ロウソク足が雲の中にめり込むことがあります。めり込んだということは反対の力が強くなってきたということでもあるのですが、めり込んだとしてもたいがいは跳ね返されます。ただ、たまに抜けることもあるので、抜けたらその方向についていくと考えていいと思います。上に抜けたら上に行く。下に抜けたら下に行くというサインです。

　サインという話で言うと、跳ね返されたところは押し目や戻り目のサインとして使えそうに思うかもしれませんが、私は、サインとしては見ていません。ただ、跳ね返されただけだと思っています。例えば、下から上にめり込んで、その後、下に抜けることがありますが、これは抜けたわけではなく、めり込んだけど戻されただけです。上げようとした人たちが「あぁ残念」と思ってるだけで、買い持ちしている人が「逆になった！　まずい」と一気に裏返しで売ってくる話ではありませんから、売りサインではないですし、買いサインでもないと考えています。純粋に上から下に抜けたとか、上から下に抜けたときだけサインとして見ています。

　一目均衡表は、プロも見ています。日本人が考案した指標ですが、外国人にも「ichimoku」という名で有名です。世界の人が見ているものだから、私たちも見ておく指標と言えます。

4）ボリンジャーバンド

　ボリンジャーバンドも多くの人が見ている指標です。一般的な使い方は逆張りでしょうが、開発者のジョン・ボリンジャー氏は順張りでの使用を推奨しています。

私はどういう使い方をしているかといいますと、以下の２つに絞っています。

◎トレンド判定
◎利食い

　どういうことか、お話ししていきます。

①トレンド判定
　現在のトレンドが上を向いているのか、下を向いているのかについては、いろいろな見方があります。例えば、移動平均線（10MAなど）の向きを見るのもひとつのやり方です。実際、移動平均線の向きについては、私も意識しています。
　ただ、移動平均線だけでトレンドが把握できるほど、相場は簡単ではありません。そこで、トレンドの向きとトレンドの強さを知るために、補足的にボリンジャーバンドを使っています。
　例えば、１時間足の10MAが上を向いているときに、１時間足のボリンジャーバンドのプラス１σ（シグマ）を終値で超えたら上向きのトレンドが明確にあると判断します。逆に、１時間足の10MAが下向きで、ボリンジャーバンドのマイナス１σを割っていたら下向きのトレンドが明確に発生していると判断します。
　最終的にトレンドが終焉したかどうかは、１時間足のミドルライン（期間20の移動平均線）を割れた（超えた）かどうかで決めます。買いの場合、ミドルラインを割らない限りはトレンド継続と考えます。例えば、上昇していたロウソク足が下がってきてもミドルラインで跳ね返ってきたら「上昇トレンドは継続している」と判断します。

②利食い

　ボリンジャーバンドは基本的に逆張りの指標で使われることが多いと思うのですが、ここでは開発者同様、順張り前提でお話しします。まずミドルラインは移動平均線として使い、外側の±2σは、利食いに使います。

　±2σをはみ出す確率は4.5%です（※コラム参照）から、±2σをはみ出したときは異常な状況といえます。ですから、バンドを大きくはみ出したらそこで利確してしまうのがいいと思っています。例えば、2σを大きくロウソク足がはみ出したら、その後、下がるか、もしくは横ばいになるかはわかりませんが、必ずいったんは2σの中に戻ります。戻るまでじっと動きを見ているくらいだったら、抜けたときに利確してしまって、別のチャンスを見つけるほうがよいというのが、私の考えです。

　ボリンジャーバンドでの利確のタイミングは、終値確定ベースではありません。92ページで解説しますが、利確には2つの種類があります。
　ひとつは消極的な利確で、終値確定ベースで考えるものです。要するに、終値確定ベースで10MA（移動平均線）を割ったかを見るパターンです。
　もうひとつは、瞬間最大風速（ピーク）を狙い、一番良いところでの利食いを目指すパターンです。ボリンジャーバンドでの利食いは、後者です。「瞬間的に行き過ぎたところで積極的に利食いましょう」という考え方になります。

◆ボリンジャーバンド（1時間足）：トレンド判定

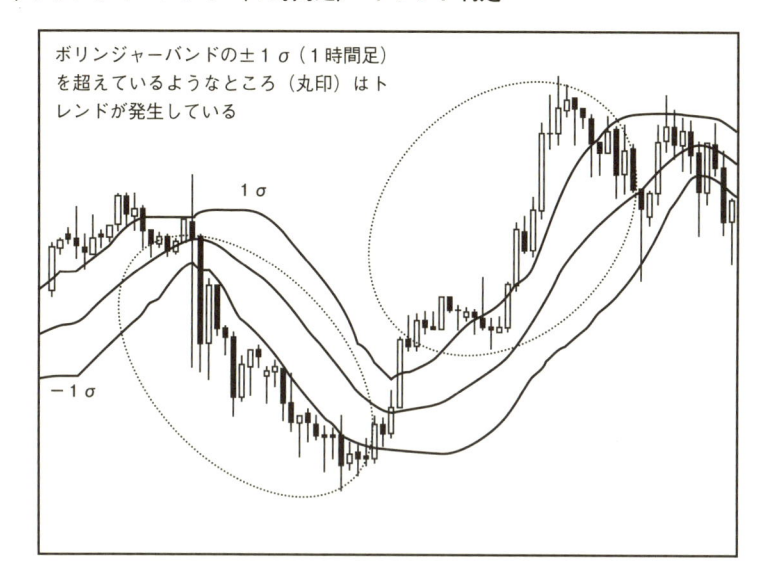

ボリンジャーバンドの±1σ（1時間足）を超えているようなところ（丸印）はトレンドが発生している

1σ

−1σ

◆ボリンジャーバンド（5分足）：利食い

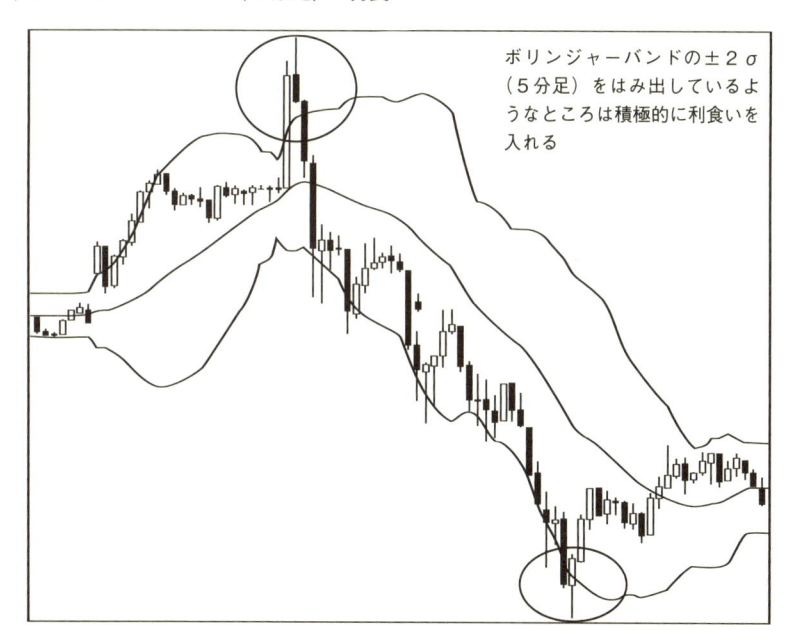

ボリンジャーバンドの±2σ（5分足）をはみ出しているようなところは積極的に利食いを入れる

コラム：バンドウォークについて

　私のチャートでは、利益確定用としてボリンジャーバンドの±2σの線を表示させていますが、実は、ボリンジャーバンドの形によって判断は大きく異なってきます。

　一般的にはボリンジャーバンドの±2σの線に当たると内側に跳ね返されます。±2σは2標準偏差を表した曲線です。この曲線の内側にロウソク足が存在する確率は95.5％です。つまり、はみ出る確率は4.5％しかないのです。つまり、±2σの内側にいないとおかしいということになります。ボリンジャーバンドが逆張りに使われる理由はここにあります。

　逆張り指標として大きな威力を発揮するボリンジャーバンドですが、順張りの私は利益確定用に使っています。順張りに使うときには以下の2つの効用があります。

①上昇＆下落可能性の判断
②異常値の判断

　①について、まず説明します。例えば、上昇トレンドになったとします。継続的な上昇局面では、ボリンジャーバンドの±2σの曲線はその幅を広げていきます。ポイントは、2σが今後もチャートが上昇するように広がっているかどうかです。もし、2σの線の幅が狭まってきていたら、これ以上の上昇は見込みにくいことを意味します。2σをはみ出てしまったら、4.5％の異常値となってしまうからです。

以上の特徴から、許容される状況での最も強いトレンドというのは、±２σの線を押し広げながら、その線に沿って上昇（下落）している状態になります。この状態を「バンドウォーク」と呼びます。

　②については利益確定で使います。一時的にトレンドが加速して±２σの線を大きくはみ出してしまったときは、確率では4.5％未満のことが起こっていることになります。つまり異常値です。ということは、時間がたてば"必ず"±２σの内側に戻るはずなのです。

　したがって、ロウソク足がボリンジャーバンドを大きくはみ出している間は、「短期的に大きな利益確定のチャンスを提供してくれている異常値」と考えて、積極的に利益確定をしていきます。

　その後、時間が経って再び上昇（下落）することもありますが、その際にはもう一度、売買サインにしたがってエントリーします。そのことによって、チャンスも増えますし、短い時間で大きな利益を手に入れることができます。

5）RSIについて

　RSIも有名な指標です。RSIはオシレーターなので、基本的に、逆張り指標です。それなのに、なぜ、順張り派の私が使っているのかといいますと、「逆張りの始まり＝トレンドの終わり」と考えているからです。ですから、RSIもボリンジャーバンドの±２σ同様、利確専

用で使っています。

　ただ、RSI については、強いトレンドが出たときにしか使っていません。例えば、ロングでエントリーした後、強いトレンドが出て一気に上がっていったとしたら、それ自体はうれしいはずなのに、「どこで利確すればいいのか」と迷うことも多いのではないかと思います。利益が出ている以上、下手くそな利食いをしたらもったいないと思うと、怖くなってくることもあります。このようなときに有効なのがRSI なのです。

◆ RSI

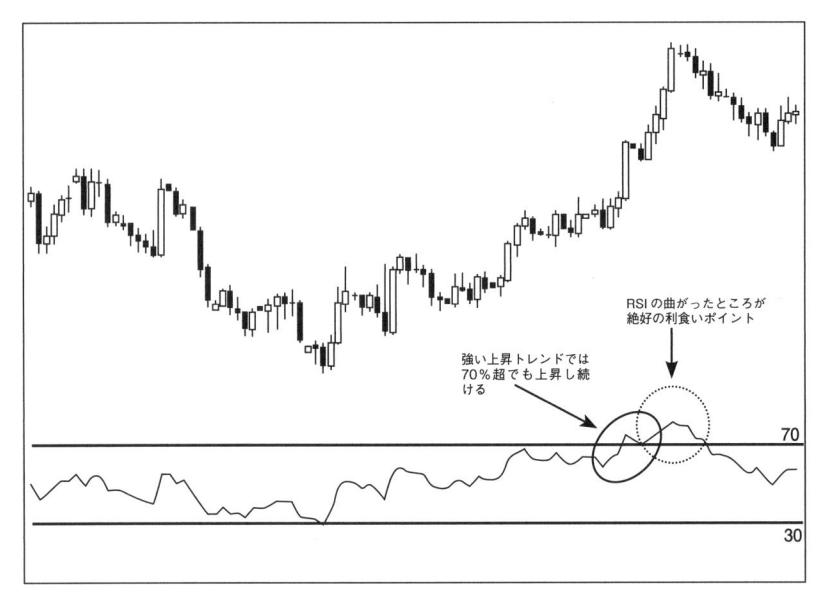

（図：ローソク足チャートとRSI）

- 強い上昇トレンドでは 70％超でも上昇し続ける
- RSI の曲がったところが絶好の利食いポイント
- 70
- 30

【RSI のポイント】
◎レンジ相場では 70％超、30％未満の反転で逆張り
◎トレンド相場では、70％超、30％未満でも上昇（下落）し続ける
◎トレンド転換点は、RSI の転換でいち早く見つけることができる

強いトレンドが出たときは、上昇の場合は、RSIは70を超えます。下落の場合は30を割ります。教科書的には、RSIの場合、70を超えたら売り、30を割ったら買いですが、強いトレンドが出ているときは、70を超えようがなんだろうが、上がっていきます。ですから、上がっていってる間はトレンドが継続していると考えて様子を見て、RSIが音にすると「ピョコッ」という感じで下に曲がったときにトレンドが終わったという認識をしています。要するに、曲がったことが確定したら利確というわけです。

　例えば、まだ上がるかもしれない（下がるかもしれない）、でも上がらないかもしれない（下がらないかもしれない）と、ボリンジャーバンドだけを参考にしながら状況を見ているのはすごく辛いのです。でも、「最終防衛ラインにこのRSIがいる。最悪、RSIが曲がったら利確だ」と思っていると、待てることが多くなります。

コラム：利益確定の美学

　トレードには、3つのアクション（エントリー、ロスカット、利益確定）があります。すべての始まりであるエントリーは最も大切です。そして、思惑通りに行かなかったときのロスカットは最も簡単です。ルールがあるからです。最も難しいのは利益確定です。

　一番うれしいはずの利益確定が一番難しいのはなぜでしょうか？

　それは、明確な利益確定のタイミングを示す指標が存在しないからです。「はい、今が最高のタイミングだからエグジットしなさい」というサインは、残念ながら、ありません。

ですから、私のトレード手法においては、常時表示させる４つのインジケーターのうち２つを利益確定専用に用いているほど気を遣っています。

　利益確定を難しくしている要因はもうひとつあります。それはトレーダー自身なのです。せっかくエントリーに成功して含み益が出ていても、最高のタイミングでエグジットできなかったら、トレーダーたちはたちまち自分自身を責めることになるのです。
　「せっかく10万円儲かっていたのに、見ていたら５万円になってしまった。なぜさっさと利益確定せずに見てしまったのだろう」と後悔して、自分自身を追い詰めます。
　利益確定はメンタルに最も影響を及ぼしやすいアクションです。利益を確定させるうれしい作業であるがゆえに、メンタルに悪影響を及ぼす原因となるのです。
　メンタルに負担をかけずに淡々と利益確定をしていくにはコツがあります。それは、「そもそも最高のタイミングで利益確定するのは難しいことである」と思っておくことです。最も良いタイミングで利益確定できることなどめったにないことだと割り切ることです。
　しかし、最高の利益確定を諦めるわけではありません。心では、「最高の利益確定は難しいからできなくても仕方ない」と思いながらも、常に最高の利益確定を目指して取り組みます。
　最高の利益確定は、「積極的な利益確定」の行動の中にあります。積極的な利益確定は、マーケットが短期的に行き過ぎているところや、トレンドの転換のサインなどでエグジッ

トするので、結果として最高のタイミングになります。これを一生懸命に目指すのです。しかし、結果はあくまでも結果として受け入れ、利益確定できたことをまずは喜んでください。

積極的な利益確定を目指しながらもタイミングを逃すこともあります。そういうときも自分自身を責めたりせず、最低でも消極的な利益確定のタイミングでは確実に利益を固めてしまうことに徹します。最高のタイミングを目指した結果として、消極的なタイミングでのエグジットになったとしても、それは攻めの姿勢から生まれた結果であり、「ナイストレード」なのです。

メンタルで「最高のタイミングでの利益確定は難しい」と思っておきながらも、常に最高のエグジットを求めて日々トレードをしていきましょう。そして、最高のタイミングでの利益確定の回数が増えていくように鍛錬を積んでいきましょう。私は、"そこ"に、トレードの奥深さがあると感じています。

コラム：自省することと男女のトレード傾向の差について

私のルールでいくと、勝率７割ぐらいは出るので、２回続けて損切り（ロスカット）になったらやめることにしています。やり方が間違っているか、ポジポジ病になっているか、相場の地合いが悪いか、もしくはスランプか、理由はいろいろ考えられますが、そういうときはやめたほうが傷が浅くて済みます。

勝率7割なら、3回やったら、2回は勝つはずなので、2回連続で負けるのはどこかがおかしいのです。そういうときに意地になると、結果として、「こんなはずではなかったのに」というような良くないことばかりが起きます。最悪の場合、自暴自棄になってしまうような状況に追い込まれることもあります。経験者の私がいうのですから間違いありません。
　メンタルのブレで自暴自棄になるのは男性に特に多いです。男性は、腹くくっちゃいますから。「もう、ここまで来たら、あとはナンピンして放置してやる！」というように、根拠もなく覚悟を決めてしまう傾向にあるのが男性です。ただ見たくないだけ、認めたくないだけなのですがね。
　それに対して、女性は1円でも損したくない人が多いので、ロスカットをきっちりやります。トレーディングもきちんとしています。でも、そのきちんとしていることが逆に作用して、ちょっとの利益で利確してしまう傾向にあります。「もう利確しちゃったの？　まだ上がるかもよ」と言っても、「いや、これで確実に勝っているからいいんです」と答える人が多いです。そして、結果、それで良かったりすることも多いのです。相場という土俵には、いろいろなものが見えるものですね。

第3章 事実を見てから動くときのエントリーと決済のルール

～第１節～
１時間足で流れを見る

ここまでの話を簡単におさらいしておきますと、以下になります。

◎順張りのほうがわかりやすい
◎世界中の人たちと同じテクニカルを見る
◎１時間足と５分足を使う

このことを踏まえて、実際のエントリーについて考えてみましょう。まず、流れを掴むことから始めます。大きな流れに逆らっても勝てっこないですから、まずは「大きな時間軸の流れがどちらを向いているのか」について調べます。つまり、１時間足の流れを観察し、その方向に順張りでついていくようにします。

１時間足の流れがどちらを向いているのかを探る方法としては、第２章でも簡単に触れたように、移動平均線（10MAと20MA）を見ます。このうち、10MAは絶対条件です。

流れ自体は10MAだけでもおおよそ見当がつきますが、その流れが持続しそうかどうかまではわかりません。そこで、補足的にボリンジャーバンドのミドルライン（20MA）と、±１σもチェックします。

以上を踏まえた、トレンドを見るときの具体的なルールは以下のとおりです。

【上昇トレンド】
◎移動平均線（10MA）が上向きであることが絶対条件。さらに、ロウソク足がボリンジャーバンドの1σを終値ベースで超えていたら、より強い上昇トレンドが発生していると判断

【下降トレンド】
◎移動平均線（10MA）が下向きであることが絶対条件。さらに、ロウソク足がボリンジャーバンドの－1σを終値ベースで割っていたら、より強い下降トレンドが発生していると判断

　見るべきところはこれだけです。上昇トレンドの兆候が出ているのであれば、5分足を見て買いでエントリーし、反対に、下降トレンドの兆候が出ているのであれば、5分足を見て売りでエントリーします。

～第２節～
５分足でエントリーする

　１時間足で大きな流れを把握したら、次はエントリーです。エントリーをするときは短い時間軸、具体的には５分足を使います。私が推奨しているエントリールールは以下の５つです。

レベル１：移動平均線（※）反発

レベル２：移動平均線（※）ブレイク＆水平線反発

レベル３：高値＆安値（水平線）ブレイク、トレンドライン反発

レベル４：一目均衡表の雲抜け（割れ）＆トレンドラインブレイク

レベル５：ペナント（三角持ち合い）ブレイク

※ 10MA など

　レベル１が一番簡単で、かつ、出現頻度の高いエントリールールで、レベル５が一番難しく、出現頻度の低いエントリールールになります。レベル５に行くほどエネルギーは強くなります。ここで大事なことは、いずれのエントリールール（※レベル５を除く）においても１時間足の方向に合わせる点です。

　この５つのエントリーの形を見て、拍子抜けした人がいるかもしれません。実際、私はセミナー（勉強会）を開催しておりまして、そこ

で、このエントリールールを紹介すると、受講者にいつもがっかりされます。「そんな誰でも知っているようなことを聞きに来たのではない」と……。
　でも、多くの人が動いた方向についていくという順張りである以上、誰もが知っている＆見ているようなものを判断材料にしないと意味がないのです。もし、少数派の人だけが見ているものを判断材料にしていたら、大勢の人の動きはわかりません。誰もが知っているものを見ているからこそ、私たちも正しい方向に動けるのです。

　また、ここで紹介するエントリールールは、それ自体、実にシンプルです。文字にすると、ほんの数行で説明できてしまうようなものばかりです。
　もちろん、シンプルにしている理由があります。それは、簡単な形にしておかないと、実際問題、すぐ動けないからです。やり方を複雑化すればするほど、行動しにくくなります。

　各エントリーの詳しい説明は、次節以降で始めます。ここではまず、５つのレベルのエントリールールがあることを覚えてください。

～第3節～
移動平均線反発
レベル1

1）買いの場合

　1時間足（大きな時間軸）が上昇トレンド中、それまで上昇していた5分足のロウソク足が調整（利食いの売りなど）で下がってくることがあります。このとき、移動平均線（10MAなど）にタッチして反発するかどうかに注目します（次ページの下のチャート参照）。

　ここまで何度もお話ししてきているように、ロウソク足は終値ベースで考えます。下がってきていたロウソク足が移動平均線にぶつかり、その後、終値で上昇に転じたならば、次の足の寄り付きでエントリーします。

2）売りの場合

　1時間足（大きな時間軸）が下降トレンド中、下降していた5分足のロウソク足が調整（利食いの買いなど）で上がってくることがあります。このとき、移動平均線（10MAなど）にタッチして反発するかどうかに注目します（64ページの下のチャート参照）。

　買いのときと同じように、ロウソク足は終値ベースで考えます。上がってきていたロウソク足が移動平均線にぶつかり、その後、終値で再び下降に転じたならば、次の足の寄り付きでエントリーします。

◆移動平均線反発（買い）

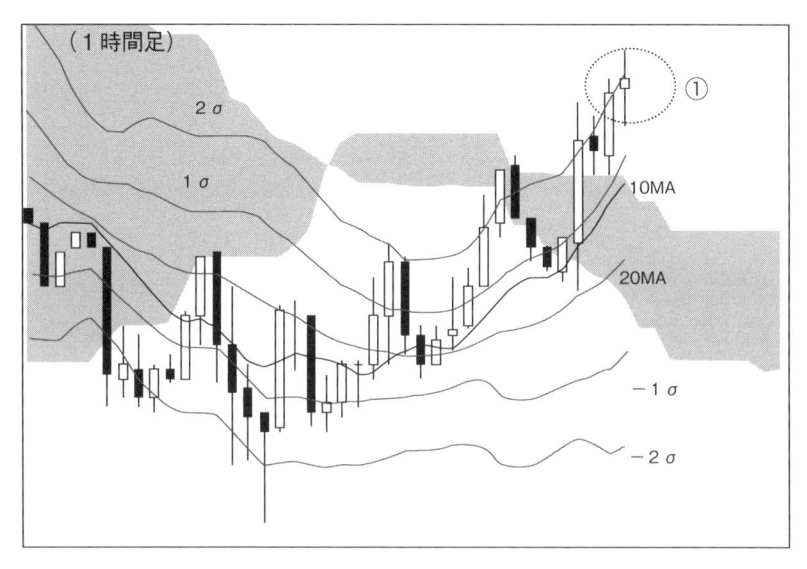

（1時間足）

① 1時間足の10MAが上向き＆ボリンジャーバンドの1σ超え＝上昇トレンド

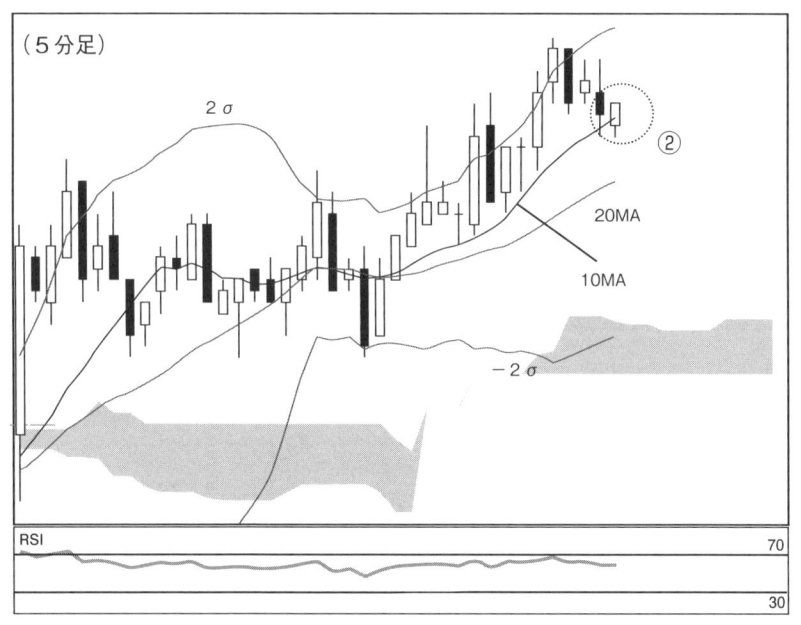

（5分足）

② 5分足の10MAで反発（終値ベース）

◆移動平均線反発（売り）

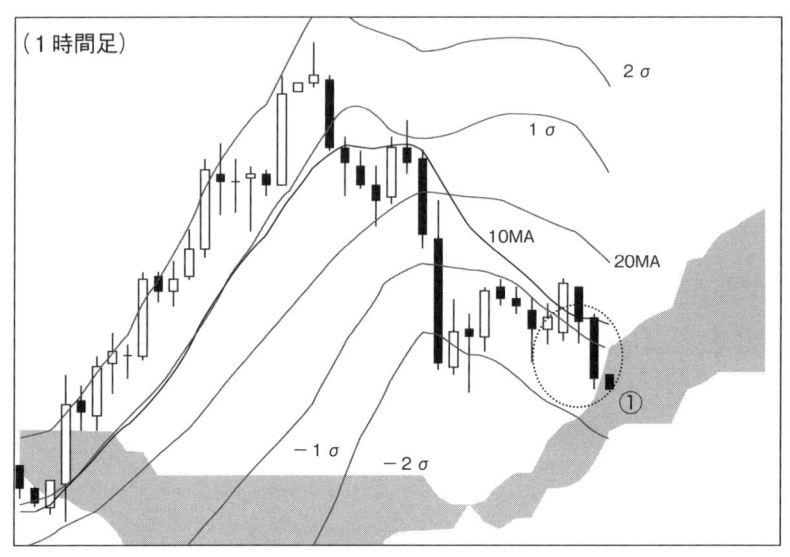

（1時間足）

① 1時間足の10MAが下向き＝下降トレンド

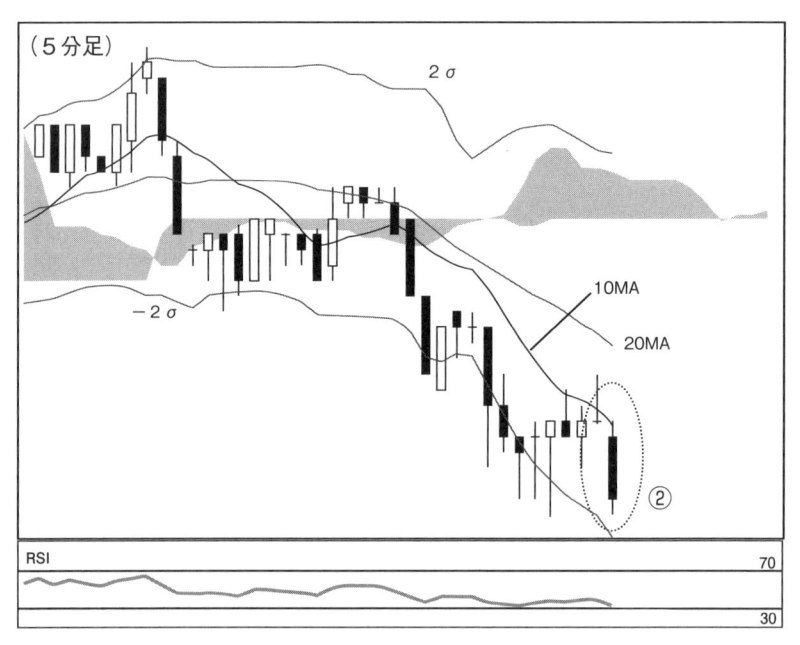

（5分足）

② 5分足の10MAで反発（終値ベース）

3）移動平均線反発のサインの強さ

　基本的に、移動平均線にロウソク足がぶつかると、いったんは跳ね返されることが多くなります。その性質を利用したエントリータイミングですので、この移動平均線反発は基本中の基本と言えます。それだけに、サインの強さとしては「普通」と考えておいてください。

～第４節～
移動平均線ブレイク＆水平線反発
レベル２

１）買いの場合

①移動平均線ブレイク

　１時間足が上昇トレンド中、一時的な調整で、５分足では下落していることがあります。このとき、移動平均線（10MAなど）で反発することなく、移動平均線を割ってくるなど、ある程度の大きな戻りになることもよく見られます。

　このようなケースになったときには、再度、５分足のロウソク足が移動平均線を超えてくるかどうかに注目します。

　終値ベースで５分足のロウソク足が移動平均線を超えたならば（次ページの下のチャート参照）、次の足の寄り付きでエントリーします。

②水平線反発

　１時間足が上昇トレンド中、５分足では高値を更新した後、弱くなり一時的に調整し、ブレイクした高値の水平線（すでにサポートに転換している）辺りまで下落していることがあります。

　このようなケースになったときには、過去の高値の水平線（サポートライン）で反発するかどうかに注目します。

　終値ベースで５分足のロウソク足が水平線で反発したら（68ページの下のチャート参照）、次の足の寄り付きでエントリーします。

◆移動平均線ブレイク（買い）

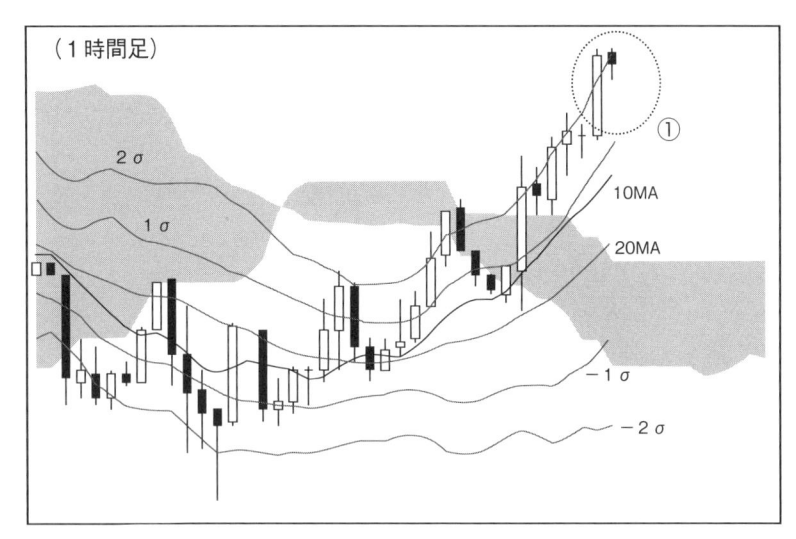

（1時間足）

①1時間足の10MAが上向き＆ボリンジャーバンドの1σ超え＝上昇トレンド

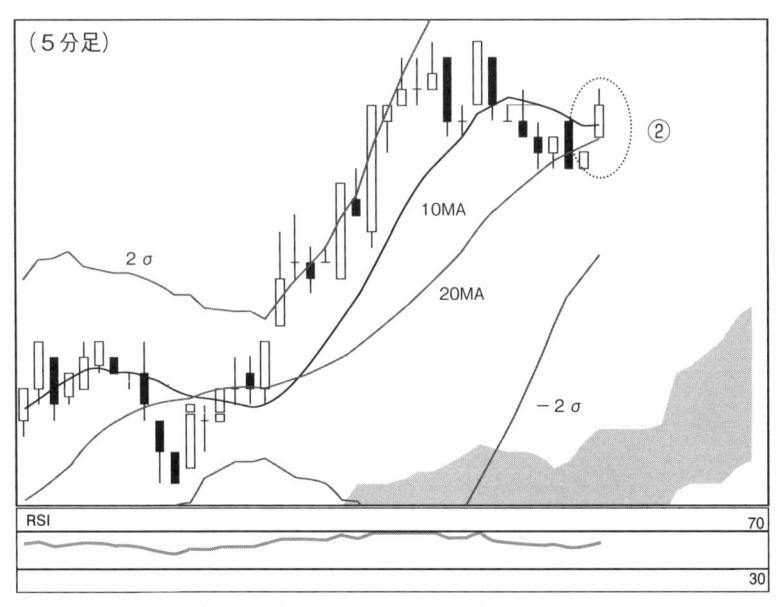

（5分足）

②5分足の10MAを上にブレイク（終値ベース）

◆水平線反発（買い）

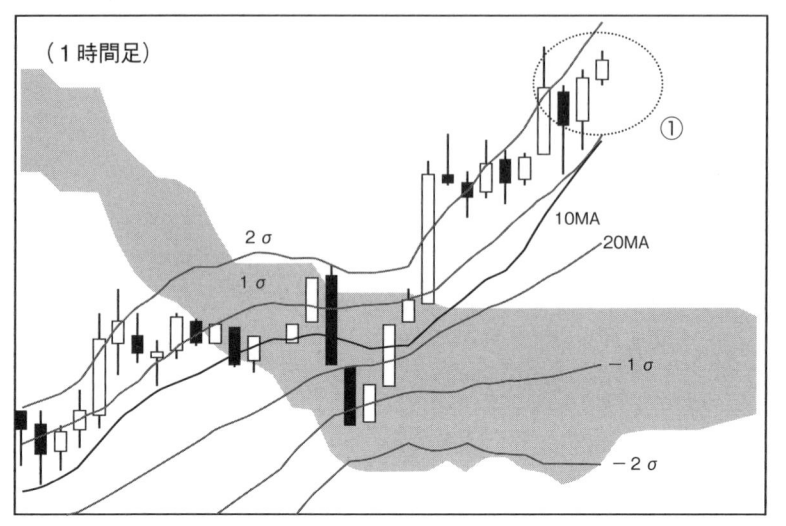

（1時間足）

2σ
1σ
10MA
20MA
-1σ
-2σ
①

①1時間足の10MAが上向き＆ボリンジャーバンドの1σ超え＝上昇トレンド

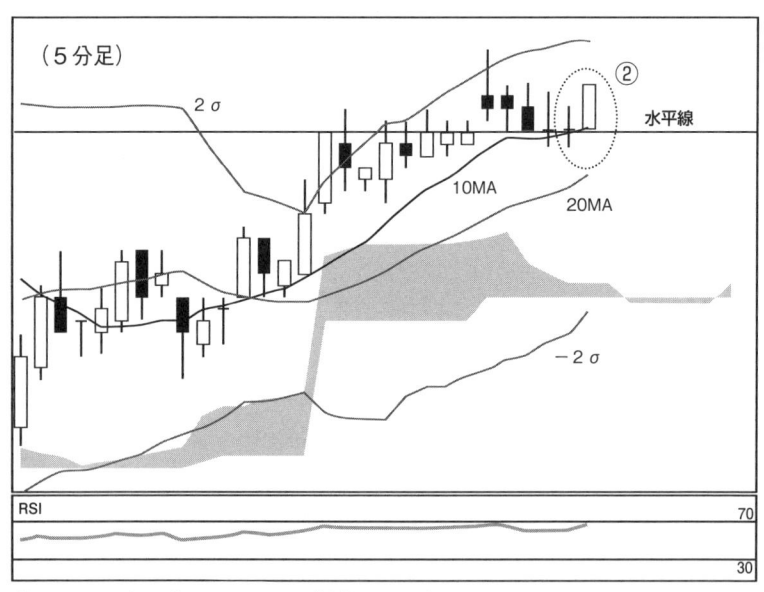

（5分足）

2σ
10MA
20MA
-2σ
②
水平線

RSI　　70
　　　　30

②5分足の水平線で上に反発（終値ベース）

2）売りの場合

①移動平均線ブレイク

　1時間足が下降トレンド中、一時的な調整で、5分足では上昇していることがあります。このとき、移動平均線（10MAなど）で反発することなく、移動平均線を超えてくるなど、ある程度の大きな戻りになることもよくあります。

　このようなケースになったときには、再度、5分足のロウソク足が移動平均線を割ってくるかどうかに注目します。

　終値ベースで5分足のロウソク足が移動平均線を割ったならば（70ページの下のチャート参照）、次の足の寄り付きでエントリーします。

②水平線反発

　1時間足が下降トレンド中、5分足は安値を更新した後、強くなり一時的に調整し、ブレイクした安値の水平線（すでにレジスタンスラインに転換している）辺りまで上昇していることがあります。

　このようなケースになったときには、過去の安値の水平線（レジスタンスライン）で反発するかどうかに注目します。

　終値ベースで5分足のロウソク足が水平線で反発したら（71ページの下のチャート参照）、次の足の寄付きでエントリーします

3）移動平均線ブレイク＆水平線反発のサインの強さ

　移動平均線には、通常、ロウソク足が当たると跳ね返るという特徴があります。ですが、跳ね返るはずのところで跳ね返らなかった（＝ブレイクした）ということは、それだけ強い動きがあったからだといえます。サインの強さとしては「そこそこ強い」と思ってください。

　また、水平線は、移動平均線よりも反発する可能性が高いと言えます。その意味で、水平線反発も「そこそこ強いサイン」と考えてください。

◆移動平均線ブレイク（売り）

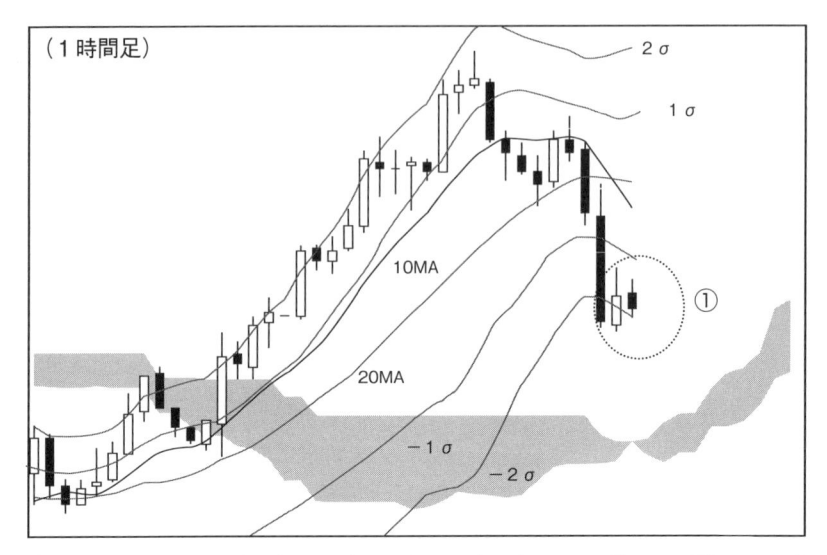

①1時間足の10MAが下向き＆ボリンジャーバンドの－1σ抜け＝下降トレンド

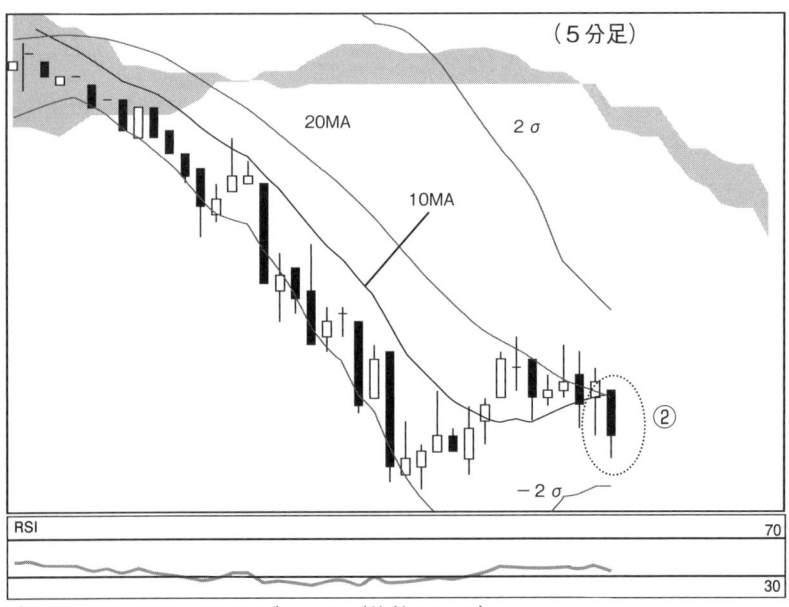

②5分足の10MAを下にブレイク（終値ベース）

◆水平線反発（売り）

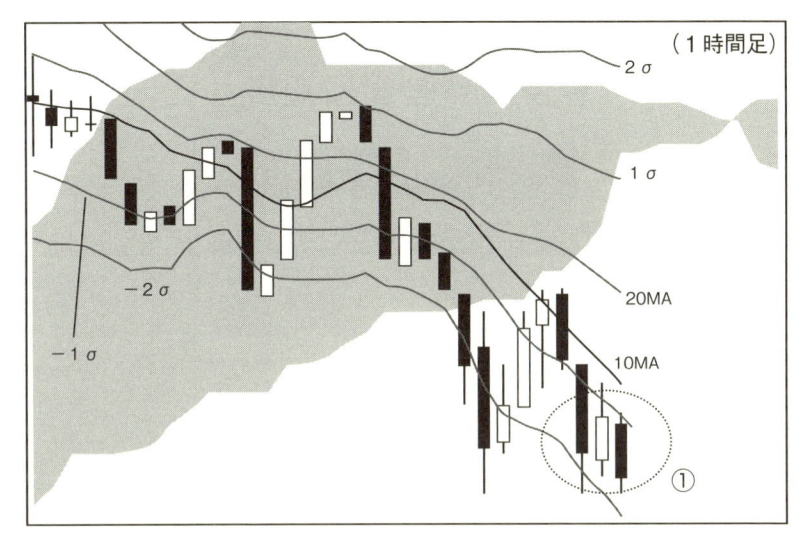

（1時間足）

①1時間足の10MAが下向き＆ボリンジャーバンドの－1σ割れ＝下降トレンド

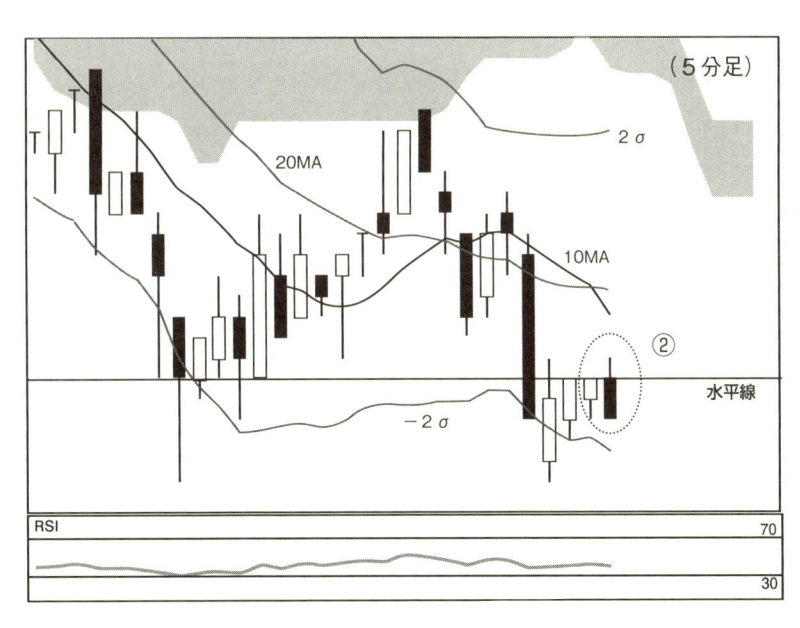

（5分足）

②5分足の水平線で下に反発（終値ベース）

~第5節~
高値&安値(水平線)ブレイク、トレンドライン反発
レベル3

1)買いの場合

①高値ブレイク

1時間足が上昇トレンド中、その動きに付随する形で5分足のロウソク足も上昇しているようなケースがあります。このような状況になったときには、直近の高値をブレイクするかどうかに注目します。

直近の高値を終値ベースでブレイクした場合(次ページの下のチャート参照)、次の足の寄り付きでエントリーします。

②トレンドライン(下限)反発

1時間足が上昇トレンド中、一時的な調整で、5分足ではトレンドライン(下限)まで下落していることがあります。

このようなケースになったときには、トレンドラインで反発するかどうかに注目します。

終値ベースで5分足のロウソク足がトレンドラインで反発したら(74ページの下のチャート参照)、次の足の寄り付きでエントリーします。

◆高値ブレイク

（1時間足）

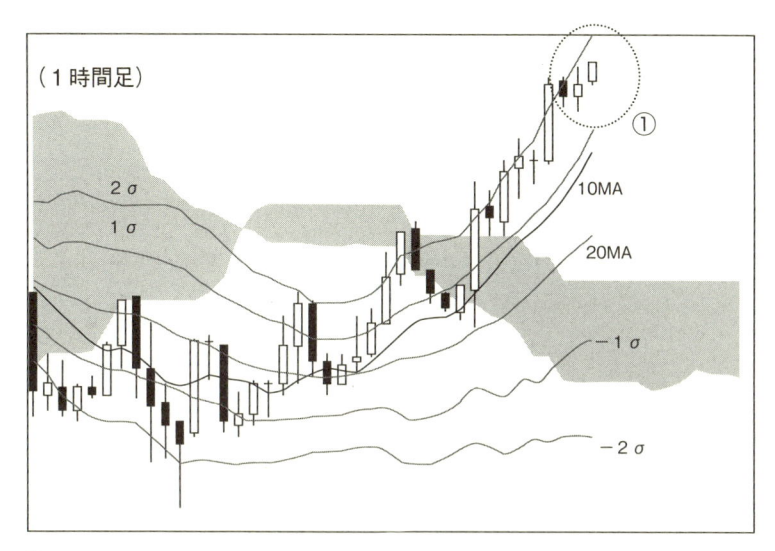

① 1時間足の10MAが上向き＆ボリンジャーバンドの1σ超え＝上昇トレンド

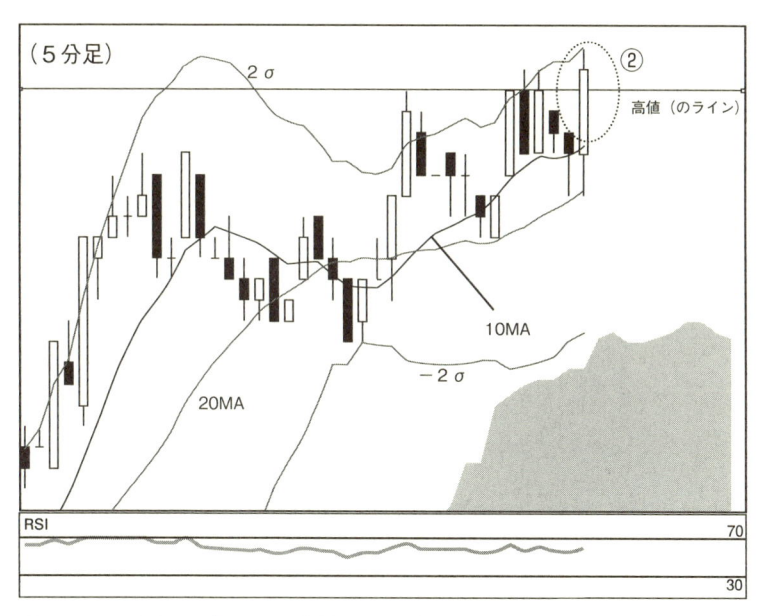

（5分足）

② 5分足の高値をブレイク（終値ベース）

◆トレンドライン反発（買い）

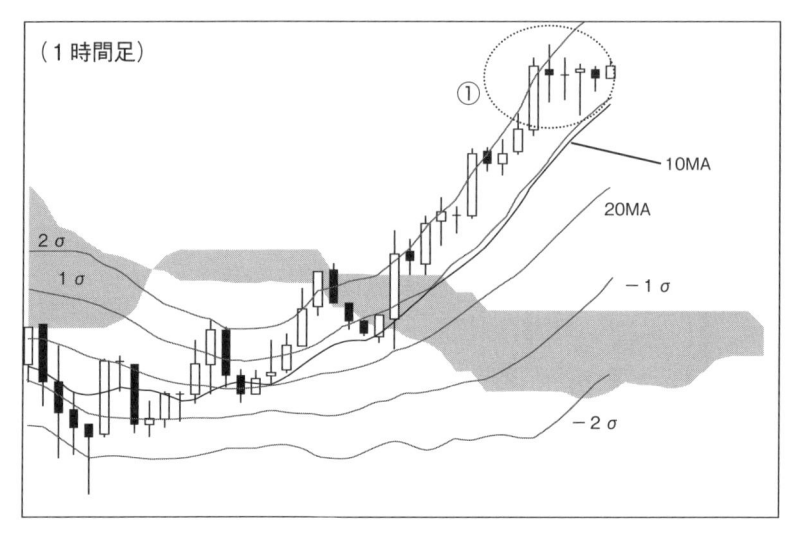

（1時間足）

① 1時間足の10MAが上向き＆ボリンジャーバンドの1σ超え＝上昇トレンド

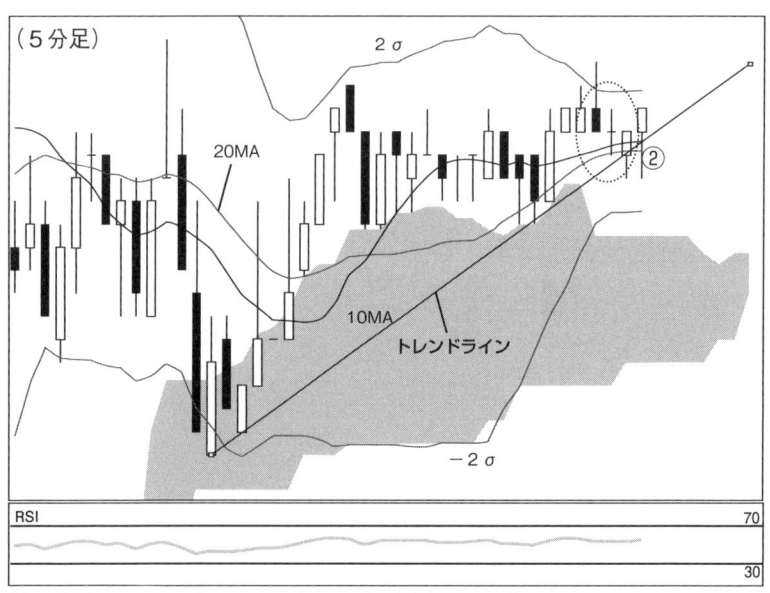

（5分足）

② 5分足のトレンドラインで上に反発（終値ベース）

2）売りの場合

①安値ブレイク

1時間足が下降トレンド中に、その動きに付随する形で5分足のロウソク足が下落しているようなケースがあります。このような状況になったときには、直近の安値をブレイクするかどうかに注目します。

直近の安値を終値ベースでブレイクした場合（76ページの下のチャート参照）、次の足の寄り付きでエントリーします。

②トレンドライン（上限）反発

1時間足が下降トレンド中、一時的な調整で、5分足ではトレンドライン（上限）まで上昇していることがあります。

このようなケースになったときには、トレンドラインで反発するかどうかに注目します。

終値ベースで5分足のロウソク足がトレンドラインで反発したら（77ページの下のチャート参照）、次の足の寄り付きでエントリーします。

3）高値安値ブレイク＆トレンドライン反発のサインの強さ

高値＆安値は多くの投資家に意識されているポイントです。それゆえに、基本的には、ロウソク足をほぼ跳ね返す性質があります。

しかし、高値＆安値で跳ね返されることなく、ブレイクした場合には、それだけの強い動きがあった（＝サプライズがあった）証拠とも言えます。ですから、サインとしては「強い」と考えてください。

また、トレンドの最終防衛ラインであるトレンドラインは、移動平均線よりも反発する可能性が高いと言えます。その意味で、トレンドライン反発も「強いサイン」と考えてください。

◆安値ブレイク

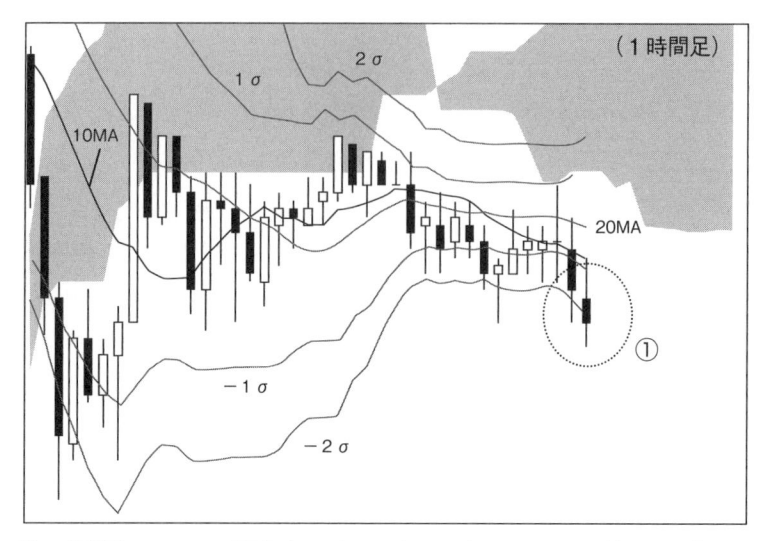

（1時間足）

①1時間足の10MAが下向き＆ボリンジャーバンドの－1σ割れ＝下降トレンド

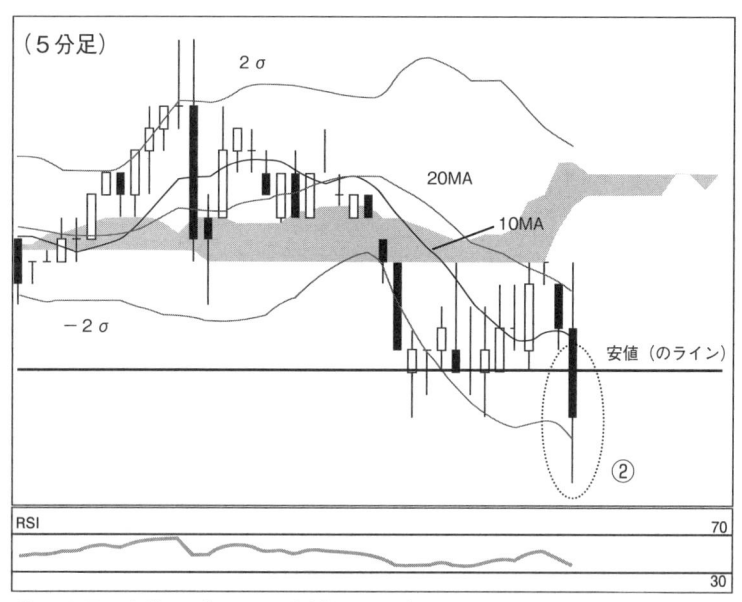

②5分足の安値をブレイク（終値ベース）

◆トレンドライン反発（売り）

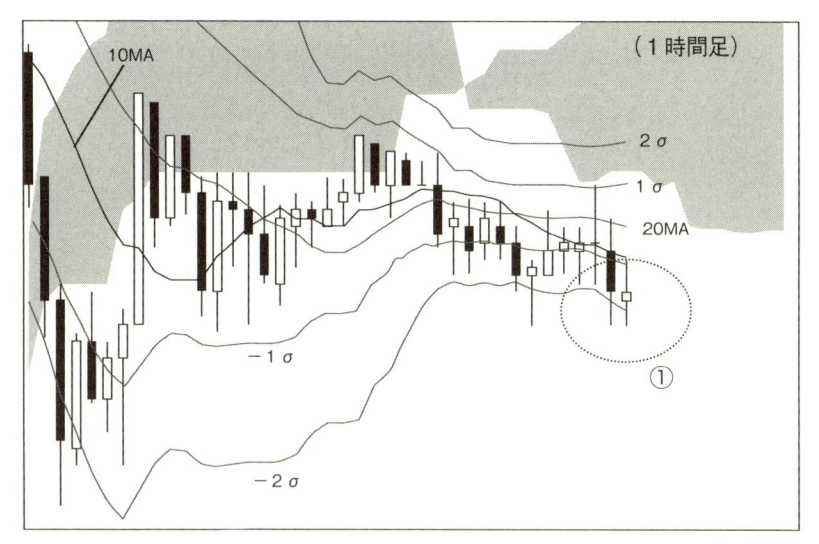

（1時間足）

①1時間足の10MAが下向き＆ボリンジャーバンドの−1σ割れ＝下降トレンド

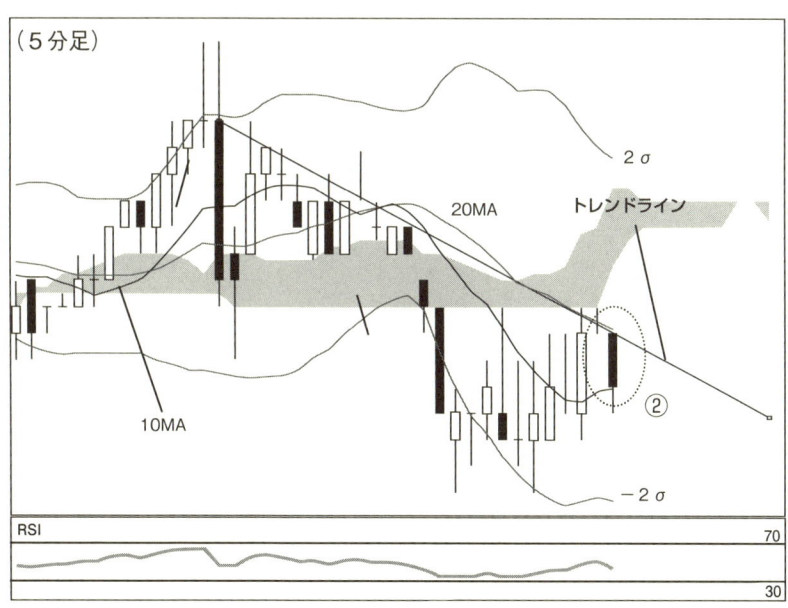

（5分足）

②5分足のトレンドラインで下に反発（終値ベース）

~第6節~
一目均衡表の雲抜け（雲割れ）＆トレンドラインブレイク
レベル4

1）買いの場合

①一目均衡表の雲抜け

1時間足が上昇トレンド中、その流れを受ける形で5分足のロウソク足の勢いも上に伸びていることがあります。

このようなケースになったときには、一目均衡表の雲を抜けるかどうかに注目します。

雲を終値ベースで抜けた場合（次ページの下のチャート参照）、次の足の寄り付きでエントリーします。

②トレンドラインブレイク

1時間足が上昇トレンド中、その流れを受ける形で5分足のロウソク足の勢いも上に伸びていることがあります。

このようなケースになったときには、5分足の上限のトレンドラインをブレイクするかどうかに注目します。

終値でブレイクした場合（80ページの下のチャート参照）、次の足の寄り付きでエントリーします。

◆雲抜け（買い）

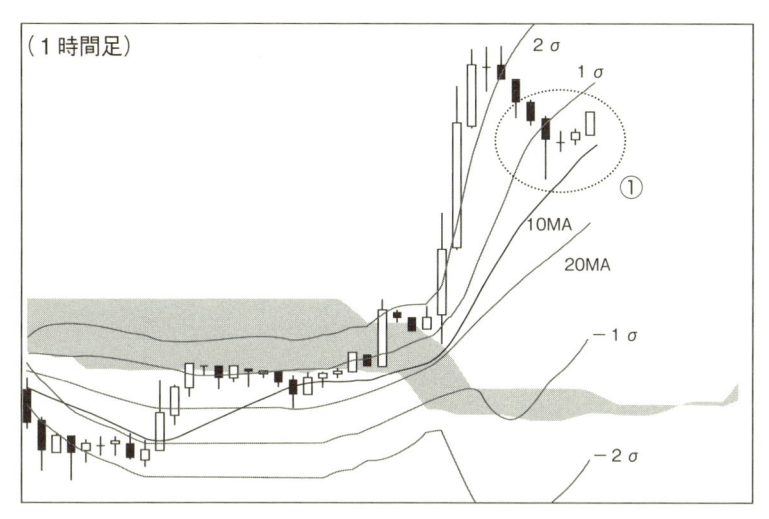

（1時間足）

2σ
1σ
10MA
20MA
-1σ
-2σ
①

①1時間足の10MAが上向き＝上昇トレンド

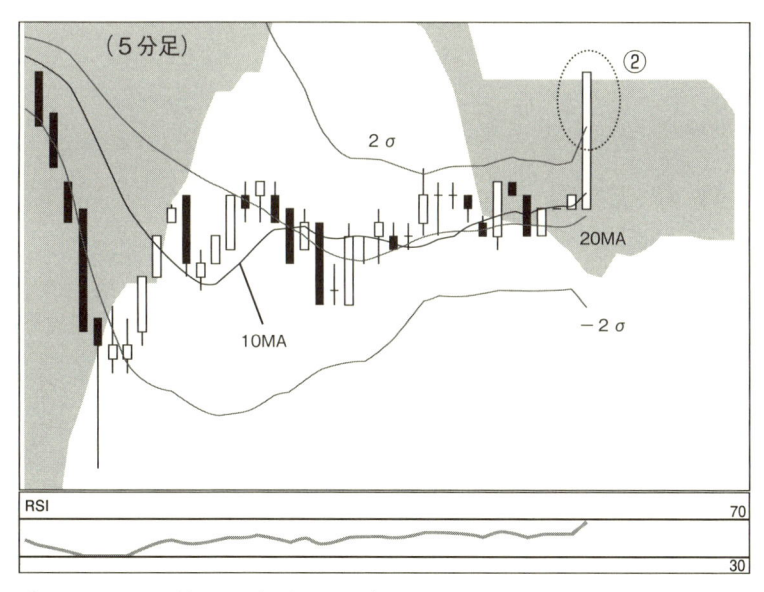

（5分足）

②
2σ
20MA
10MA
-2σ

RSI 70
       30

②5分足の雲を抜けた（終値ベース）

◆トレンドラインブレイク（買い）

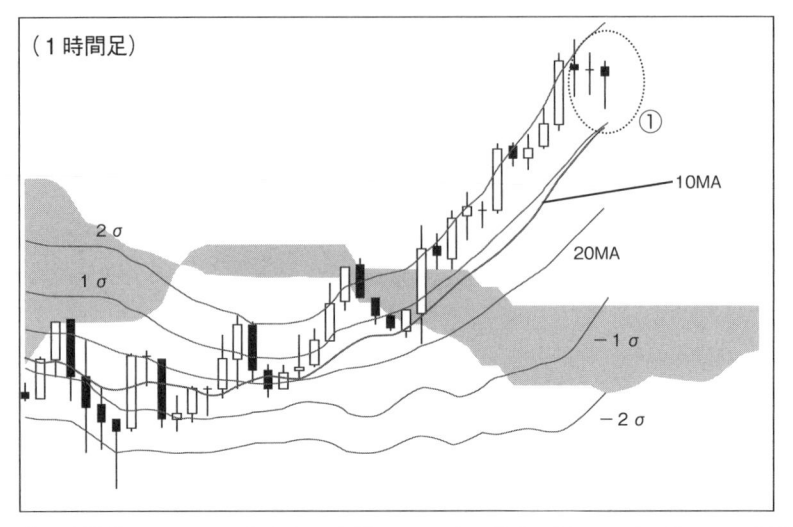

（1時間足）

①1時間足の10MAが上向き＝上昇トレンド＆ボリンジャーバンドの1σ超え

（5分足）

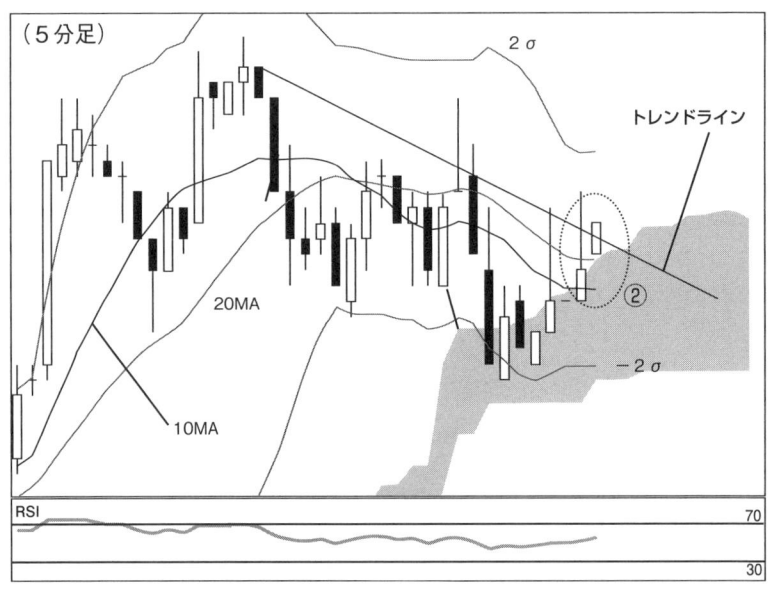

②5分足のトレンドライン（上限）をブレイク（終値ベース）

2）売りの場合

①一目均衡表の雲抜け

　1時間足が下降トレンド中、その流れを受ける形で5分足のロウソク足の勢いも下に伸びていることがあります。

　このようなケースになったときには、一目均衡表の雲を抜けるかどうかに注目します。

　雲を終値ベースで割った場合（82ページの下のチャート参照）、次の足の寄り付きでエントリーします。

②トレンドラインブレイク

　1時間足が下降トレンド中、その流れを受ける形で5分足のロウソク足の勢いが下に伸びていることがあります。

　このようなケースになったときには、5分足の下限のトレンドラインをブレイクするかどうかに注目します。

　終値でブレイクした場合（83ページの下のチャート参照）、次の足の寄り付きでエントリーします。

3）雲抜け（割れ）＆トレンドラインブレイクのサインの強さ

　一目均衡表の雲は、移動平均線を太くしたようなイメージであることを44ページでお話ししました。基本的には、移動平均線以上に、ロウソク足を跳ね返す特徴があります。にもかかわらず、抜けてきた（割ってきた）ということは、相当強いエネルギーがあったことを意味します。サインとしては「とても強い」と考えてください。

　一目均衡表同様、トレンドラインも、普通はロウソク足を跳ね返します。そこを突破するということは相当のエネルギーがあった証拠と言えます。トレンドライン突破も「とても強いサイン」だと考えてください。

◆雲抜け（売り）

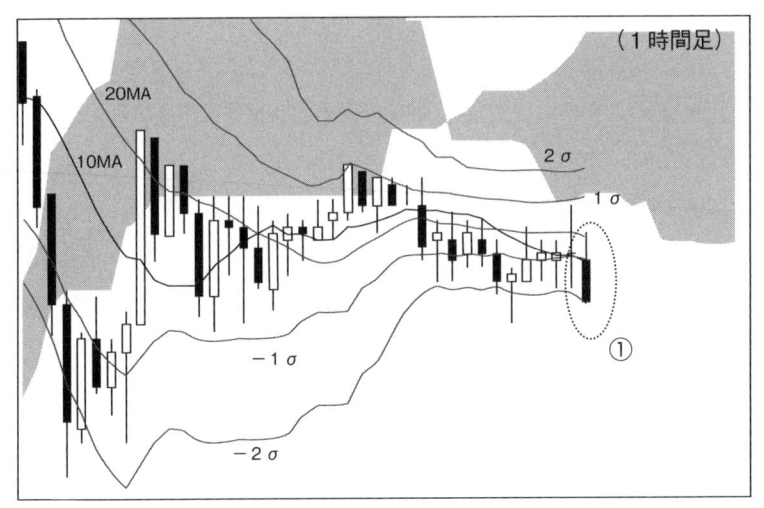

（1時間足）

① 1時間足の10MAが下向き＝下降トレンド

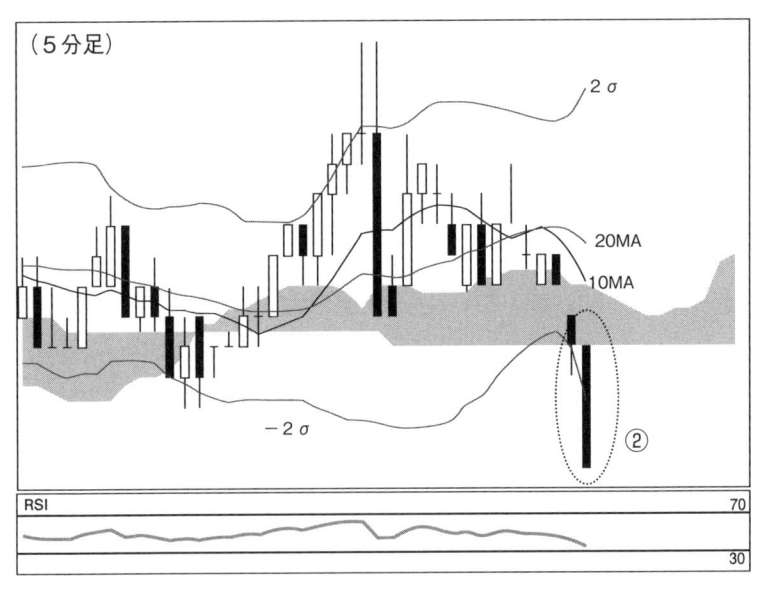

（5分足）

② 5分足の雲を抜けた（終値ベース）

◆トレンドラインブレイク（売り）

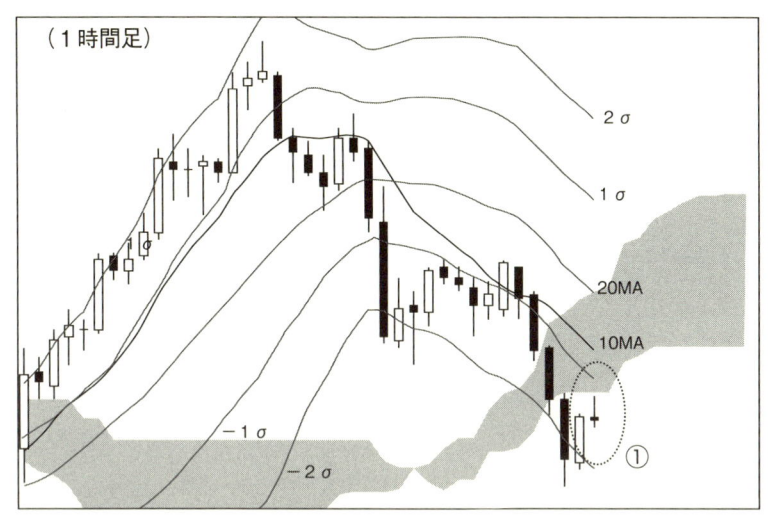

（1時間足）

①1時間足の10MAが下向き＆ボリンジャーバンドの−1σ割れ＝下降トレンド

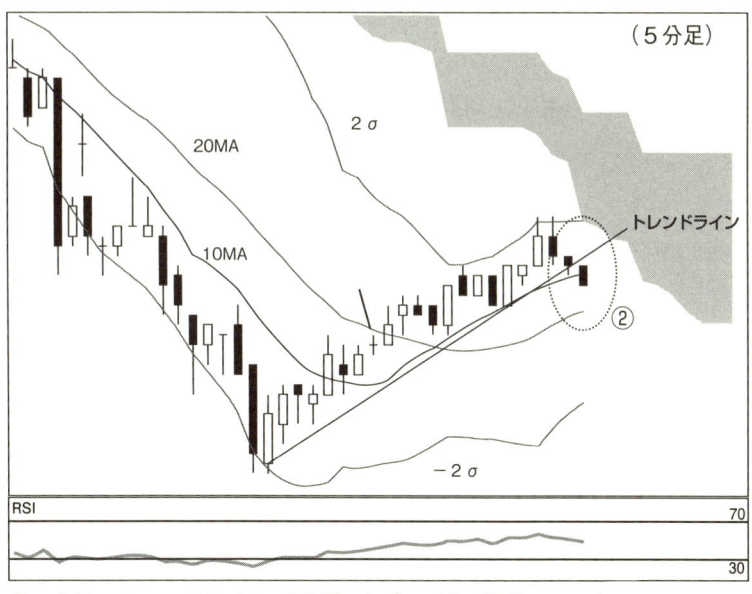

（5分足）

②5分足のトレンドライン（下限）をブレイク（終値ベース）

～第7節～
ペナント（三角持ち合い）ブレイク
レベル5

　上昇・下落を繰り返しながらレートが動く中で、上下幅が徐々に小さくなっていくと、最後にはある一定の範囲で行ったり来たりを繰り返します。このとき、スタート地点の高値・安値と、その後に続く振幅の点を結ぶと三角形のチャートになることがあります。これが俗に言う「ペナント（三角持ち合い）」です。

　ペナントになっている期間が長ければ長いほど、エネルギーを溜め込んでいる期間も長いと考えられています。それゆえに、頂点をブレイクした場合には、大きく動くといわれています。

　このエントリーのみ、1時間足の方向性にこだわらなくてもOKです。そもそも、このサインは方向感がなくなっているときに起こります。要するに、「上げたい人」「下げたい人」の思惑が「買い」「売り」のポジションになって溜まっていくので1時間足の方向性は考えなくてもいいのです。

　ただ、1時間足が上向きのときに出現する買いサインと売りサインを比較すると、1時間足が上を向いているならば、前者のほうが大きく動きやすいと言えます。

　ペナントでは、上下のトレンドラインがクロスした点まで、上下にブレイクしないで到達すると、最も強いエネルギーでどちらかに変動することが多いです（87ページのチャート参照）。交点近くまで持

◆三角持ち合いイメージ図

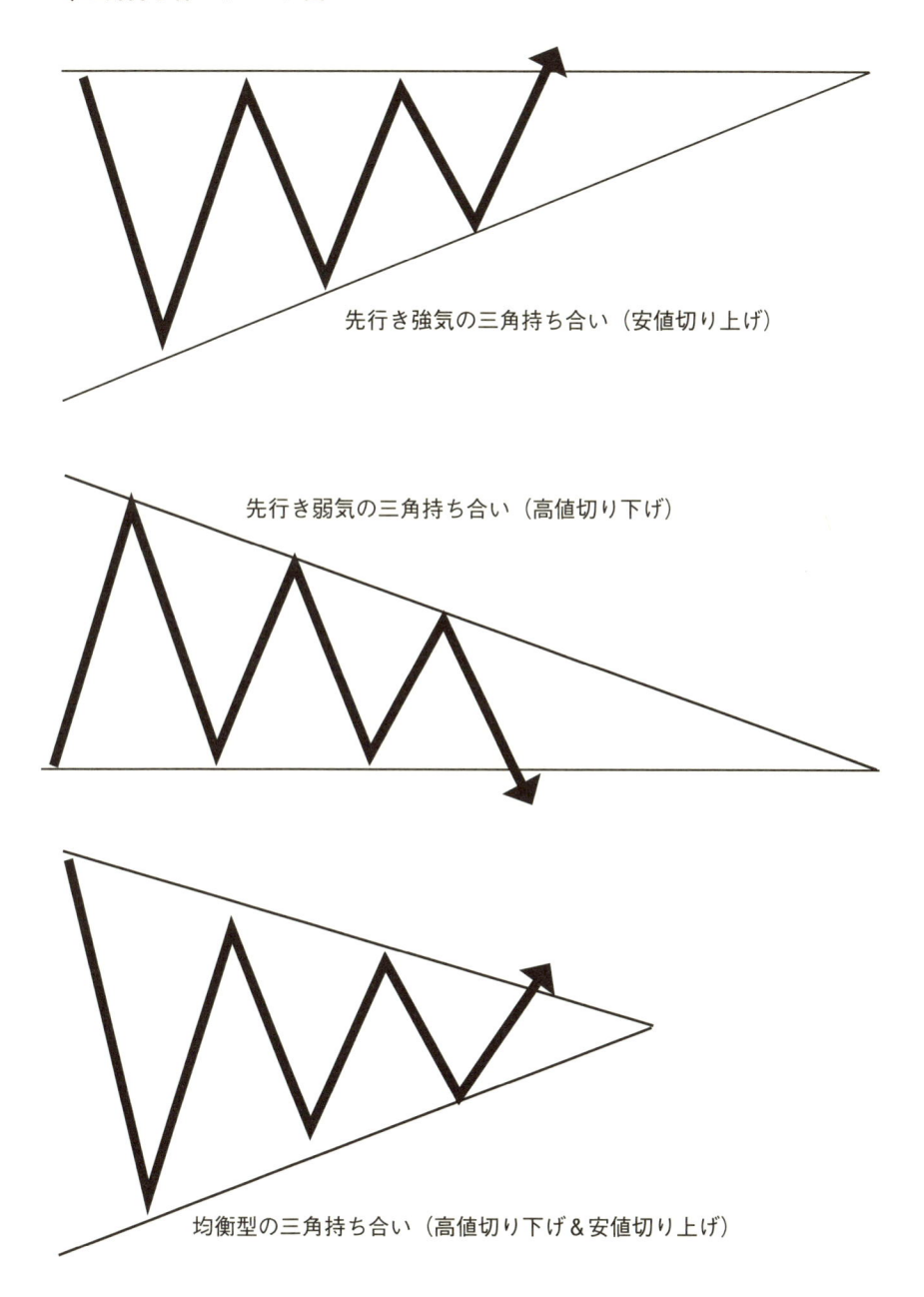

先行き強気の三角持ち合い（安値切り上げ）

先行き弱気の三角持ち合い（高値切り下げ）

均衡型の三角持ち合い（高値切り下げ＆安値切り上げ）

こたえるケースのほうが大きな利益が見込めるというわけです。

1）買いの場合

　ペナントを形成している上のトレンドラインを終値でブレイクした場合、次の足の寄り付きでエントリーします。

2）売りの場合

　ペナントを形成している下のトレンドラインを終値でブレイクした場合、次の足の寄り付きでエントリーします。

3）ペナントのサインの強さ

　先述したとおり、三角持ち合いの期間が長ければ長いほど、エネルギーが蓄えられていると考えます。均衡が崩れた場合は、溜められたエネルギーが一気に放出されますので、サインとしては「最も強い」と考えてください。

◆ペナントブレイク（買い）

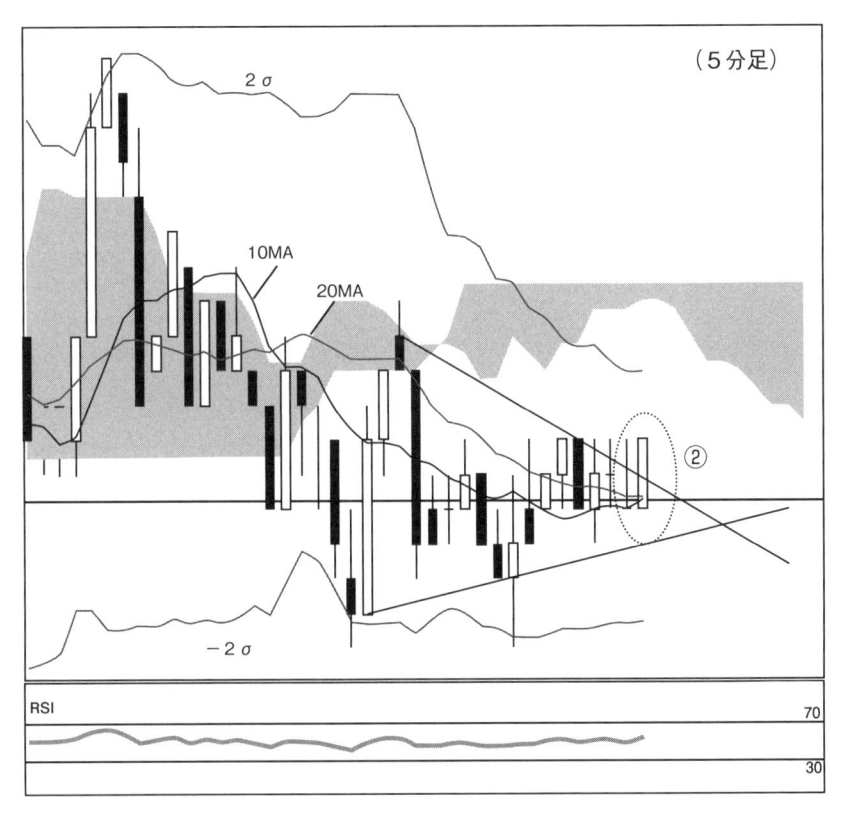

5分足の三角持ち合いを上にブレイク（終値ベース）

～第8節～
損切り（ロスカット）について

1）ロスカットは回復を早める作業

　トレードするうえで、どうしても付き合わなくてはいけないのが損切り（ロスカット）です。損切りができなければ、一時的に稼ぐことができたとしても、マーケット上に生き残ることはほぼ不可能だと思います。なぜなら、一度も負けることなく、トレード人生を終えることなどできないからです。

　損切りというと、「なかなかできない」という話をよく聞きます。でも、本当にそうでしょうか。「できない」のではなく、単純に「しない」だけの話ではないのでしょうか。実際のところは、次のような流れではないかと考えています。

「早めに損切りしなかった」→「（その結果）含み損がどんどん膨らんだ」→「損切りできなかった（自分では損切りできないところまで損が膨らんでしまった）」

　何事も、傷が浅いうちに処理してしまえば、その後の治りも早いものです。損切りも例外ではありません。負けを早々に認めてダメなポジションを切ってしまったほうが早く立ち直れます。損切りとは、損を確定するというマイナスの作業ではなく、回復を早めるためのプラ

スの作業だと考えてください。

2）エントリーした根拠がなくなったら切る。それだけのこと

　損切りでよく聞く話のひとつとして、「損切りは難しい」があります。でも、本当は、自分で難しくしてしまっているのです。先ほどもお話ししたように、早い段階で損切りできずに損を大きく膨らませてしまうと、どうしても損切りは難しくなります。

　損切りの何が難しいのかというと、精神的に難しいのです。損切りの方法自体は簡単です。でも「損を確定したくない」という気持ちが損切りという行動を邪魔します。だからこそ、ズルズルと損失を膨らませてしまう前に、損を確定する必要があるのです。

　では、実際、損を確定するときとは、どういう状況になったときなのでしょうか。答えを先に言いますと、「エントリーした根拠がなくなったとき」が損切りを実行するタイミングとなります。実は、たったこれだけのことなのです。ですから、本来、損切りはとても簡単な作業のはずなのです。

　例えば、終値で移動平均線（10MA）を上に抜けたことを根拠にエントリーしたのであれば、終値で移動平均線（10MA）を下に抜けたときが損切りのタイミングになります。「下に抜けた＝エントリーした根拠がなくなった」ということになるからです。

　高値安値ブレイクもトレンドライン反発も、皆、同様です。エントリーした根拠がなくなれば損切りとなります（次ページの解説図参照）。

3）小さくロスカットすることが大事

　損切りには、実はいろいろなやり方や考え方があります。極論、自

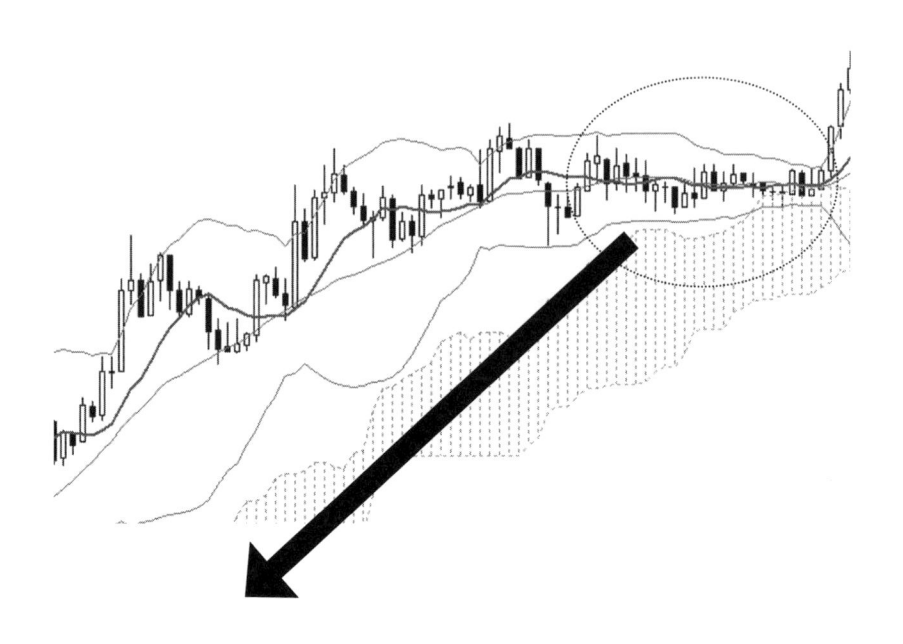

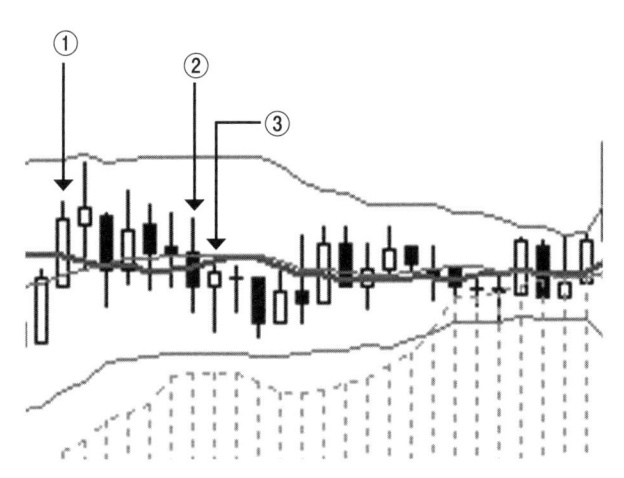

もし、10ＭＡブレイクを根拠にエントリーしたならば（①）、10ＭＡを終値で割った時点（②）で入ったときの根拠がなくなるので、次の足の寄り付き（③）で決済（＝この場合は損切り）する

分自身にとって損切りしやすいものであればなんでもよいと思いますが、その中で、「エントリーした根拠がなくなったら損切り」という作業をあえて推奨している理由は、「この方法なら小さい損で済む可能性が高くなる」というところにあります。

　例えば、大きな損を出したあとで切ってしまったら、損切りという立派な行為を、自分で褒めにくくなってしまいます。また、再三お話ししているように、傷の浅いほうが治りも早くなります。

　こういうことを総合すると、「できる限り小さく損切りしたほうがいい」という結論になります。そのための方法論として適しているのが「エントリーした根拠がなくなったら損切り」なのです。この方法なら、エントリーした形にもよりますが、3〜4ピプス（pips）前後で損切りを考えることができます。

　損切りとは資産を守るための正しい行為であることを覚えてください。さらに、できる限り小さく損切りすることを徹底するようにしてください。

~第9節~
利益確定について

1）利益確定は難しい作業

　損切りと違い、利益確定はとても難しい部類の作業だと思っています。なぜなら、己の欲との戦いになるからです。例えば、次のような経験はありませんか？

◎含み益になっていたので、もう少し伸ばそうと思っていたら、急に思惑と逆の方向に動き出し、あっという間に含み損になってしまった
◎予定通り、含み益の状態で決済できたが、その後、さらに上がっていくレートを見て、儲け損なった気がした（ロングの場合）

　利食いの難しいところは、明確な決済ポイントが存在しないところにあります。損切りの場合は、「エントリーした根拠がなくなったとき」というわかりやすいポイントがありますが、利食いの場合は、トレーダー自身の裁量に完全に委ねられるのです。

2）消極的なやり方と積極的なやり方がある

　「利食いは難しい」と諦めて、そのときそのときの感情で行動して

いたら、いつまでたっても「難しいまま」で終わってしまうことも考えられます。

そこで、私は、利食いについては、以下の2つのやり方を推奨しています。

◎消極的な利食い：終値ベースで10MA（移動平均線）を超えたか（割ったか）
◎積極的な利食い：（ボリンジャーバンドとRSI）

それぞれ解説していきます。

①消極的な利食い

順張りのトレードですので、基本的に乗っているトレンドが終わったら、トレードも終了です。トレンドが終わったかどうかについては、10MA（移動平均線）を見ます。

なぜ10MAに限定するかというと、トレンドが出て大きく上昇（下落）したとき、ロウソク足を一番早く追いかけてくれるからです。消極的な利確といえど、正しいエントリーをしてトレンドを当てているわけです。このとき、少しでも多くの利益を残すことを考えるならば、ロウソク足にいち早く反応する10MAが適していると考えて、目安にしています。

具体的には、買いの場合ならば、終値でロウソク足が10MAを割ったら、そこで利益確定です。売りの場合であれば、終値でロウソク足が10MAを超えたら、その時点で利益を確定します。

10MAを割った（超えた）ということは、当面のトレンドが落ち着いたということでもあります。その後、さらに下がる（上がる）のか、それとも上（下）のトレンドに戻っていくのかについてはわかりませ

んので、動きの収まったところで利益を確定してしまおうというものです。

消極的な利益確定の場合、10MAを割らないような強いトレンドが出ているようなときは大きく利益を取ることができます。反面、トレンドがそれほど強くないときは、微益もしくは損切りになることもあります。ですので、次に紹介する積極的な利食いのほうを推奨します。

②積極的な利食い

終値ベースで利益確定を考えるのではなく、瞬間最大風速を狙った利食いがこちらです。ピーク地点でいつも利食いできるわけではないことを前提としたうえで、それでもできる限り良いところを狙うため、一気に動いたところで、パッと降りるやり方になります。「瞬間的に行き過ぎたところは、積極的に利食いましょう」という考え方です。

以下のように、目安になるものが、いくつかあります。

◎ボリンジャーバンドの±2σ

48ページでもふれたように、買いの場合であれば、ボリンジャーバンドの2σを大きく超えたところ、売りの場合であればボリンジャーバンドの-2σを大きく割ったところで利益を確定します。ボリンジャーバンドの2σの外に飛び出す確率は4.5%です。滅多に飛び出さないからこそ、利益確定のタイミングとしては適していると言えます。時間がたてば、ボリンジャーバンドの内側に必ず戻るからです。

◎ RSI

53ページでお話ししたように、教科書的には「RSIは70を超えたら売り、30を割ったら買い」ですが、例えば、強い上昇トレンドのときは70を超えようが上がっていきます。ですから、RSIが伸びているときは含み益を抱えたままにしておき、RSIが反対方向に曲がっ

◆RSIは曲がったところに注目

RSIが曲がったところで利食う

て、かつ、終値ベースでロウソク足が確定したときに利食います。

◎ロウソク足の形
　ロウソク足に十字線や長いヒゲが現れたときや、高値（安値）を超えられないときなども、いったん、勢いが収まったと考えて利益を確定します。

　これらの利食いのやり方は、瞬間的に動いたところを狙っていくものですので、うまくポジションを決済できれば最高の形になることも多いです。ただし、強いトレンドが発生したときは、トレンドの初期の段階で利食いになる形も多く、結果的に儲け損なうこともあります。

　このように、消極的な利食いにも、積極的な利食いにも、それぞれメリットとデメリットがあります。各々の特徴を活かしてトレードに役立ててください。

コラム：同じ時間軸を使う

　エントリー、損切り、利益確定については、すべて同じ時間軸のチャートで行ってください。これは、とても大切なことです。

　例えば、5分足でエントリーしたら、損切りも、利確も、5分足のチャートで判断しなければなりません。

　不安になると、ほかの時間軸のチャートが気になったりして、エントリーした時間軸とは違うチャートを根拠にエグジットする人がいます。しかし、それではトレードに一貫性

がありません。もちろん、正しい行動とも言えません。たまたまうまくいったとしても、単なる偶然です。

　トレードとは、不確実に思えるマーケットの動きの中で「いかに確実性を高めていけるか」を追求し、その結果として、利益を出していく行為です。だからこそ、行動には常に一貫性が求められるのです。

【エントリーと決済の早見表】

◆ステップ１：トレンド判定
１時間足の 10MA の向きを見る。上向きなら上昇トレンド、下向きなら下降トレンド。補足的にボリンジャーバンドの±１σも見る。

◆ステップ２：エントリールール
「ステップ１」で観察したトレンド方向に合わせて、以下のルールでエントリーする（５分足）。

　　レベル１：移動平均線（10MA など）反発
　　レベル２：移動平均線（10MA など）ブレイク＆水平線反発
　　レベル３：高値＆安値（水平線）ブレイク、トレンドライン反発
　　レベル４：一目均衡表の雲抜け（割れ）＆トレンドラインブレイク
　　レベル５：ペナント（三角持ち合い）ブレイク

◆ステップ３：決済
決済については、以下のとおり（５分足）。

①損切り
エントリーした根拠がなくなったら損切り。

②利益確定
消極的な利益確定・・・買いの場合は 10MA を割ったとき、
※ロウソク足確定ベース　　　売りの場合は 10MA を超えたとき。
積極的な利益確定・・・ボリンジャーバンドの±２σを大き
※ロウソク足確定ベースではない　　くはみ出したとき、RSI が曲がったとき、ロウソク足の形。

第4章 "最良"トレードにつながる「戦略」と「シナリオ」

～第1節～
「これから何が起こるのか」を知る

　私たちが目指しているのは機械の自動売買ではなくて最良トレードです。裁判の「裁」に「量（る）」ではなくて、最も良いの「最良」です。「人事を尽くして天命を待つ」というスタイルですので、事前に想定できることがあるなら想定しておいたほうが、その後の対処も楽になります。

　このように、これから起こることを事前に把握し、「どうするのか」を決めておくことを戦略と言います。戦略を立てるときには、次の2つのことを意識します。

> ◎重要指標のスケジュール確認
> ◎チャート（分析）

　ひとつずつ説明していきます。

1）重要指標のスケジュール確認

　重要指標の発表のスケジュールは、タイミングを知るうえで必要になります。「何が起こるから〇〇の方向に予想しよう」ではなく、〇

×クイズと一緒で「いつ問題文が読まれるのか」を知っておくのです。スケジュールを事前に知っていると、「今日は夕方くらいからトレードをすればいいか」など、トレードに集中すべき時間帯がわかります。また、トレードするまでの間に、大まかな相場観を持つこともできます。

重要指標には、以下のように、事前把握できるものと、事前把握できないものがあります。

> ◎事前把握できるもの……指標発表など
> ◎事前把握できないもの…要人発言、事件、天災等

指標のスケジュールについては、証券会社等、いろいろなところで情報を提供してくれていますが、個人的には「外為どっとコム」や「みんなの外為」が使いやすいと思っています。

◎外為どっとコム 経済指標 週間予測カレンダー
　　http://www.gaitame.com/market/yosoku.html
◎みんなの外為
　　http://fx.minkabu.jp/indicators/calendar

指標のスケジュールについては、週の初めに必ず1週間分の予定を見ておきます。さらに、月曜日なら月曜日、火曜日なら火曜日のように、その日に予定されている指標の発表時刻を絶対に確認してください。なぜかというと、トレードをしているうちに忘れてしまうからです。「今日は9時と10時に指標発表がある」と思っていても、トレードに集中しているうちに「何時だったかな？」と忘れるので、「毎日、

トレード開始前には必ず確認する」という癖をつけたほうがいいです。
　重要指標の発表については、以下の４つが大事になります。

◎いつ発表されるか
◎何が発表されるか
◎その指標は大事かどうか
◎サプライズがありそうかどうか

　「いつ」はすぐわかります。何が発表されるか、どこの国の指標かもわかります。重要かどうかも、先ほど紹介したようなサイトでは「！」や「☆」で重要度を表していますのでわかります。
　指標には、ダイレクトにマーケットを動かすものと、間接的にマーケットを動かすものがあります。

●FX市場をダイレクトに動かすもの
・各国の中央銀行の政策金利や議事録・方針発表
・貿易収支・経常収支・GDP
・雇用関係

●間接的にFX市場に影響のあるもの
・物価関連（消費者物価指数、生産者物価指数等）
・産業関連指数（鉱工業生産指数、○○連銀○○指数、
　○○非製造業景気指数等）
・住宅関連（新築住宅販売件数、住宅価格指数等）
・景気関連（景気動向指数、消費者信頼感指数等）

一番大事なのは、FOMCなどの各国中央銀行の政策金利の発表です。本来であれば、国の経済力を示すGDPが注目されるべきですが、GDPの6割は個人消費（※一般人の所得によって動く）を示すため、結局のところ、雇用の話になってしまいます。雇用統計が注目されるのもこの理由によります。

　間接的に動くものには、物価や景気の指数がありますが、マーケットを動かす力で比べると、ダイレクトに動かすものよりも影響度は小さくなります。ただ、大事な数字であることには変わりありません。

　サプライズがありそうかどうかについては、「前回実績」「今回予想」「今回実績」が出ていますので、これらをチェックします。「前回実績」と「今回予想」を比べたときに「数字の差」が激しいものは、確率的にサプライズが出やすいと考えています。

　そのほか、「今、注目されている指標かどうか（特定の国や関心事）」「指標発表のタイミングがいくつか重なっているかどうか（※指標の発表がいくつもあると、どちらに動くかわからないため、結果的にサプライズが起こりやすくなる）」「発表30分前〜直前に大きく市場が動いていないか（コンセンサスと今回予想が乖離しているときには織り込んで買ってきたり売ってきたりすることがある）」なども確認しておいてください。

　これらのことが多く該当すると、サプライズの起きる可能性が高くなりますので、不用意にポジションを持たないようにするなどの注意が必要です。スケジュールの確認は、何度やっても、確認し過ぎることはありません。常に意識するようにしてください。毎日、スケジュールを付箋に書いて目につくところ（モニターなど）に貼っておくなどの対策が有効です。

2）戦略上のチャート分析

　トレードで起こるすべてのことはチャートに織り込まれています。ですから、チャートだけを見て予想しておくことに慣れてほしいと思います。その理由は、大体の方向性が頭に入れられるようになるからです。

　チャートは、「こうなるだろう」と思い込むために見るのではなく、「こうなったときに、こうする」という心の準備をするために見ます。戦略を立て、「上がるだろう」と思い込んで買いだけを考えるのではなく、「上がると思うけど、下がったらどうする」ということも考えておきます。

　戦略を立てるにあたって、週初めに１週間の予想をします。このとき確認するのは以下の４つです。

> ◎トレンドの有無
> ◎トレンドの継続性
> ◎ボラティリティ
> ◎そのときの相場の特徴

　１週間の予想を立てるときには、日足のチャートを使います。なぜなら、チャートの予測精度はロウソク足で５本〜10本程度だからです。

　日足のチャートを分析することによって「この１週間はこうなるだろう」ということはわかりますが、日足のチャートを分析する＝日足のトレンドも把握しなければならないということでもあります。そこ

で、それよりも長いチャート、具体的には週足のチャートも見ます。さらに、日足の足元のトレンドを把握するために1時間足も使います。このように総合的に1週間の予想をします。

　トレード前（直前）は、短い時間軸（30分～数時間）のチャートを意識しますが、戦略を立てるときはもっと長い時間軸（日足～週足）を使うというわけです。

3）戦略の手順

　戦略では、1週間の予想を立てるのが大前提になりますから、**根底にある大きなトレンドは週足で確認**します。具体的には、週足の移動平均線（10MA）が上を向いているのか、それとも下を向いているのか、その向きを判断したうえで、上に障害物（レジスタンスラインや一目均衡表の雲）がないか、下に障害物（サポートラインや一目均衡表の雲）がないかも確認します。

　次に、**日足に落として、同じこと（向きがどうか、障害物がないか）を見て、今後1週間で起こりそうなトレンドを確認**します。このとき、もしレンジだったら、「この線を超えたら上がりそう」とか、「ここを割ったら下がりそう」という目星もつけておきます。

　トレンドが出ている通貨（ペア）はどれなのかも確認します。動いている通貨でトレードしたほうが利益を出しやすいからです。トレンドが出ているかどうかについては、日足の10MAが継続的に上昇しているか、下降しているかでチェックします。ケースにもよりますが、ロウソク足で5～10本くらい上昇（もしくは下降）していると信頼できます。

　さらに、トレンドが実現しそうかどうか、トレンドが出たときにしばらくその動きが続きそうかどうかの可能性（例えば、ボリンジャーバンドの±1σの飛び出しなど）も含めて目星をつけておくなどした

うえで、最後に総合的な判断を下します。

もし、明確なトレンドが出ていないとしたら、「この線を超えたら上がるサインだから、ブレイクしたら上に動いていく可能性があるな」のように、「こうなったら、こうなるだろう」というきっかけを確認しておきます。

さらに、タイミングも考えておきます。指標発表のスケジュールを頭に入れて、「そのイベントはいつ起こりそうなのか」「アメリカのこの指標で動きそうじゃないか」といった目星をつけておきます。

週初めに戦略を立てて、突発的なことが何も起きなければ、その相場観を持っていればよいだけなのですが、仮に、週のどこかで大きな変化があったならば、もう1回、週初めに立てた戦略の見直しが必要になります。「なぜ、見直したほうがいいか」というと、思い込みを排除したいからです。例えば、週初めに「上」と思い込んでいたとします。「上」という前提が合っていれば問題ありませんが、週の途中で前提が変わっている可能性があるならば、そのままの考えでいるのはリスクが高すぎます。「最初の戦略が通用しそうか」については、こまめにチェックしたほうがいいと思います。

～第2節～
シナリオを作るとはどういうことなのか？

1）シナリオとは値動きの最大の幅を想定すること

　重要指標のスケジュールを知り、チャートを確認したら、次はトレードのシナリオを作ります。

　シナリオとは「こうなるだろうな」と思うだけでなく、「こうなると思っているけど、逆になったらどうなるだろう」までを考えることを指します。上下の最大の幅の可能性を想定しておくと対処しやすくなるからです。

　シナリオを作成して、エントリー待ちをして、心の準備を整え、「こうなったらこうする」という戦略を立てておくと、頭の整理ができます。

　シナリオを立てておくと、「このライン（節目）を超えたら買おう」とか、「エントリー可能時間まで余裕がありそう（例えば、一目均衡表の雲を超えるまで、5分足で見て、あと10本分は時間がありそう）なので、今はほかのことをしておこう」など、気持ちに余裕が生まれます。

　シナリオを作るときに考えることとは、「どうなったらエントリー条件になるか」と、「エントリー後、どうなったらエントリー条件が崩れるか（＝損切りするか）」です。

エントリーですので、5分足の買いと売りの条件を今のチャートで確認します。上に動いたら買い、下に動いたら売りです。その想定が実現するにはどうなればいいのかを考えます。

このとき「1時間足のトレンドがどうなっているのか」が前提になります。仮に今、1時間足の10MAが上を向いているのであれば、「5分足はどうなったら買いの条件になるのか」を考えます。このとき、1時間足が上向きにならなくなるときはどういうときかについても、5分足で見ておきます。すると、「5分足で下がってもいいのはどこまでか、要するに、買いを仕込んでもいいのはここまでだね」というのもわかります。

このように考えることができると、一時的に下がってしまったとしても「買いの許される目処」がわかります。要するに「どこまでなら買っていいのか」が決められます。買いの可能性をひとつだけに絞ることなく、さらに下がったときの買い場も頭の中に入れておくと、視野の広い売買が可能になります。

1時間足に方向性がなかった場合には、「どうなったら上に行くのか」「どこを超えたら上向きになりそうか」という節目を見つけておきます。

ここで大切なのは、「1時間足が上向きになったとき、日足はどうなっているのか。また5分足はどういう状況になっていそうか」など、多層的にチャートを見ることです。ひとつの時間軸の動きだけを見て短絡的にシナリオを作ってはいけません。

逆に、上がり過ぎたときに「1時間足はどこまで上がれるのか」ということも想定しておかないといけません。

◆シナリオを考えるときのチェック項目

◎週足の確認
　・10MAが上を向いているか
　・10MAが下を向いているか
　・10MAに方向性がないか
　・サポートラインやレジスタンスラインはどうか

◎日足の確認（メインチャート）
　・10MAが上を向いているか
　・10MAが下を向いているか
　・10MAに方向性がないか
　・サポートラインやレジスタンスラインはどうか

◎1時間足の確認（今日、トレードするかどうか）
　・10MAが上を向いているか
　・10MAが下を向いているか
　・10MAに方向性がないか
　・トレンドが出ているか
　・サポートラインやレジスタンスラインはどうか

◎5分足の確認
　・買いサイン＆売りサインはどこで出るか
　・サポートラインやレジスタンスラインはどうか
　・一目均衡表はどうか

週単位

日々単位

例えば、1時間足に明確な節目がないときは、もっと長い時間軸、例えば、日足のチャートを見ます（※1時間足で継続的に下落しているケースでは、値動きの幅が大きすぎて、表示される範囲上に節目が見えないことがあります。こういうときは長い時間軸を見ると節目を探せます）。仮に、日足を見て、下目線だとしたら、下に邪魔するものはないのかを探します。この作業をすると相場の大局が把握できます。

門下生には、ブログを書いてもらっています。ブログを書いてもらうことに対しての評判は上々です。究極のアウトプットなので、すごく勉強になると言われています。

例えば、「日足には方向感がなくレンジ相場の状態だが、1時間足のトレンドを見ると下向きで、安値割れになっている」としたら、「5分足の5つのエントリータイミングのどれかで売る」という想定をします。次に「1時間足が上を向く（＝売ってはいけない）としたらどういう状況になるときか？」までを考えます。この作業を毎日やることによって相場を見る力はみるみるついてきます。

2）買いの場合の基本シナリオ

買いを考えるときは、まずは次ページのことを確認します。

基本的に、1時間足の10MAが上を向いている限りは「買い」の考えです。週足や日足については、上を向いていれば心強いですが、必ずしも上を向いていなくてもいいです。

どこまで買えるのかについても、「上がって行くとしたらどこまでか」を見ます。具体的には、5分足の節目はどこか、1時間足の節目はどこか、日足の節目はどこにあるのかなどを確認します。1時間足が上を向いていても、日足で見るとすぐ上に節目（レジスタンスラインなど）があるときは、上がれないこともあります。そういうときは、

◆買いのシナリオを考えるときのチェック項目

◎１時間足の 10MA が上を向いているか
◎週足や日足の向きはどうか
◎どこまで上がりそうか（１時間足）
◎どこまで買っていいのか（５分足）
◎エントリータイミング（５分足）
◎エントリー後に邪魔になるものはないか（５分足）

↑

こういうことをトレードする前に確認して、
どういう行動をとるべきか想定しておく

やはりシナリオを考え直す必要が出てきます。ですから、長い足は絶対に見ておかないといけないのです。

どこまで買っていいのかについては、**「1時間足の10MAが上向きでなくなる（＝フラットになる）としたらどういう状況か」**で考えます。「1時間足の10MAが上を向かない＝買ってはいけない」ということになるからです。例えば、「1時間足の10MAが上を向いている限りは、5分足の10MAで反発したら買い、ボリンジャーバンドのミドルライン（＝20MA）で反発しても買い、でもトレンドラインまで下がるようだったら1時間足の10MAがフラットになるからもう買えない」というような目処をつけておきます。

ここまで想定したら、次に5分足でそれぞれのエントリータイミングを検証します。このときは、5分足のエントリータイミングのどれか（例えば、MA反発やMAブレイクなど）で買いの判断をします。その際、エントリー後の障害になるものがないか（すぐ上に一目均衡表の雲がある、レジスタンスラインがあるなど）も確認します。

3）売りの場合の基本シナリオ

売りを考えるときは、次ページに挙げたことを確認します。買いの逆ですので、簡潔に説明します。

基本的に、1時間足の10MAが下を向いている限りは「売り」の考えです。週足や日足については、買いのとき同様、必ずしも下を向いていなくてもいいです。

どこまで売れるのかについては、「下がって行くとしたらどこまでか」を見ます。具体的には、1時間足や日足の節目（サポートラインなど）がどこにあるのかなどを確認します。

どこまで売っていいのかについては、「1時間足のMAが下向きでなくなる（＝フラットになる）としたらどういう状況か」で考えます。

◆売りのシナリオを考えるときのチェック項目

◎1時間足の10MAが下を向いていること
◎週足や日足の向き
◎どこまで下がりそうか（1時間足）
◎どこまで売っていいのか（5分足）
◎エントリータイミング（5分足）
◎エントリー後に邪魔になるものはないか（5分足）

↑

こういうことをトレードする前に確認して、
どういう行動をとるべきか想定しておく

ここまで想定したら、次に5分足でのエントリータイミング（MA反発やMAブレイク）を考えます。その際、エントリー後の障害になるものがないか確認することについても、買いのときと同様です。

4）レンジの場合の基本シナリオ

　1時間足に方向性が見られないときは、「（1時間足で）どこの節目を超えたら上になるか」「（1時間足で）どこの節目を割ったら下になるか」だけ、目星をつけておいてください。節目を超えるまでは放っておいて問題ありません。

第5章 事実を客観的に「判断」し、迅速に「執行」する

～第1節～
事実を見つめる

　チャートには「事実」が映し出されるとお話ししてきました。チャートで事実を把握し、今がチャンスなのか、それとも様子見なのかを判断するのです。

　普通は判断をしたら、すぐに執行に移るのですが、この執行自体は人間がやるものなので、途中で邪魔が入りやすいです。まずは、このことを覚えておいてください。
　もし、邪魔が入ってもいいとしたら、それは「直感」だけです。ただし、直感が働くことは年に何回かしかありませんので、ここではいったん無視します（直感については後述します）。

　さて、『事実を見つめる』ことについて、もう少し詳しくお話ししていきます。判断のもとになる事実を客観的に見ることはとても大事です。「どうしても今買いたい」とか、「今日はドルが下がるのではないかな」など、大した根拠もないのに"そうなる"と人間は思ってしまいがちですが、そうではなく、「客観的に見る」のです。
　私は、FXだけに限らず、すべてのトレードにおいて、一番大事なことは「客観的であること」だと考えています。例えば、「どこどこの会社が○○と言っている」などは、どうでもいいことなのです。ノイズであって邪魔にしかなりません。

事実を客観的に見るために、できるだけ多くの情報を網羅しているほうが良いと思います。すべての世の中の情報を、網羅・反映していた結果である事実のほうが、信ぴょう性が高くなるからです。
　ただ、自分の処理能力を超えるような情報量があったのでは、かえって混乱するだけなので、自分が処理できる能力の範囲内で、かつ、より多くの情報を網羅している可能性があるものは何かを探します。
　そして、それが何かというと、チャートなのです。チャートには、すべての情報が反映されていますから、重要性からいえば、極めて高い情報源になります。

　チャートで事実を見て判断をするわけですが、ここで大事なのは「事実に基づいて、客観的な判断をする」ということです。「買いたいです」「売りたいです」という、トレーダー自身の気持ちはどうでもよくて、「客観的に誰がどう見ても買い」「このルールに従っていれば、誰が見ても買い」という判断ができることが求められます。
　私の一門は、そういう客観的な判断を下す練習をしています。主観的だと人と違ったタイミングで判断を執行に移してしまうからです。もし主観的になってしまったら、今までのことがすべて無になります。第3章で紹介したエントリールールも、人と同じことをする、つまり客観的に事実を見るからこそ意味があるのです。

　客観的になるためのひとつの訓練として「根拠」を持って行動することを挙げたいと思います。事実に基づいて、客観的に理由が述べられる状況がそろってはじめて、判断につながるわけです。
　例えば、移動平均線を下から上に超えたという客観的な事実があって、それが根拠になって「買う」という判断をすることです。思い込みとか独断的な決断は、判断とは言えません。勝手にやりたいこと、好きなことをしている、やりたかっただけということでは判断ではな

いのです。

　大事なことは、あとで判断理由を聞かれたときに、きちんと答えられるかどうかです。プロの投資家やディーラーさんの場合は、「どうして"ここ"で買ったのか」と尋ねられたら、必ず理由を言わなくてはいけません。なぜなら、人のお金を運用しているからです。「どうして」と聞かれたら、それに答える責任があるのです。

　その点、個人投資家の場合は、人様に説明する必要性はありませんが、「理由」がないと客観的にはなりにくいので、常に**自問自答**するようにしてほしいと思います。「ここでエントリーするのはどういう根拠があるからですか」と自分に尋ねたときに、きちんと説明できないようであれば、それは間違いなのです。
　私の生徒さんによく見られるのが「どうして、ここで買ったの？」と聞いたときに、「上がると思うので……」と返答されるパターンです。「ルールを学んでいるでしょ？」と言っても、「いや～」と答える。「まだ、移動平均線を下から上に超えてないよね」と言うと、「超えると思っちゃったんですよ」と答える。これではいけないのです。
　この場合ならば、「思ったかどうか」は関係なくて、「移動平均線を終値で超えた」という**事実があったかどうか**が大事なのです。その事実に基づいて判断をしなくてはいけないからです。なぜなら「終値で移動平均線を下から上に超えた」という事実があってはじめて、世界中の人が「移動平均線を超えたから買いだ！」という判断を下すからです。要するに、世界中の人が同じ判断をしないと上がってこないわけです。だから、独りよがりな判断ではなくて、より当たりやすくするために客観的に事実を見ないといけないのです。

~第2節~
判断と執行の関係

1）判断したら、即、執行が原則

　通常は、判断をしたら『執行』に移ります。判断した内容を粛々と執行します。買いと判断したら「買う」。売りと判断したら「売る」。それが基本です。

　このとき買いと判断したらすぐに執行します。「買い」と世界中の人が思ったときに、自分もすぐに買わないと、乗り遅れてしまうからです。ここで躊躇して、みんなが買った後に遅れて買ってしまったら、結局、高いところで買ってしまうことになります。判断は正しかったのに、執行で遅れて（＝間違えて）、失敗するパターンです。だからこそ、「買い」と判断したならば、その瞬間に粛々と買わなくてはいけないのです。

　個人投資家の優れた点は「誰にも相談しなくてもよい」というところにあります。仕事でトレードをしている投資家さん、例えばチームでやっていたりすると、「買いサインの有無」を観察している人と、「買い」というアクションを起こす人が別の（＝分業している）可能性があります。そうなると、判断と執行の間にタイムラグが出てくるのです。

　でも、私たちは、「買い」という判断をしたら、パソコン上の「買い」

のボタンを押せばいいだけなのです。そういった意味では、世界中の人と同じタイミングで判断して執行するわけですから勝ちやすくなります。だから、粛々と執行をしてほしいと思います。

　執行するときに躊躇する人はとても多いです。でも、躊躇すると、チャンスを逃します。躊躇するということは、良い判断をしているのに、その判断自体を軽んじているということなのです。
　使い古された表現かもしれませんが、チャンスの神さまには前髪しかありません。後ろ髪は掴もうと思っても掴めないのです。
　よく見られるのが「遅れた！」と思いながらもエントリーしてしまうパターンです。でも、それでは自身がカモになるだけです。言葉は悪いですが、私たちは遅れてやってくる人をカモにしないといけないのです。それなのに、自分がカモになってしまうようでは笑い話にもなりません。「躊躇してしまった」と思ったら、判断は正しかったとしても執行（エントリー）しないようにしてください。

　さて、執行するということに関してキーワードを３つ挙げるとしたら、以下になります。

◎速やかに
◎スムーズに
◎エレガントに

　「速やかに」というのは、判断したらそのまますぐに執行するということです。
　「スムーズに」とは、「プロセスも滑らかにしておきましょう」ということです。要するに、事前に注文画面を出して、「買い」と判断したら、そのまますぐに注文できるような体制にしておくということです。注

文のときに戸惑ったり、手間取ったりしたときには、おそらくうまくいきません。

最後の「エレガントに」は、感覚的な話になります。良い判断＆良い執行をしたときには、マウスのクリックの音が良いのです。エレガントなのです。私だけの感じ方かもしれませんが、「うまくクリックできなかった」とか、「何度もクリックするようなことになった」とか、スムーズに執行できないときは、その後もパッとしないことのほうが多いです。どんなことでも熟練した人はやっぱりエレガントで、無駄なことはしていないイメージがあります。執行も一緒だと思います。

2）執行後の対処

根拠のある判断をして、直感が何も言わなかったということで、速やかに執行をしたとすると、そのアクション自体には、後悔というものは絶対に存在しません。なぜなら、「きちんとした理由があったうえで行動した」からです。仮に、思惑とは逆の方向に動いたとしてもそれは仕方がないという世界になります。自分のせいではないということです。

もちろん、本当のところは自己責任ですが、メンタル的に「自分のせいじゃない。たまたまマーケットの意思と合わなかった」と考えておけば言い訳ができます。

「言い訳できる」ということはとても大事です。なぜなら、自らを責めてしまった結果、多くの人が退場していくからです。自分で自分を追い込むためにトレードしているわけではありません。だからこそ、「やるべきことはすべてやった」と、自身の行動には納得することが大事になります。納得できれば、結果に対しても、客観的に、かつ、冷静に対処できます。利が乗ったときには、迷わず利食えます。思惑とは違う動きになっても、躊躇なくロスカットできます。

大体ロスカットができないのは、自分の判断を自己否定できないからです。例えば、「買い」の判断に基づいて実際に買ったとします。このとき、まだ利益も出ていないのに、しばらくして下がるサインが出たとします。みなさんはどうしますか。「えっ、もう下がるかな？　いくらなんでも早すぎるから、この下の線まで耐えてみようかな」などと考えてしまいませんか。
　ここで生まれてくる「もう少し耐えてみよう」などの気持ちは完全にエゴです。自己防衛というか、損したくないがゆえに湧き上がってくるだけのものです。エゴが働くと正しい判断ができません。だから、ロスカットができないのです。

　エントリーのときには必ず理由があります。だから「（自分は）悪くないんだ」と考えてください。たまたまその材料では動かなかった、もしくはたまたまマーケットが反応しなかったというだけで、それは仕方のない話なのです。そう思っておけば、逆行したとしても、自分を否定しないで済みます。結果的に、ロスカットになったとしても、その事実を受け入れられます。
　そもそも、確率論の話なので、たまたまロスカットになってしまったとしても、傷が浅いうちにやめておけば、再エントリーも躊躇なくできるはずなのです。
　トレーダーは、すべてのプロセスを淡々とこなさないといけないのです。

~第3節~
判断の詳細について

1）良い判断とは何か

　良い判断には、大きく2つの条件が必要です。

> ①客観的であること
> ②明確な理由があること

　それぞれ解説していきます。

①客観的であること
　客観的な判断をすることが至上命題です。「どうして買ったのですか？」と言われたら、「1時間足（10MA）が上を向いていて、5分足のロウソク足が移動平均線を超えたからです」などと答えられること。これが大事なのです。**はたから見ていて誰もが「そうだな」と思えるくらいの客観性**が求められます。

　気をつけたいのは、客観的にやっているつもりになってしまうことです。トレードはひとりでやることが多く、実際、そばでチェックし

てくれる人がいることも普通はありません。

　例えば、僕のやり方を覚えた人から、「言われた通りにやっても勝てない」という問い合わせが時々きます。教えた以上、原因を探りたいので、エントリーしたときのチャートを送ってもらうのですが、よくよく見ると、「1時間足の移動平均線（10MA）が上向いていないのに買っている」など、教えた通りにやっていないことがほとんどなのです。要するに、客観的に判断しているつもりで、実際は主観に基づいて判断しているわけです。

　チャートを立ち上げた瞬間に、トレードをしたい気持ちが前面に出ます。チャートを見ているうちに、「買いたい」か「売りたい」のどちらかの気持ちになりたくなるのです。私にも、その気持ちは痛いほどわかりますが、それは「主観」なのでいけません。事実だけを見て、客観的に「買い」なのか、「売り」なのかがわかっていないからです。「買いたい」「売りたい」という主観が軸になってしまうと、無理をしてでも買う理由を見つけようとするし、売る理由を見つけようとします。そして、失敗するのです。

②**明確な理由があること**
　トレードするときには根拠が必要ですから、買う理由や売る理由を探します。でも、それは客観的で、かつ、明確なものでなければなりません。冷静にチャートを見て、「1時間足の移動平均線（10MA）が上を向いている。それなら、5分足はどうか。おっ、5分足を見たところ、移動平均線を上に超えた。これは買いサインだ」というように、**事実を客観的に見て、そこに明確な理由があるかどうかを確認します。誰が見ても「サインだ！」と思えるかどうかが大切なのです。**

　もし、スカイプとかグーグルプラスのハングアウト機能を使ってト

レード仲間ができたら一緒にトレードすると、明確な理由があるかどうかがわかりやすくなると思います。このときは、「お前買うの？じゃ、俺も買おう」ではなくて、お互いに買う理由を確認し合ってください。「これ、買いじゃない？」と聞いてみて、「なんで？」と聞き返されたら、「これこれこういう理由で……」と、人に説明できないようでは明確な理由があるとは言えません。

2）判断する内容

トレードにおいて、判断が必要なのは以下の4つのときです。

> ①**方向性**（買いか？　売りか？）
> ②**タイミング**（いつ、やるのか？）
> ③**アクション**（実際に売買するのか？）
> ④**ポジション量**（どのくらいの自信度か？）

①**方向性**について

「買い」か、それとも「売り」かは、最初に判断するところです。この方向性については、今までお話ししてきたように、**チャートを見て、事実を客観的に捉えます**。自身の「買いたい」「売りたい」という気持ちは捨て、買ってもよいと判断できる事実が見えたら買う、売ってもよいと判断できる事実が見えたら売るということに徹します。

意識すべきは、長い時間軸の足とトレードする時間軸（短い時間軸）の方向を合わせることです。具体的には、1時間足と5分足の方向が一致していることがトレードするときの条件になります。

1時間足が上を向いていたら買うと判断するわけですし、1時間足が下を向いていたら売ると判断します。要するに、1時間足の方向性によって、買いか売りかの方向が決まるのです。

　方向性の判断で覚えておくべきことは、1時間足の移動平均線（10MA）が明確に上を向いているか（もしくは下を向いているか）と、上を向いていてしばらく上がっているかどうか（もしくは下を向いていてしばらく下がっているかどうか）です。上もしくは下に向いた瞬間だと、すぐに方向が変わるかもしれないので、ロウソク足5〜10本程度の期間で見て、トレンドが出ているかどうかが大事になります。

②タイミングについて
　「いつ売買の判断をするのか」ということについては、**「5分足でテクニカルサインが確定したら」**と言えます。原則は「確定したら」です。これが大事です
　例えば「移動平均線を下から上に超えた」「移動平均線で跳ね返った」「雲を下から上に抜けた」という事実が確定してはじめて、サインとなったと判断します。
　5分足が固まる前は客観的とは言えません。例えば、5分足が確定する前に移動平均線を超えていたとしても、それは「今は移動平均線を超えているから、たぶん、このまま超えて確定するだろう」という予想にしかなりません。「超えた」という事実ではないのです。

　ただし、確定ベースで待っているときに、一気に上がってしまったり、下がってしまったりしたときには、チャンスを逃すことにもなります。このとき、一気に上がった、あるいは一気に下がったとしても「仕方がない」と思って、エントリーしないこともひとつの方法ですが、大きく動いている様子を、指をくわえたまま見ているのはもった

いないと思う人は１分足を見てください。５分足が伸びたり縮んだりしている間に、１分足では４本くらい、チャート上で「事実」を見せてくれます。その１分足で「これは上がるぞ」というテクニカルサイン、例えば「雲を超えた」などが５分足が固まる前に出たら、「１分足の買いサインが確定しているから、５分足もそのまま確定すると思う」ということで、エントリーしてもいいと思います。確率論からすると、１分足で買いサインが出ていれば、５分足でも買いサインで終わる（＝買いサインで確定する）可能性が非常に高いと言えるからです。

ただし、この１分足での確定ベースの話は、応用の部類に入ります。あくまでも基本は５分足の確定です。このことについては心しておいてほしいと思います。

　ロスカットも、確定ベースで考えます。例えば、移動平均線超えで買ったのであれば、移動平均線を割るまではポジションを保有していていいのです。もちろん、終値ベースで移動平均線を割ってしまったらロスカットになります。例えば、ヒゲで割れたけど、終値で移動平均線を超えた（戻った）場合、移動平均線が利いているという意味なので、ポジションは保有したままになります。

ただし、利確については、必ずしも確定ベースとは限りません。94ページでお話ししているように、積極的な利食いのパターンがあるからです。ボリンジャーバンドを勢いよくはみ出たようなときは、勢いが止まったと思ったら利確です。

消極的な利食いの場合は確定ベースです。例えば、一目均衡表の雲を下から上に抜けたことでエントリーしたとします。思惑通りに上に伸び、その後、10MAを確定ベースで下回ったら利確です。

タイミングについては、思い立ったが吉日ですから、判断をしたら、すぐに執行することが基本です。ただし、時と場合によっては「今は執行しない」という判断を下すこともあります。
　例えば、買いサインが出ているけれども、あと10分後に雇用統計を控えているような場合、発表される指標の内容によってはどう動くかわかりませんから、無理にエントリーする必要はないわけです。こういうときは、「買いサインが出ているけれども、ここはやめよう」でいいのです。

③アクションについて
　方向性が明確になって、「タイミングが今」という判断をしたとすると、次は実際にアクションを起こすかどうかの判断が必要になります。「こうなったら買おう」「こうなったら売ろう」と決めていたとして、実際に買いサインや売りサインが出たとします。そこに、客観的で明確な理由がきちんとあるのかどうか。それが、アクションを起こすか、起こさないかの鍵になります。
　もうひとつ、**やってはいけない理由**がないかについても、アクションの際には頭に入れないといけません。
　例えば今、1時間足（10MA）は上を向いていて、5分足の移動平均線を上にブレイクしたけど、そのすぐ上には、一目均衡表の雲があるというような場合、「すぐには買えないから（※買ったとしても雲で抑えられる可能性があるから）、雲を上に抜けるまで待とう」という判断（＝シナリオ）をするのは、実際の相場では「あり」なのです。
　時間帯的に、チャートが動きにくいようなときも、サインが出ているからといって、無理に入る必要はありません。客観的に見て、動きにくい環境でないなら入ればいいし、動きにくいのであればやらないというところの判断がきちんとできれば、無駄なトレードも減ります。

④ポジション量について

　どのくらい客観的な理由があるのか、「誰が見ても明確に上がりそうだ」という理由があるのか。そういうところを瞬時に判断して、どの程度の量でエントリーするのかを決めます。あなたの自信度ではありません。あくまでも、客観的な理由があるのかどうかです。もっとはっきり言うならば、**客観的な理由がいくつ見られるのか**です。数が多ければいいというものではありませんが、客観的な理由が多いと、確率的に見て、思惑通りに動く可能性のほうが高いと言えます。

　リスク許容度は人によって違うので、まずは自分にとってどこまでリスクが許されるのか知っておく必要があります。100％本気で行ったときは、何枚（何単位）でやるのかを決めて、あとは客観的な確信度で枚数を全力で考えたときの半分にするのか、全力で考えたときの3分の1にするのかを決めればいいと思います。

　トレンドが明確に出ていて、基本のエントリーパターンが2つくらい出ていると、状況的に、客観的な事実がたくさん見えると判断できますから、その結果として「他の人も今がエントリーだと思うはず」と考えたならば、本気でいけばいいです。

　自信度が高くなかったり、応用的なルール（基本的なルールではない）の場合には、「やりたい」か、「でもやめておこう」かを決め、「やる」と決めたら、量を減らしてやればいいのです。ロスカットになったとしても、浅い傷で済みます。

　ロットについては、「どのくらいがいいんですか？」とよく聞かれますが、私が答えるのはいつも以下のとおりです。

　「それはあなたのメンタルの強さ（キャパシティ）次第です。3回ロスカットになっても、次のチャンスが来たらエントリーできるくら

いのダメージで抑えられる程度にしてください」

　本書で紹介しているやり方ですと、損しても3〜4pips程度です。仮に30万通貨でエントリーしてうまくいかなかったとしても、損失は1万円程度です。そういう目安です。
　ファンドマネジャーを辞めて、個人投資家でFXをやったときに、私の場合は、「1トレードで1万円損すると、メンタルがブレる」とわかりました。「1万円あれば、今晩、おいしいものが食べられたのに」という感じで、「もったいない」という気持ちが急に近くなってしまったのです。ですから、それ以降は、負けても1万円近辺で済むようなロットにしました（その後、このキャパシティも訓練によって次第に大きくなっていきます）。
　皆さんにとって「もったいない」と思える金額はいくらでしょうか。まずは、その金額を出して、損をしてもその金額の範囲内で収まるロットにすればいいと思います。

　ロットについては、もう少しお話ししておきます。ロスカットに慣れてくると、次第にメンタルがブレなくなってくるので、ロットを増やしても耐えられるようになります。私は最初、最高でも20〜30万通貨でしかできませんでしたが、今は50〜100万通貨くらいまでは大丈夫なようになりました。
　勝率はだいたい7割ですので、3回やったら2回は勝つ計算です。ということは、2回連続でロスカットになること自体がまずおかしいのです。
　ところが、人にはスランプがありますので、3回連続で負けることもあり得ます。ですから、メンタル的に「3回連続で負けたとしても、まぁいいかと思えるようなロットにしてください」という考えを基本にしています。

先ほど、本書のやり方だと、損切りする幅は、3〜4pipsで済むというお話をしました。それはその通りなのですが、慣れていないうちはロスカットがうまくできなくて15〜20pips、もしくはそれ以上負けるときがあります。だからこそ、最初のうちは、3回負けても大丈夫なようなロットにしなくてはいけません。ロットは、うまくなってから増やせばいいのです。慣れてきて上手になってくると、お金の増え方は2次曲線的に上がります。

　こういうことを意識しながら「どのくらいのロットまで大丈夫か」を、絶えず考えればいいのです。いつも50万通貨で張っている私にも、「今日は何だか調子が悪いから30万通貨にしておくか」と、通常よりもロットを少なくすることはよくあります。自分の状態に合わせてロットを変えていますし、そうであるべきだと思っています。

3）チェックする癖をつける

　最初のうちは、「投資判断」した項目についてチェックする癖をつけるほうがいいと考えています。

　例えば、「買い」と判断したとします。このとき、「そう判断した理由を明確に説明できますか？　客観的ですか？」と、まず自問自答します。

　次に「判断過程はシンプルか」についても確認します。「どうして買ったの？」と聞かれて、「これは、こうだからこうです」とすぐに答えられることが、すなわち明確な理由なのです。普通は、エントリーした理由を聞かれたら、二言か三言で終わります。「1時間足の10MAが上を向いているときに、ロウソク足が5分足の10MAを上に抜いたからです」という具合に、判断過程（プロセス）もシンプルなのです。

　でも、なかには、シンプルでない人もいます。「過去のチャートを見ると、ずっと上がってきたんだけど、今は下がってきて、1回山を

作って、ダブルトップを作っているから……」のように、判断を下すまでのプロセスが複雑なのです。明らかに悩んでいたことがわかります。これは、お世辞にも良い判断とはいえません。そもそも、理由をごちゃごちゃ考え出すようでは駄目なのです。

　ただ、こういうことは、ひとりでやっているとわからないものです。自問自答してほしい理由はここにあります。できれば、ひとりのときでも喋りながらやってください。喋りながらやると自分でもチェックできるからです。

「今は１時間足が上を向いてる？」
「はい」
「５分足が移動平均線を上に超えたね」
「はい」
「それじゃ、買いだね」
「はい」

　こういう具合に、ひとつひとつを自分に質問しながらやると、漏れがなくなります。
　ここで大事なのは「判断に対して言い訳がないか」です。明確な理由があって判断したわけだから、もし損したとしても「仕方がない」と思えるかどうかだと思います。このときに「いや、これちょっと気になるんだよな」と思うことがあるならば、エントリーは控えたほうがいいです。なぜかというと、そういうケースは大概の場合、主観の入った判断になっているからです。これは重要なチェックポイントです。

４）「判断」を曇らせるものとは

　正しく客観的に判断しているつもりでも、人は、主観的に生きてし

まう傾向が強いので、間違った判断をすることがとても多いです。お釈迦様は「人間は生まれながらに苦しい」と話されています。これも、人間には主観的に生きるような脳があるからです。この脳がいろいろなことを考え出すから、変なことをしてしまうのです。

　直感だけで生きたら、人生はおもしろくないのかもしれませんが、トレードの場合には、直感だけのほうがいいです。

　さて、人の判断を曇らせる原因には以下の5つがあります。

```
①恐れと不安
②思い込み
③傲慢
④癖
⑤ノイズ
```

　それぞれ解説していきます。

①恐れと不安

　例えば、ロスカットが続いて非常に臆病になっていると、「買いだと思うけど、また損するかもしれないな」と考えてしまって、正しい判断ができなくなります。判断できたとしても、したことを執行できなくなるのです。

②思い込み

　主観的に「こうなるはずだ！　上がるんじゃないか！」と思い込んでいると判断がブレます。「どうしても買いたい」と思うから、「ここまで下がったのだから上がるはずだ」と思い込むわけです。でも、思

い込みに根拠はありません。事実だけを淡々と見ないでトレードすると、最後にカモにされてしまって終わります。

③傲慢

勝ち続けると自信が出てきます。この自信が厄介なもので、（人の）考え方を主観的に変えてしまうのです。自信が出てくると、「これはもう上がるしかない」「これは下がるだろう、下げを取るぞ！」のような感じになり、結果、客観的な事実を見ずにトレードすることになってしまうのです。主役はあくまでもマーケット様です。にもかかわらず、自分自身が神様のような振る舞いをするわけです。こういう行為を傲慢といいます。

④癖

人にはパターン化された癖が必ずあります。例えば「ここまで下がったら上がる」と思い込むのも癖です。この癖が判断を曇らせます。

癖は他人に指摘されないとわかりません。自分では気づきにくいのです。でも、仲間がいれば、その比較で、「あれ？　自分にこんな癖があったのか」と気づけます。気づくことができれば、普通の癖と一緒で直せます。

ですから、できることなら、トレードはひとりきりでやらずに、仲間を作って、一緒に精進してほしいと思います。

⑤ノイズ

ニュースや噂などをノイズといいます。耳に入ると気になってしまいますが、実は気になることがすでに主観なのです。

ノイズが気になっていると、それが頭の片隅にこびり付きます。「上がってきていて買いなんだけど、ここまでしか上がらないと誰かが言っていたな」とか、「ここの100円、105円のところに鉄板の壁が

あると聞いたな」などです。それが気になると、エントリーできなくなるのです。本来、そんなことはどうでもいいことです。チャートが「買いだ」と言ったら買いなのです。ノイズについては、無視するのが一番です。

　ここまで紹介した5つが判断を曇らせる代表的なものです。この5つに惑わされないようにするには、客観的かつ合理的な判断をするしかありません。客観的に見て"上がる（下がる）事実"が見えるのかどうか。ここに焦点を合わせてください。客観的な事実が見えないにもかかわらずトレードするのは愚の骨頂です。

～第4節～
「執行」について考える

1）執行で覚えておくべき4つのこと

　私は、以下の4つの理由から、「執行は、トレーダーが一番注意を払うべき行動」だと思っています。

> ①最も重要な行動
> ②格差を生む行動
> ③自己責任100%の行動
> ④因果応報の行動

　それぞれ解説していきます。

①最も重要な行動

　執行はトレードにおいて一番大事な行動です。なぜなら、正しい状況判断や分析ができたとしても、**執行がダメだと、すべてが無駄になってしまう**からです。
　トレンドが上だと明確に気づいていても、「買いサインが出てるから買いだ」と判断していたとしても、その間に、「やっぱり損するん

じゃないか」などと感じてしまうことはあります。でも、ここで執行を躊躇した結果、変な場所でエントリーしてしまうと、「きちんと執行していれば10万円儲かっているのに、7万円しか儲からなかった」というような話になってしまいます。

　正しい判断をしているにもかかわらず、執行が悪くて、エントリーのポイントがずれてしまう人はとても多いです。先日も、生徒さんとの間で、こんなやりとりがありました。

私：今こそが買いですよ！
生徒：わかってますよ。
私：本当にわかってますか？　なぜ狙わないのですか？
生徒：いや、今、買いの判断をしたので待っているんです。
私：何を待っているのですか？
生徒：買いなので、次の陽線が出るのを待っているんです。
私：今が買いなのに、意味があるのですか？
生徒：エントリーして陰線になるのが嫌なので、陽線になってから入
　　　ろうかと。

　世界中の人が「ここで買いだ」と言っているときに執行する（エントリーする）のが定石です。極論するなら、それ以外の時点での執行には意味がありません。確かに、執行してすぐに陰線になったら不安になるでしょう。でも、「不安だから様子を見る」という行為は主観に基づくものなのです。主観を排除して、客観的にやるのがトレードです。

②格差を生む行動
　同じ判断をしていても、天国の結果になる人と、地獄の結果になる人がいます。例えば、「上に行く」という方向性を正しく、かつ、客観的に判断できていたとしても、安いところで買った人と、上のほう

で買った人との間には大きな差ができてしまいます。正しい判断を同じタイミングでしていても、利益で考えると、天国と地獄のようになることは往々にしてあるのです。

　その差を生むのが執行です。「チャンスだ」と思うときに執行できないと、チャンスだったものが急にピンチに変わることもありえます。買おうと思ったそのときに躊躇してしまい、上に上がったところで買ったところ、そこから急落してしまったというような話はその典型です。

　利食い判断にしても、躊躇して待ってしまったところ利益が小さくなることもあります。ロスカットにしても、「ここで切ろう」という正しい判断をしているのに、「戻るかも」と執行を遅らせていると、さらに損害が大きくなったりすることがあります。

　このように、正しい判断ができているのに、執行ですべてを無駄にしてしまうことがあります。だからこそ、正しい判断をしても、必ずしも同じ結果にならないのです。この執行の優劣にこそ、同じ手法でやっていても「差」の出てしまう要因があるのではないかと思っています。

　すべては執行にかかっています。このことを忘れないでください。

③自己責任100％の行動

　私のやり方だけにかぎらず、執行は「自己責任100％」の行動です。執行の結果、儲かろうが損しようが、それはすべて自分の責任になります。

　例えば、執行を他の人に頼んだとしても、その結果は自己責任です。FXではあまりないかもしれませんが、株の注文のように、証券会社に「成り行きで入れといてよ」と指示を出して注文する場合も自己責任です。仮に損になっても証券会社のせいではありません。

　自動売買（EA）を動かすのも自己判断、自己責任です。「いやこの

EAは使えないんだよ」と言っても、動かしたのはあなたです。EAのせいにしていたら、いつまでたっても進歩はありません。

　市場にアクションをするということは、自分自身に跳ね返ることなのです。そこを忘れてはいけません。

④因果応報の行動

　執行するとマーケットの価格付けに参加することになります。結果、自らもチャートを作ることになります。エントリーしたことでロウソク足を作ることに参加します。トレンドを作ることにも、買いサインや売りサインを作ることにも参加することになります。元々は、それまでに作られたチャートを見て、判断して、執行しているわけですが、執行後は、そのあとの価格形成を自分も行うことになります。そのトレンドを見て、判断して、また買ってくる人もいます。自分もまた、そこから生まれるサインを参考にエントリーすることもあれば、決済することもあるのです。

　参加者が多いと、同じことをやる人が多くなる確率も高くなるので、結果として儲からない気がしますが、実はその逆で、参加者が多くなるとたくさんの人の目が光ることになりますから、規律が整うのです。参加者が増えて、良い投資家や、まともな投資家が増えると、より規律が高まるので、実は、一番簡単に儲かります。だからこそ、私にはみんなが参加したほうがいいという持論があります。

2）判断から執行へ移行する前に

　判断したらすぐに執行するのが基本ですから、そのときに躊躇しないように、以下の4つを事前に押さえておくことが求められると思っています。

> ①相場つきを把握しているか
> ②時間帯を把握しているか
> ③スランプではないか
> ④違和感を感じていないか

　それぞれ解説していきます。

①相場つきを把握しているか

　トレンドが明確に出ているときと出てないときでは、やはり、やり方も変わります。トレンドが出ているときには、本書で紹介したトレードルールを執行すればいいと思いますが、トレンドが出ていないときには例外的に執行するか、もしくは、あえて「やらない」という選択も必要になると思います。

②時間帯を把握しているか

　時間帯によって相場つきも変わってきます。各市場のオープン時など、トレンドの出やすい時間帯もあれば、東京時間のようにレンジになりやすい時間帯もあります。

　気をつけなくてはいけないのが、指標発表を控えているときです。どういう動きになるのか予測はできませんので、思い切って、「（指標

発表を控えているときは）やらない」と決めてしまってもいいかと思います。

③スランプではないか

　自分自身がスランプかどうかを知っておくことはとても大事です。「なぜ、スランプになるのか」については、正直なところ、わかりません。でも、当たり具合に波があるのは事実です。例えば、それまでは打率3割を誇っていた名バッターがいきなり打てなくなってしまうことに似ています。本人は、同じことをやっているつもりだと思います。でも、結果に差が出るのです。波があるのです。この波を平坦化できるのが食べていけるプロなのだと思います。

　スランプのときには、「やらない」ことが一番の薬になります。プロの投資家だったらスランプでもやらないといけませんが、個人投資家はやらなくても許されます。やらないと勘が鈍るということであれば、デモ口座を使えばいいのです。時間をおいて、「大丈夫、自分はスランプじゃない」と思えるようになってから再開してください。スランプについては、第6章で詳しくお話しします。

④違和感を感じていないか

　トレードをしていると「客観的なサインが出ていて、状況的には執行するべきだが、何だか気持ち悪い」という違和感を感じるときがあります。いわゆる直感が邪魔をするわけです。

　違和感のないときは静かです。だからこそ、直感が何かを言ってきたときには聞いてあげるべきなのです。動物的な本能というとあやしく聞こえるかもしれませんが、そういうたぐいのものが直感だと思っています。

　直感は、執行の直前にならないと気づきにくいものですので把握しにくいかもしれませんが、「何だかよくわからないけど不安だ」と思

うようなときは様子見をするようなルールにするのも、ひとつの方法だと思います。

3）良い執行をするためには

　良い執行をするためには、「頭を使わない」「内観する癖をつける」「執行結果を検証する」という３つの要素が必要です。

> ①頭を使わない
> ②内観する癖をつける
> ③執行結果を検証する

　それぞれ解説していきます。

①頭を使わない

　思考や思い込み、不安や傲慢など、人間の頭はメンタルの影響を受けますが、実は「頭を使って良いことは何もない」のです。頭を使うと主観的になりやすくなるからです。頭の中に入れてもよいのは直感だけです。そのほかのものは入れないことを鉄則にしてください。

②内観する癖をつける

　常に「違和感ないですか？」と自問自答してみてください。このとき何も疑問が起こってこなければ大丈夫です。
　内観では、もうひとつ大事なことがあります。それは「（無理して）やりたい」と主観的になっていないかどうかの確認です。ここも自問自答してみると、答えがわかります。

③執行結果を検証する

　執行結果の検証とは、「どういう判断＆執行したら、どういう結果になったのか」を蓄積していくことでもあります。こういうことをきちんとやっておくと「このパターンはうまくいくな」とか、「今は、異常に強気になっているから損をするな」など、利益になるパターンや損失になるパターンが見えてくるようになります。

　パターンとは癖のことでもありますから、それを蓄積しておけば、悪癖を直すことも可能になります。

コラム：やらないという判断ができるかどうか

　「ルール通りにやること」があくまでも基本ですが、実は突き詰めていくと、ルール通りにはしないということも必要になります。

　例えば、買いサインが出ているけれども、数分後に指標発表があるからやらないとか、1時間足の方向性は買いで、5分足でも買いサインが出ているけれども、1時間足の上に雲があるから買わないなど、気になることがあるのなら「やらない」という判断ができるかどうかで、その上のステップに行けるかどうかが決まります。

1段階目はルールを覚える
2段階目はルール通りやる。シナリオを立てられるようになる
3段階目は精度を上げる

この精度を上げるところの話が判断＆執行です。精度を上げるということは、つまり、やらない決断をしていくことでもあります。ルールのうえで買いや売りのサインが出ているときに、状況を見て、あえて「やらない」という判断を下すことができるのかということなのです。
　精度が上がると、無駄なトレードが減りますので、勝率も上がります。ここまでできてはじめて、７割の勝率が出ると思っています。

第6章 手法以上に大切な「メンタル」との付き合い方

～第1節～
トレードにおけるメンタルの位置づけ

1）裁量トレードとメンタルの関係

　トレードと言うと、「手法こそが命」のような雰囲気がありますが、私自身は、実は手法は何でも良いと思っています。「これは勝てるぞ」という自信があるもので、実績があるものならば、極論、順張りでも逆張りでも何でもいいのです。

　勝つのも、負けるのも、手法云々ではなく、要はやる人の問題だと思います。特に負ける要素の90％以上は、やる人自身に問題があると思っています。

　さて、それでは、「やる人自身の問題」とは何でしょうか。答えを先に言うと、それは「メンタル」です。私たちの内面的要素である「メンタル」がトレードの成果に大きな影響を与えてしまうのです。だからこそ、トレーダーの皆さんには、メンタルの重要性をしっかり認識してほしいと思います。

　メンタル要因を克服するために、まずは「メンタルにはこういう特色がある」ということを知ってほしいと思います。メンタルとは、決して理解できないものではありません。「メンタルとはこういうものだ」とわかれば、対処方法もわかります。

◆トレード手法とメンタルの関係図

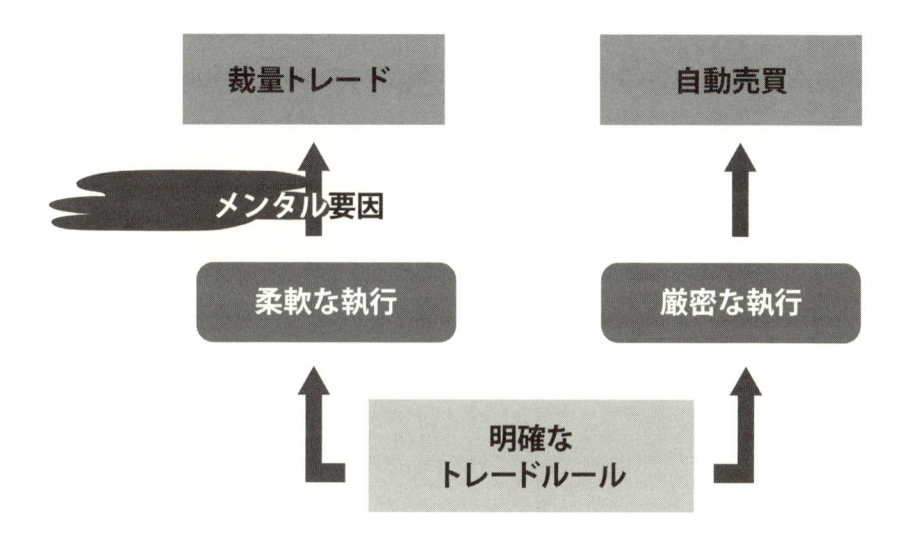

```
    裁量トレード                    自動売買
        ↑                            ↑
   メンタル要因
        │                            │
     柔軟な執行                   厳密な執行
        ↑                            ↑
        │         明確な             │
        └──────トレードルール──────┘
```

裁量トレードには、メンタルが関係してくる

前ページの図は、トレード手法とメンタルの関係図です。左が裁量トレード、右が自動売買（EA）となっております。両方ともベース（根底）には明確なトレードルールというのが存在します。それを厳密に機械的にやるのが自動売買です。一方、「買いのルールが当てはまる状況だけど、この場合はここがちょっと気になるからやめておこう」などのように、柔軟な執行をするのが裁量トレードとなります。この柔軟な判断と執行によってトレードの精度が高まるので、私は、「裁量トレードのほうが優れている」と思っています。

　ただ、裁量トレードをやるときに、絶対付いてくるのが人間のメンタル要因です。147ページで、図にモヤモヤと雲のように書いてあるところで影響してくるのが、メンタル要因です。

　お釈迦様が、「人間は、生まれながらに苦しみの中にある」とお話しされた理由は、「人間は無意識に頭を使って、思考してしまうこと」にあると考えられます。意識せずに淡々とやればできるのに、頭が勝手に働いてしまって恐怖を感じてしまうがために変なことをしてしまうのです。これも、メンタル要因が現れた結果となります。

2）裁量トレードとメンタルは切り離せない

　何かの判断をするときに必ず付きまとうものが人のメンタルです。しかも、メンタルの影響がプラスに働くことは滅多にありません。ネガティブな影響を受けてしまうことがほとんどです。だからこそ、メンタルとは上手に付き合っていくことが重要になります。

　メンタルのことをわかりやすく知るために、ここでは第三者的な立場で考えてみましょう。私たちの中には、「メンタルさん」という別の人格の人がいて、私たちにさまざまな働きかけをしてきます。「メンタルさん」が私たちに働きかけると、私たちはハラハラしたり、調

子に乗ったりして、普段は上手にできることができなくなります。「メンタルさん」と上手に付き合わないとペースを乱されてしまうのです。

　しかし、「自分」と「メンタルさん」は一体化しています。意識をしなければ、「メンタルさん」の働きかけがわからないのも、そのためです。

　自分が「メンタルさん」の影響を受けているという事実に気づかないのは、メンタルの存在を認識していないからです。ですから、ここではあえてメンタルを第三人称にして、自分の内にいる「メンタルさん」という人とうまく付き合いましょうという書き方をしました。

　裁量トレードでは、自動売買（EA）よりも柔軟でより良い判断ができる可能性が高まります。その一方で、「メンタルさん」が必ず邪魔をしてきます。ということは、メンタル要因をコントロールできなければ良い裁量トレードはできないということにもなります。裏を返せば、メンタルをコントロールできると、良い裁量トレードができる、つまり、パフォーマンスもおのずと上がるのです。

　メンタルは、別の言い方をすれば、「エゴ」と言ってもいいのかもしれません。要は自分自身のことです。自分自身が自分自身の邪魔をしているという、極めて逆説的な話になります。だから、厄介なのです。

　トレードするにあたってのエゴは「儲けたい」という気持ちそのものです。でも、それこそが動機です。欲があってはじめて儲けるための努力もできるのですから、その「欲」自体が悪いわけではありません。「欲」は人を突き動かす原動力です。しかし、欲があるから、かえって損をするという事態が頻発します。だからこそ、うまく付き合う方法が重要なのです。

トレードで損失を出してしまう約90％の方々が、このメンタルの存在を知りません。気づいてもいません。知らない間にメンタルに影響されたまま、損をしていくわけです。

でも、自分の中に「メンタルさん」と「エゴ君」がいると認識できれば、どう対処したらいいのかも考えていけるようになります。

3) トレードの成果を左右する

メンタルは、トレードの成果を大きく左右します。プロセスとしては『判断と執行』のところに影響を与えます。機能としては、フィルター的に作用します。

トレードにおいては、見たままの事実から客観的に判断しなくてはいけません。しかし、人間がやることですから、意識していないと、ついつい主観的になってしまうのです。

例えば、売買サインが出ていないのにもかかわらず、「上がるに違いない」と考えて、実際にそういうアクションをとってしまう。これは、メンタルによる悪影響の代表例です。裁量トレードにおいては、エゴやメンタル要因を排除しなければなりません。ノウハウ編のところで「客観的に」と強調していたのも、そのためです。

実際、ルールは完璧に頭に入っているのに、なぜかルール通りではないトレードをして失敗してしまった経験はありませんか？

例えば今、ロスカットが続いてしまった後だとします。明確な買いのサインが出ていたとしても、前回までのロスカットが気になって、「やっぱり怖いな」とか、「また損したらどうしよう」などと考えてしまうことはないでしょうか。

これが、メンタルの怖いところです。客観的な事実を正しく判断で

きていたとしても、正しい行動に移せないのです。

　メンタルが邪魔するのは負けているときだけではありません。勝ち続けているときにも前へ出てきます。例えば、「私は天才だ」と傲慢になり、客観的に見てサインが出ていないのにエントリーしてしまったという経験はないでしょうか。異常なほど強気になって注文ロットをいつもの倍にしてみたことはないでしょうか。

　ルールも違う。自らのリスク許容度も超えている。このような状態でエントリーした結果として待ち受けているのは、決してよいものではありません。自分のキャパシティ以上の値動きが起こってしまえば、目もあてられないと思います。地道にルールを守ってコツコツ稼いできた利益を一瞬で吹っ飛ばしてしまうこともあるでしょう。ロスカットできずに強制ロスカットになってしまうこともあるでしょう。これらは、今までの努力を水の泡にしてしまう最悪のケースです。

　以上のように、メンタルは、強気にも弱気にもブレて、判断を迷わす要因となります。コントロールがとても難しいものなのです。

　私が教える「上級クラス」では、この「メンタル」に全5回の講義中の2回を割いています。そのくらい、トレードで勝ち続けていくためには欠かせない、本当に大切な要素なのです。

4）メンタルとパフォーマンスとの関係

　先ほども紹介したように、メンタルが良い影響を与えて私たちのパフォーマンスを良くすることはありません。メンタル自身が影響を与えるというよりも、トレードからメンタルを隔離する（＝切り離す）ことができたときに、パフォーマンスが恒常的に良くなる、と私は考えています。

もし、メンタルによって良い影響が生まれるとすれば、勝ち始めたときだけです。トレードを始めた当初は、「不安」や「怖い」といったネガティブな感情のほうが勝るものですが、勝ち始めると一気にポジティブに変わります。
　「私、うまいな。すごい！」とか、「いつでも勝てるような気がする」とか、そうなってくると、メンタルがうまく作用して本当に勝ててしまいます。
　しかし、そのまま続けていくと、次第に謙虚さや客観性がなくなります。極端な話をすれば、「私はすごいから、私の思った通りになる」と勘違いをするようになっていきます。知らない間にロットは増え、ルールを守ることもできなくなります。
　結果として、思惑と逆に動いても「私が正しいはず」と頑固になって、ロスカットもせず、大損してしまうケースにつながってしまうのです。これが、負ける人の王道です。

　ここで、みなさんにひとつ、アドバイスです。「私って、すごい！」と思ったときは危険信号だと考えてください。「私って、すごい！」と思ったら、そこでいったん、トレードをやめてしまうほうがよいです。ここでうまく撤退できれば、本当に良いところでやめることができます。
　文字にすると簡単なように思いますが、実際に勝ち続けているときにやめるのがどれだけ難しいことか、わかりますか。
　勝負は引き際が大事なのです。しかし、最も勝っているときとは、同時に、最も自信に満ち溢れているときでもあります。だからこそ、勝っているときに「やめる」ことは特に難しいのです。
　だからといって、この一番良いときにやめないと、稼いだ分を失うケースが多くなります。勝っているときは、自分の判断は正しいと信じ込んでいるので、ロスカットルールに引っかかっても「戻ってくる

まで待とう」など、ルールにないことをしてしまいがちになります。その結果、さらに損失を大きくしてしまうというわけです。一度は勝ったのに、結果として負けが大きくなってしまう人が多いのは、このようなメンタルの作用によるのです。

　以上の話からもわかるように、メンタルがあるからパフォーマンスが向上することはありません。むしろ、メンタルとトレードを切り離せたときに、パフォーマンスは上がるのです。トレーダーである「私」が「メンタルさん」に邪魔をされなくなる状態になって、ようやく成績が安定してくるのです。

　トレードスキルを高めることは、エゴからの解脱を目指すという意味で修行と似ています。
　ただ、修験道や仏教など、精神修行をしようとするときは、禁欲的な環境に身を起きます。欲のない世界に入るので、欲そのものが見えにくいのです。だから、修行によって悟りを得ることはとても難しいと言われています。
　一方、トレードでは、「儲けたい」という欲望（エゴ）が表に出ています。ですから、相手を認識しやすく、かつ、やっつけやすいのです。
　私は、欲望の中にこそ、悟りへの近道があるのではないかと真剣に思っております。残念ながら、私もまだまだ悟っていませんが、トレードを極めたら、悟れると信じています。

　相場というのは精神修養のための「道」のひとつであるというのが私の考え方です。いわゆる「相場道」です。
　「道」には、他にも茶道、弓道、柔道、剣道、華道などがありますが、相場もそのひとつだと思います。その道を突き詰めていくことによって、精神的なレベルが向上し、作品や結果に進化が生まれてきます。

それは、その人の人格レベルを表すことになると思っています。

「道」を習うには費用が掛かります。さらに、道を極めて収益を得るには師範になるしか方法がありません。

しかし、「相場道」だけは違います。道を極める過程で、自らお金を生み出せるのです。しかも、メンタルも鍛えられます。資産形成をしながら、人格形成できるのです。

以上の理由で、私は、世界中のみんながトレードをやればよいと思っています。

5）メンタルの働き

メンタルの働き（作用）には以下の3つがあります。

①能力を縮小させる

メンタルは、人の判断能力を低下させ、邪魔する働きをします。

②不安を増大させる

明確な売買サインが出ているにもかかわらず、「さっき損したけど大丈夫かな」などと人を異常に不安にさせます。その結果、ロットを減らしてみたり、エントリーをやめてみたりなど、儲けるチャンスを逃してしまいます。前回に損失を出しているのならば、チャンスが来たら、今回はむしろ、それをきっちりとモノにしないといけないはずです。それなのに、不安に駆られて、日頃難なくできることでも急にできなくなったりするのです。

③リスクを増大させる

エゴが前面に出ると、自分が買いたいと思ったところで、買いのサ

インが出ていなくてもエントリーしてしまうなど、思うがままにトレードしてしまいがちになります。

　文字だけ見ると、そんなことはないだろうと思われるかもしれませんが、実際にトレードをやっていくと、実に頻繁に起こります。トレードをしているときのメンタル自体が邪魔なものなのです。
　メンタルを完全に切り離すことはできません。でも、そういうものがあると思うだけでもかなり違います。自分を揺さぶる存在が、自分の中に存在する。このことを認識しておくことがパフォーマンスを上げるうえでの大前提になるのです。

～第2節～
メンタルを動かすもの

1）メンタルに影響を及ぼすものとは

　そもそもメンタルを動かす要因とは何なのでしょうか？
　「メンタル」のイメージは自分たちの中にいて、絶えず上下左右に揺れている感じです。揺れ動くことによって、動揺して、普段と違うことをしてしまうのです。

　2014年、私は厄年でしたので、厄を落としたいと考え、禊ぎをすると決めました。
　毎日、家のお風呂で冷たい水をかぶりつつ、「きちんとした場所で禊ぎをしたい」と常に思っておりましたところ、3回、機会に恵まれました。1回目は2月に行った富士山麓の滝での禊ぎ、2回目は3月に行った石川県の白山比咩神社の禊場とされている池での禊ぎ、3回目は4月に行った伊勢神宮内宮のほとりを流れる五十鈴川での川の禊ぎです。

　富士山麓での禊ぎは気温1度の中、ふんどしで禊ぎの滝場まで歩き、滝に打たれる前に、滝つぼに入るものでした。チクチクと肌を刺すくらい冷たい水です。でも、その痛みが途中から麻痺して冷たくなくなる感覚を得ました。逆に、チクチクしている刺激が温かく感じられる

ようになってきます。とてもおかしな感覚でした。

　体は寒さと冷たさで常に震えています。でも、その感覚が麻痺してくると、そのときから「自分の内側に何かがある」と感じるようになりました。この段階まで来ると、寒いとか冷たいとか思っていた感情が気のせいだなと思えるようになります。表面上では、「冷たい、冷たい、痛い！」と思っているのですが、奥の自分は、「全然思ってないな」ということがわかるのです。

　この奥にあるものがメンタルの基だと思うのです。言い換えると、魂や心になるのだと思います。

　悟りとは、本当の自分自身が自分の中にあるとわかることであり、さらには、奥にいる自分自身と表面上の自分の意識が一体化することではないかと感じました。もちろん、私は悟っているわけではないので、本当のことはわかりません。

　私同様、本当の自分自身を悟っていない方は多いと思います。その話以前に、「本当の自分とは？」について考えたこともほとんどないと思います。私は今回、偶然にも「本当の自分が内にいる」と感じることができましたが、通常は、本当の自分自身に触れる機会はないでしょう。だから、表面に潜んでいるメンタルの影響を受け続けてしまうのです。

　荒行をする人たちは、本当の自分を見つけるために、わざと体に厳しいことを課したのだと感じています。実際、荒療治を受け入れることで、感情という名の鎧を剥ぎ取り、奥に潜む本当の自分自身と向き合ったのだなとわかりました。限界を越したときには、本当にどうでもよくなるのです。これは、今まで感じたことのないくらい不思議な感覚でした。

　不思議ついでに、もうひとつ、昨年（2014年）に経験したこともお話ししたいと思います。

富士山麓で滝に打たれた同じ場所での研修会で、玉砂利の上で30分正座して瞑想する内容がありました。その会場へは、研修センターから自然の中の砂利道を裸足で10分くらい歩いて向かいます。この砂利道には、ワザと痛い石を置いているのではないのかと思うくらい、尖った砂利が無数に転がっていました。歩き進めるにつれて、足の裏が痛くて耐えられなくなります。痛さのあまり、道の脇に降り積もった雪を見つけて、その上を歩くのですが、今度は冷たくて痛くなってきます。「もう引き返したい」と何度も思いながら、必死に瞑想のための会場までたどり着くのです。

　やっとの思いで玉砂利の広場にたどり着き、正座して、瞑想をします。美しい自然の中で、心を鎮めながらの瞑想ですから、それ自体はとても素晴らしく、心をリフレッシュすることができました。

　さて、問題はその帰り道です。死ぬ思いで歩いてきたあの痛く冷たい道をまた裸足で帰るのかと思うと憂鬱になります。しかし、瞑想を終えた後ですから、細かいことはどうでもよくなっているのです。その状態で帰り路を歩くと、なんと「全然痛くない」のです。これも、本当に不思議な体験でした。

　あとで、その研修センターのインストラクターの方にお話を伺うと、「感情で痛いと思ったら、自分にとっては嫌な感情なので、その刺激とケンカするから痛いんですよ」と言われました。「この刺激は痛いんだと受け入れた瞬間、痛くなくなります。反発するから痛いと感じるのです」と教わっていました。まさにその通りだと実感させていただきました。

　投資をしている人でメンタル修行する人は多いです。プロの投資家さんのなかにも、口にこそ出していませんが、自分なりのトレーニングをしている方はたくさんいます。その人なりの、メンタルの鍛え方、もしくは整える方法を持っています。宗教に走るとかではなくて、精

神世界についてもきちんと勉強したり、体験したりなど、自分なりに自分自身というものを突き詰めていっているように思います。サッカーの本田選手も行っているように、自分のメンタルを研ぎ澄ますためにも、自分を厳しく追いつめていって本当の自分を追求するようなことは、本当はやったほうがよいのです。

投資やトレードと真剣に向き合っていくと、実はそういう領域まで勝手に突き詰めていくようになってしまうのですが、一般の方々に申し上げても、自ら必要だと思わない限りそこまでできないと思います。ですから、体験した人が伝えていることを聞いてみて、その一端を体験してみたらよいと思います。すでに多くを体験している人から学べば、遠回りすることも、過酷なことをすることもなく、エッセンスを学べるはずです。

　さて、話を戻します。メンタルを動かすものは実際にあります。
　トレードだけに限らず、メンタルというものは、外部要因によってかなりブレることが多いです。ということは、「こういう要因でブレる」ということを事前に知っておけば、自分自身で「今、ブレてる」と認識できるということにもなります。現状を把握できれば、元に戻せる可能性も高まります。
　まずはメンタルを動かす要因を知りましょう。順番に紹介します。

2) メンタルに影響を及ぼすもの　その1　〜恐怖と不安〜

　最初の要因として挙げるのは「恐怖と不安」です。具体的に言いますと、「大きな損を出してしまった恐怖」とか、「お金がなくなることへの不安」です。これらは、人々に大きなショックを与えます。恐怖と不安を感じさせるものとして、私は、大きく2つあると考えています。

①大きな損失を出してしまった
　一度に大きな損失を出してしまうと、「もうトレードをやめてしまいたい」と思うほどの気持ちになります。大きな金額とは言わなくても、ある程度の金額の損失は、トレーダーの心の中に「ダメージ」として残ります。一見大したことはないようでも、じわじわとメンタルを刺激して、私たちに悪影響を及ぼしてくるのです。

　では、どのくらいの損失までだと耐えられるのでしょうか？　私のエピソードから始めましょう。
　私が2008年にファンドマネジャーを辞めて、個人としてトレードを始めたときのことです。1トレードで1万円の損失を出したらメンタルがブレることに気づきました。残高は何百万円かあり、毎月150万円の利益を取っていたにもかかわらずです。
　この話からわかるように、どのくらいの損失でメンタルがブレるかという度合いは、その人の性格や経験などによります。ですから、一概にどのくらいまで損失を出しても大丈夫かは明言できないのです。私も、自分自身が1万円の損失で動揺していることに気づいたときには驚きました。
　ファンドマネジャー時代は1日で数億円の増減は当たり前でした。数字が大きすぎて実感がなかったのかもしれませんが、人様の大事なお金を預かる身でしたから、冷静でいられることは大切なことですので、それはそれで良かったのです。
　しかし、自分のお金を使って、少額でのトレードを始めたら、1万円で動揺してしまったのです。おそらく「1万円」という金額が、とても身近だったからだと思います。「あぁ、あの1万円があったら、今晩、おいしいものが食べられたのに」など、身近な金額に置き換えてしまうと、人のメンタルというのは異常に動かされやすくなってしまうものです。私は、自分の当時のメンタルの許容範囲が、「1トレー

ドにつき1万円」だと悟ったので、ポジション量を30万ロットくらいに制限しました。私の手法を守ると、ロスカットの上限幅が3～4pips程度だったので、30万ロットであれば、損失額は9000～1万2000円程度となり、ロスカットとなっても自分自身の許容範囲の中で収まるからです。

　自らの許容範囲というのは、経験などによって広がっていきます。今では数十万円までのロスカットなら、メンタルをブラすことなくできます。

　この「損失に対するメンタルの許容範囲」は、本当に人によってバラバラです。
　私のように1トレード1万円でショックを受ける人もいれば、1円たりとも損を出したくないと真剣に思っている人もいます。かといえば、パチンコなどで1日10万円なくしても笑ってる人もいます。トレードだと1円でも損をしたらすぐブレるのに、パチンコだと何万円スっても大丈夫という人もいました。とても不思議な現象ですが、これもその人の経験則や性格によって違うのだと思います。

　生徒さんたちから多くいただく質問のひとつに「何ロットでトレードするのがいいんですか？」があります。それに対する答えは「あなたのメンタルの許容度次第です」にしかなりません。1トレードでどれくらい損したら嫌じゃないのか、どこまでならブレないかというのを、少ないロットから試していって、自分自身で見つけるしかないのです。

　メンタルがブレるのは実損を出したときだけとは限りません。含み損がある時点で、多くの人々は不安に駆られます。現在のポジションの評価損益のところに、評価損のマイナス表示があるだけでドキドキしてしまうのが実情でしょう。

トレードで一番嫌なのは、スプレッドというものが存在することです。エントリーした瞬間、含み損を抱えることになります。要するに、メンタルがブレるようになっているのです。
　日本一薄いスプレッドであっても、スプレッドが存在する以上、エントリーした瞬間は評価損益がマイナスになります。これが皆さんのトレードを難しくしているのです。

　大きな含み損が出たときには、ロスカットをせずに、両建てのポジションをとれば良いと考える人もいます。でも、私は絶対にやめたほうがいいと思っています。なぜかというと、多くの人たちは含み損のプレッシャーに耐えられないからです。
　両建てのポジションというのは、含み損が常にある状態です。マーケットが上がっても下がっても、買い建て、売り建てのどちらか、もしくは両方に含み損が存在するのです。「この数字の変動に耐えられますか？」と考えると、耐えられる人は少ないと思っています。私でも常に気になってしまい、結果、変なことをしてしまうと思います。
　もちろん、含み損の重圧に負けずにうまく立ち回ることができれば両建ては良い戦略だと思います。でも、多くの人は、含み損に耐えられないのです。耐えられない方法なら、やらないほうがいいというのが私の考えです。

②当たらない
　損失以外では、「当たらない」という現象もメンタルを揺さぶります。自分自身はルール通りエントリーをしているつもりでも失敗が続いて、まったく勝てないという状況になったらどうでしょうか。何かが間違っていて、いつまでたっても当たらないという状態は、人を不安にさせる十分な要因といえます。
　実は、「当たらない」という状況には、3つの原因があるのです。

◎ルールを守っていない

　ひとつ目の原因は、「ルールを守っていない」です。「勝つためのルール」を習得しているはずなのに勝てないときは、多くの場合、ルールを守っていないがゆえに起こっています。しかも、たちが悪いことに、自分では「ルール通りやっているつもり」になっているのです。トレードは基本的にひとりでやるものですから、どうしても自分本位になってしまいがちになります。ルール通りやっているつもりでも、いつの間にか「自分ルール」のようなものが現れ、勝てるルールから逸脱してしまうことはよくあります。ですから、勝てなくなったときにまず疑うべきは、「ルール通りにトレードしているかどうか」なのです。

◎ルールを守っているのに勝てない

　2つ目の原因は「ルールを守っているのに勝てない」です。ルールは守っていても、トレードするべき状況ではないときにトレードしていると、やはり勝てません。「判断と執行」のところで学んだように、「買い」のサインが出ていても、「今は買わないほうが良い」と判断すべき状況はあります。それに気づかずに、ルール通りに買いを入れてしまうパターンです。

「ルールでは買いなのに、なぜ買わないのか？」というと、例えばマーケットにトレンドが出ていなかったり、すぐ上に一目均衡表の雲が存在していたりなど、あえて買わなくてもよい理由がきちんとあるからです。サインが出たからといって、それに必ず従わなければならないわけではないのです。

◎スランプ

　3つ目の原因は、「スランプ」です。ルール通りやっているし、やるべきときにトレードしているにもかかわらず、なぜかうまくいかない状態です。

スランプがなぜ起こるのかについては、正直、私には理解できておりません。ただ、スポーツなどと同じで、トレードでもスランプがあることだけは確かです。

仕事で投資をしているプロの投資家たちは、「今、スランプなので仕事しません」とは言えませんから、各自、スランプの直し方を心得ています。この「スランプ対策」が上手でないと、プロの投資家として生きていけないといっても過言ではありません。実際、私が見てきた多くの常勝ファンドマネージャー、常勝トレーダーの方々は、皆さん独自の「スランプ克服法」を持っていました。スランプについては、機会を見つけて改めてお話ししたいと思います。

3）メンタルに影響を及ぼすもの　その2　〜傲慢〜

2つ目の要因は、「傲慢」になってしまうことです。

「恐怖・不安」とは逆で、勝ち続けると、傲慢な心が出てきます。「自分は上手だ」「すごい」「絶対当たる」と過信します。勝ち続けると、どんなに謙虚な方でも、少なからず自己称賛する感情が出てきてしまうものなのです。

基本的に、トレードはひとりでパソコンを見ながら行います。他の人に気を遣うことはありません。この状況が、知らないうちにエゴが出やすくします。要するに、ひとりでトレードを続けていると、自分本位のトレードをしてしまいがちになるのです。

エゴのままにトレードしないようにするには、トレード仲間を作るしかありません。実際、Skypeなどで話をしながら、仲間内やチームでトレードをするのはとても良い手段だと思います。

「傲慢」という感情は、ポジティブになり過ぎているメンタルの状態です。ブレていますから、当然、トレードに影響を与えてしまいます。

4）メンタルに影響を及ぼすもの　その3　〜無知〜

3つ目の要因は、「無知」です。不勉強だったり、経験が乏しかったりすると、過信につながりやすくなったり、不安を抱きやすくなったりします。そもそも、知識や経験が乏しければ、常に不安な状態のままでしょう。

もちろん、知識と経験がないと勝てないかというとそんなことはありません。極論すると、知識と経験があまりなくても「勝てる方法」さえ知っていて、その通りに実行することができれば、実は勝つことはできます。

でも、"勝ち続ける"ためには知識を蓄積し、経験値も高めておいたほうが断然に有利なのです。なぜなら、さまざまな状況に冷静に対応できるようになるからです。

最初のうちは無知だったとしても、無知自体は、知識と経験を積み重ねることによって補足していくことができます。要するに、トレードにおいても、実践の積み重ねが大事なのです。

知識と経験が豊富になれば、自分自身の判断と執行にも、"安定化"という名の良い影響を与えられます。

5）メンタルに影響を及ぼすもの　その4　〜集中していない〜

4つ目の要因は「集中していない」という状況です。

自分の大切なお金を運用しているのに「集中しない」ことがあるのかと思われるかもしれませんが、実はトレードを続けていると、そのようなことは結構あるものです。この話については、「集中していない」というメンタル状態にあることを前提に議論したいと思います。

例えば、仕事をしながらトレードの画面を立ち上げていたりとか、テレビを見ながらとか、ながら状態でトレードしている人が意外と多

いのです。この現象は、トレードに慣れて勝てるようになってきたあたりから見られます。

トレード自体やそのプロセスにも慣れてきた結果、無意識に片手間でやってしまう。他に気になることがあって集中できないような状況なのにトレードする。このような状態では、売買サインに気づかないとか、気づいたとしてもサインを正しく判断できなかったりします。仮にサインに気づき、その通り判断しても、正しく執行できないということが起こります。

トレードを行うときには、ひとつひとつの作業や判断を確認して、自分が「集中できている状態かどうか」をチェックする習慣をつけるようにしてください。

余談ですが、お酒好きな方は、酔っぱらっているときなど、集中できそうもないときにはやらないようにしましょう。

6）メンタルに影響を及ぼすもの　その5　〜体調〜

5番目に挙げるのは「体調」です。これも気づきにくいのですが、メンタルを揺さぶる大きな要因のひとつとなります。

結論から先に言いますと、体調が悪いときはトレードをしないほうがいいです。「病は気から」と言われているように、身体の状態が良くない＝メンタルの状態も良くないと考えられるからです。体調が万全なときでもブレやすいのですから、状態が悪ければもっとブレます。

さらに、体調が思わしくないときには、ネガティブな心理状態に陥りやすくなります。集中力も落ちますし、弱気になりやすいのです。トレードをするには、適度な弱気はよいかと思いますが、過度な弱気は禁物です。エントリーすることすらできなくなります。まともにトレードできる状態とは言えません。

生徒さんの中にも、ずっと勝っている人がいます。でも、たまに調

子を聞くと次のような会話になることがあります。

私：最近、どう？
生徒：最近はトントンでした。
私：どうしたの？
生徒：体調が悪いときは必ず損するんです。
私：だから、体調が悪いときはトレードしたらいけないと伝えてあるじゃないですか。
生徒：あ！！　そうでした。

　トレードで稼げるようになってくると、なぜか「毎日、トレードしないといけない」という思い込みが起こるようですが、体調が悪いときは無理してトレードせずに休むことも大切なのです。ちなみに、先ほどの生徒さん、しばらくして様子を聞くと、いつもの勝てる状態に戻っていました。

～第3節～
メンタルの特性を知る

　これまでの章では、「メンタルに影響を与える要因」について見てきました。ここではもう一歩踏み込んで、メンタルの特性について考えたいと思います。
　私のトレードのモットーは、「メンタルに負担をかけない楽なトレード」です。楽でないと続けられないからです。
　ここでは、再び、第三者的にメンタルのことを「メンタルさん」と呼んで話を進めていきます。
　メンタルさんと付き合う中で、特に気をつけないといけないことが2つあります。
　ひとつ目はおだてられるときです。メンタルさんにおだてられるのはとても気持ちいいです。ただし、おだてられ続けると、傲慢になりやすくなります。傲慢についての危険性は先述したとおりです。
　2つ目はメンタルさんから責められたときです。これは、ある意味、おだてられたときよりも怖いものです。
　人は、失敗してしまったり、悪い結果を出してしまったときには、原因や責任を必ず見出すようになっています。トレードにおいては、損失を出してしまった責任はトレーダー自身にあります。投資が自己責任であることは、今さらいうまでもないと思います。しかし、本当に怖いのは、この自己責任なのです。というのも、メンタルさんという表層にいる人が、「自己責任」を盾に、深層心理の自分自身をトコ

トン責めてくるからです。メンタルさんも自分自身も同じ自分の中にいます。他人の弁護が入る余地はありません。それゆえに徹底的にメンタルさんは攻撃してきます。その結果、辛くなりすぎて、トレードをやめてしまう人がほとんどなのです。

先に、「メンタルに負担をかけない楽なトレード」が私のモットーだとお話ししました。これは、メンタルに負担をかけるとトレードできなくなることを知ったうえでの、私なりの対策なのです。読者の皆さんにも、自らのメンタルに負担をかけない楽なトレードを心がけてほしいと思います。

さて、これから、メンタルの特性について詳細に見ていきたいと思います。

1）メンタルの特性　その1　〜メンタルの方向性のバイアス〜

メンタルの特性のひとつとしてバイアス（偏り）が挙げられます。例えば、次のどちらの状況が後まで心に残りますか？

「利益取れました」or「ロスカットしました」

おそらく、ロスカットのほうが心に強く残るのではないでしょうか。例えば、10万円儲けた後に5万円損したとします。トータルでは、5万円増えているから良しとしなければならないところですが、10万円を儲けたことよりも、5万円損したほうがメンタルに強く刻み込まれてしまうのです。「あそこで損しなかったら、今、10万円儲かっていたのに！」と考えてしまうのです。

同様に、含み益と含み損で考えてみても、含み損のほうが気になってしまうのです。

悪いイメージが残りやすいのは損益だけではありません。例えば、

思惑通りにトレードができたときと、失敗したときも比較してみてください。やはり、失敗したトレードのほうが心に残ると思います。ロスカットをするときでも、予定通りのロスカットと、トレードミスのロスカットだと、後者の印象のほうが強いと思います。

　以上のように、いろいろな局面において、ネガティブな結果のほうが心に刻まれやすいという傾向があるのです。

　普通に考えれば、ネガティブなことは忘れたいはずです。でも、嫌なことはずっと心に残ります。これは、二度と同じ過ちをしないようにするために、人間に組み込まれたプログラムなのかもしれません。だからこそ、見て見ぬふりをしてはいけないのです。

　悔しい思いをしたり、後悔の念を抱いたとき、それに蓋をして見なかったことにするのは「忘れるため」の行為ですが、実際に忘れてしまうと、また同じことを繰り返してしまいます。同じ失敗をしてしまうことほどつらいことはありません。

　お釈迦様は「常に生きながらにして苦しい」と話されました。人間にある精神的なメカニズムや特性が、人生を苦しくさせているのかもしれません。

　トレードも同じです。トレーダーの多くは、ネガティブな記憶に足を引っ張られながら、いつもトレードをしています。ここで大切なのは、**「ネガティブなバイアスがかかってしまうこと自体、仕方がないことだ」と受け入れること**です。ネガティブなバイアスがあることを知り、それを受け入れることができたならば、その呪縛から解放されるのです。

2）メンタルの特性　その2　～メンタルの困った特性～

　メンタルのもうひとつの特性として、非常に厄介なことがあります。「とても大きく儲かった」というトレードを想像してみてください。

そこには必ず外的要因と内的要因があります。

　例えば、買いでエントリーしたところ、すぐ後に指標発表があったとします。その結果、たまたま勢いよく上がって儲かった場合と、自分で買いサインを確認してエントリーした後、想定通りに大きく上がって儲かった場合、どちらがより嬉しいでしょうか？　おそらく、自分の想定通りで儲けたときのほうが嬉しいと思います。たまたまのラッキーパンチももちろん嬉しいことには違いありませんが、会心の喜びではないのです。一方、自分の想定通りに当たって大きく儲かったときには、会心の喜びを得られます。

　逆に、失敗してしまったことも想像してみてください。例えば、間違った買いエントリーをしてしまってロスカットになってしまった場合と、正しいエントリーをしたものの突発的にマーケットが急変してロスカットになってしまった場合、どちらがより悔しいでしょうか？
　おそらく間違ったエントリーをしてしまったときのほうが悔しいのではないかと思います。「なぜ、あのときにエントリーしてしまったのだろうか」と自分自身を責める気持ちになることでしょう。

　以上のように、嬉しいことにも、嫌なことにも自己責任を感じるのは、根本的にはとても良いことです。でも、自分自身に原因があると考えることで、良い結果のときにはおごりにつながりますし、悪い結果のときには必要以上に自分自身を責めてしまうという特性も出てきます。これが厄介なのです。基本的には良いことなのに、突き詰めると悪いことになるからです。

　ただ、自らの非を認めないと成長しませんし、何の進歩もないことは疑いようがありません。ですから、私たちトレーダーがすべきことは、まずは**目の前の結果はすべて自分の責任なのだと受け入れること**なのです。そのうえで、**良い結果は自分自身を有頂天に導く恐れがあ**

り、悪い結果は自分自身を責める傾向があると知ること**だと考えています。そういう特性を知っておくことで、今度はそれに左右されないトレードを目指すしかないのです。

3) メンタルの特性　その3　〜メンタルの影響を抑えるには〜

　メンタルの要因と特性をご理解いただけましたでしょうか？
　メンタルは、トレード結果がポジティブでもネガティブでも私たちのその後の行動に影響を及ぼしてきます。つまりは「いかにメンタルの影響を受けずにトレードできるか」が大切なのです。
　実際、メンタルの影響を抑えるにはどうしたらよいのでしょうか？
　それには、トレードの判断と執行の段階において、エゴをできるだけ排除し、客観的になることが求められます。
　「エゴをできるだけ排除し、客観的になる」ためには、本書の『ルール編』で書いてあることをきっちりやることです。

・ルールをきちんと守る
・エントリー、エグジットの理由を明確に言える
・判断に「上がるはず」「下がるはず」などという自分の思い込みが入っていない

　これらのことに常に気をつけていると、客観的な状態が保たれるはずです。仮に、客観的な事実を見てトレードしたならば、結果は外的要因によりますので、自分自身の落ち度はなくなります。ルール通りに実践できているのであれば、私たちは悪くないのです。ルール通りにトレードして負けてしまったとしても、たまたま相場がルール通りに動かなかっただけの話です。百戦百勝はありえないのですから仕方がありません。このように、自分自身を弁護してあげられることが大

切なのです。

　客観的な事実を根拠に行動していれば、メンタルの影響はあまり受けません。ということは、**客観的な事実を見て、ルール通りに正しくトレードしている限り、自分を責める必要がないのです。**

　もちろん、サインが出ていないのにエントリーしてしまった場合は、完全に自分のせいです。「サインが出ていないのにどうしてエントリーしてしまったのか」と、自分自身を責めるしかなくなります。この場合は、自分自身に責められて、しかも大切なお金もなくすという、ダブルでの痛手となります。

　「エゴをできるだけ排除し、客観的になる」ということは、言い換えると、ルールをしっかり守って、アクションの理由が言える状態を保つことでもあります。これは、トレードで成果を出すためのノウハウのひとつです。

　私は、客観的になれるようなトレードルールにしてあります。だから、それを守りさえすれば、メンタルもブレにくいようになっています。

　メンタルの影響をなくすことは不可能ですが、その代わり、影響を極限まで抑えることはできるのです。ですから、本書で紹介したトレードルールをしっかり守っていただきたいと思っています。

～第4節～
メンタルの整え方

1）メンタルの整え方　その1　～メンタルダメージを最小限に～

「楽ちんトレード」がモットーですとお話ししました。要は「メンタルダメージを最小限に抑えることを心がけましょう」ということなのです。そのためのコツとして、以下に5つの項目を挙げておきます。

①損失は最小限に

損失はメンタルをブレさせます。だからこそ、発注ロットが大切になります。自身の最適なロットを守ってください。

ロットの目安として、私は「3回連続ロスカットになっても、次のエントリーが躊躇なくできる程度のロット」とお伝えしています。例えば、1日1万円損してショックを受けるのであれば、3回連続ロスカットになっても1万円以内で収まるようにしなければなりません。そうすると、1回当たりの損失の上限は3000円程度となります。私の手法を忠実に実践するならば、ロスカット幅は大体3pips以内に収まるので、10万通貨（10枚）が適正なロットになります。

適正なロットがわかったら、次はエントリーのルールをしっかり守ってください。エントリーのルールを間違えたらロスカットになる確率が高くなりますので、適切なエントリーを徹底しましょう。

②利益は確実に

　エントリー後、含み益が出ていたのに、利食いのタイミングを計っていたら含み益が減少していき、しまいには含み損を抱え、結局、ロスカットする羽目になってしまった、という経験、一度や二度はあると思います。これはメンタルダメージが大きいケースです。「エントリーが当たっていたのに、なぜ利益のあるうちに利食わなかったんだ」と、自分自身をものすごく責めてしまいます。

　こういうことが起こるのを防ぐためにも、エントリーに成功したら、最高の利益が出るようにエグジットタイミングを狙います（積極的な利益確定）。そこでうまく利益確定できなかったら、その次は、エントリーした時間足で保有ポジションと反対のサインが出たときに、確実に利益確定してください（消極的な利益確定）。もし、この「消極的な利確」のタイミングも逃してしまったならば、どんなに小さくなったとしても利益があるうちに終わらせることが必要です。

　「含み益が10万円計上されていたときもあったのに、結局、1万円の利益で終わってしまった」というケースになったとしても、見方を変えれば、1万円儲かったのだから良しとできます。含み益の10万円を見てしまったから悔しいとは思いますが、純粋に1万円の利益が出たのなら、適切な利益確定のタイミングを逃していたとしても、自分自身を許してあげられると思います。

　しかし、結果がマイナス1万円となってしまったらいかがでしょうか？　心理状態は、天と地ほど違います。こういうケースは本当に悔しくて、後々まで精神的なダメージが残ります。そして、その後のエントリーに影響を及ぼしてきます。その日はトレードをやめてしまって気分転換をしないといけないほどです。

　どんなに良い相場環境でも、自分自身の失敗でメンタル的に大きなダメージを受けて、その後でボロボロになっていくことは日常茶飯事なのです。だからこそ、含み益は確実に利益にすることがメンタル的

にも大切なのです。利益確定が最高のタイミングでなかったとしても、利益として残すことにこだわってほしいと思います。10円でもいいのです。プラスだったらプラス、1勝は1勝。勝率はきちんと確保されますし、精神的なダメージが少なくて済みますから、その後のトレードに悪影響が現れるリスクを回避することもできると思います。

③自己責任の徹底

　自己責任は投資を行う大前提です。投資にかかわるすべての行動は自己責任であるという考えを徹底してください。

　トレードの結果を人のせいにすると、精神的に楽なように思うかもしれません。でも実際は、意外と心が乱れるものです。例えば、失敗を人のせいにすると、原因を特定することができません。当然、改善策を立てることもできませんから、同じ失敗を繰り返す確率も高くなります。

　ロスカットの責任を人にぶつけたところで、自らのトレードは少しも改善しません。すべては自己責任だと受け切るところに、その人の「トレードによるメンタルの成長の機会」があるのです。トレード改善の「のびしろ」が存在しているのです。

　「この手法はダメ」と評して、自己責任の徹底ができていない人が残念ながらとても多いです。投資の世界のルールの大前提は、自己責任なのです。

④自分の判断で行う

　投資は必ず自分の判断で行ってください。当たり前と思われるかもしれませんが、実態はそうではありません。多くの人は自分の判断に自信がなく、誰かのアドバイスをもらいたいといつも願っています。もし、身近にそういう人（アドバイスしてくれる人）がいれば、間違いなく、その人の判断を鵜呑みにすることでしょう。

しかし、自己判断で投資を行わなければ、結果はすべて人のせいになってしまいます。前項の「自己責任」のところで触れたように、自分のせいだと考えない時点で、逆に辛くなります。損をしても、自分自身には訳がわからず、「(損を)させられてしまった」と考えるようになります。この思考回路に陥るくらいなら、投資などやめたほうがいいです。

投資とは自分の判断の正しさを検証していき、その判断の正確性を高めることに喜びと楽しみを見出していくものだと思います。お金が増えるのは単なる結果にすぎません。

インジケーターツールを使う場合や、自動売買モデル（EA）を利用する場合も、自分の判断で動かしています。動かすという判断は自己責任で行われたという認識が必要です。もし、結果が悪くても、ツールがダメとか、EAがダメと言ったところでまったく意味をなしません。すべては自分のせいであることを認識する必要があります。

⑤ややポジティブな思考でいること

投資において大事なことは、メンタルの影響を受けないことですが、多くの場合は「ネガティブに考えがち」になります。ネガティブに考えてしまっては、正しい判断がしにくくなってしまいます。ですから、普段はポジティブでいることが大切です。

この「ポジティブで」というところが微妙なポイントです。ポジティブ過ぎると、「傲慢」の気配が出てきてしまい判断を曇らせてしまうからです。

理想は「完全なるニュートラル」な状態です。しかし、それも難しいです。人間はややポジティブなほうが向上心や積極性が生まれるからです。結論として、目指すべきはニュートラルではなく、「ややポジティブ」がいいと思います。

「ややポジティブ」を勧める理由はもうひとつあります。FXをす

るであろう多くの方々は、昼間に仕事をしているので、トレードをするのは夜になってしまうと思われます。夜は暗いので、そもそも気が沈みやすいのです。そういう状況で、夜中に大損などしようものなら寝れないぐらい大きな精神的ダメージを受けてしまいます。ですから、ややポジティブめの心持ちを目指すくらいのほうがちょうど良いというのが私の考えです。

　現実的に、ネガティブにならないでいるのは難しいので、気分転換することをお勧めします。

　ある精神科の先生に聞いたところ、気分転換の方法は軽いうつ病の治し方が参考になるとのことでした。その先生が言うには軽いうつ病の治し方は３つあるそうです。

◎いつも大笑いをする
※セロトニンが出やすくて良いらしいです。
◎激しい運動をする
※自律神経がしっかりするとかで、体内のバランスが整うのでしょう。
◎水浴びをする
※毎朝、冷水を頭からかぶります。これも外的ショックを与えることで自律神経バランスが整うのだと思います。

　私はこの３つの方法を聞いたときに、毎日大声で笑うのは意外と難しいと感じたこと、頻繁にジムに通ってハードな運動をする時間も取れないと思ったので、一番やりたくはなかった③の水浴びを選びました。それでも、かれこれ５年以上続いています。家では、毎朝、お風呂場でシャワーを使いますが、真冬でも迷わず温度調整ダイヤルをＣ（コールド）に合わせています。Ｃにするまでは自分のメンタルバリアがありますが、あえてそれを自分自身で破ります。

　メンタルバリアは知らないうちに張られていますから、自分で動か

ないと気づきません。また、気づいたら破っていく勇気を持ち、実際に破らないといけないのです。。

　一番嫌な選択肢ではありましたが、おかげさまで毎日凛とした気持ちになってトレードに打ち込めるようになりました。自分自身のメンタルの状態にかかわらず、気分転換を習慣化させることで、1日に一度リセットすることができます。これは、大切なことだ感じています。

2）メンタルの整え方　その2　〜想定内に収める〜

　「すべての結果を想定内の範囲で終わらせる」というのもメンタルをブレにくくするコツです。特に、「ロスカット時の損失を自分の許容範囲内で抑える」ということが最も大切になります。どんなトレード関連の書籍にも「ロスカットはしっかりやること」と書いてあるのですが、「どうしてロスカットをきっちりとやっておかなければならないのか？」ということには、あまり触れられていません。

　資産当たりのリスク管理ももちろんありますが、最大のポイントは「メンタルに大きなダメージを与えてしまう」ことにあります。このダメージの影響で、大きく減らした資産を元に戻すことが困難になってしまうのです。要するに、ダメージを大きく受ける前にきっちりとロスカットをしてほしいということなのです。

　許容範囲を超えて損をすると本当にうろたえます。とてつもなく大きな精神的なダメージを体験してしまうことになります。この影響で、トレードできなくなる人もいるくらいです。だからこそ、想定内のロスで止めてしまうことが大切なのです。

　利益についても同じです。含み益が増えてきて、「儲かった」と思っていたのに、エグジットしてみたら、ロスカットになってしまったというのは、想定外の出来事になるわけです。儲かったと思っていたの

に損になると、本当に心が動揺します。単純なロスカットよりもダメージが大きい場合があります。

途中までずっと儲かったと思っているから、ロスで終わることなど想定していないのです。だからダメージが大きくなるのです。

ロスカット同様、利益確定もきっちり実行することが大切です。これは先ほどお伝えした通りです。

想定内に収めなければならないことの最後は、「勝率を安定させる」ことです。正しいエントリー、すなわち客観的な理由に基づくエントリーを徹底することによって、勝率は必ず上がりますから、余計な不安が減ります。ちなみに、教え子の皆さんの平均勝率は70％程度です。3トレード中2回勝てるイメージです。2回連続ロスカットになる可能性が低いので、精神的にも安心してエントリーできるようになります。

このように、「損失」「利益」「トレードの勝率」をすべて想定の範囲内に収めるように努めていくことは、自分に対する規律です。これらをしっかり守ることで、トレードの成績も安定したものになってきます。

3) メンタルの整え方　その3　〜常にチェックする〜

自分の一部であるメンタルについては、あえて意識をしないと、自分自身と同化しているように感じてしまい、見つかりません。ですから、常に自分のメンタル状態をチェックする癖をつけてください。絶えず意識することによって、悪さの根源のメンタルを第三者的に捉えることができます。「メンタルさん」として認識できれば、影響を排除できるのです。

「平常心かどうか」
「傲慢になっていないかどうか」
「過度に不安になっていないかどうか」

　これらの点についてチェックをしていただきたいと思います。
　このとき一番大切なのは、「自分は今、平常心だと言えるかどうか」です。「自分自身が今、平常心かどうか」は、正直、自分ではわかりにくいのです。だからといって、チェックしなかったら、いつまでたってもメンタルが野放しになってしまいます。それでは進歩はありません。最初のうちはわからなくてもいいので、とにかく意識をする癖をつけてください。
　自分では平常心のつもりでも、勝負したくてたまらない気持ちがあるなと感じたりすることがあります。このように、常に「どういう状況になったら自分のメンタルがどのようにブレやすいのか」という特徴を探ってください。自分自身の状態をチェックしていると徐々にわかるようになってきます。

～第5節～
メンタル状態のチェック

　前節で、メンタルの状態をチェックすることが大切であると書かせていただきました。では、どういう点に注意してみたら、メンタルの状態に気づきやすくなるのでしょうか？

　大まかにお話ししますと、「異常な状態」に気づいてくださいということになります。メンタルのブレは何らかの現象として現れます。ということは、その現象を知ることができれば、逆説的にメンタルの状態もわかるのです。

　メンタルがブレたことによって現れる現象を以下に3つ挙げてみました。詳細に分析すればまだまだあると思いますが、象徴的な事例として参考にしてみてください。

1）ロットがいつもより異常に大きい、異常に小さい

　注文のロットがいつもよりも大きくなるときは、たいていの場合、傲慢になっていることが多いです。大きく利益が取れたり、連戦連勝が続くと、知らないうちに「自分はすごい」と思うようになってしまいます。

　逆に、ロットが小さくなってしまうのは、ロスカットが続いたり、大きな損失を出したりして、必要以上に慎重になり、エントリーが怖いと思っている表れといえます。

2）損失額がいつもより大きい

通常の1トレード当たりのロスカット金額が5000〜6000円程度であるのに、なぜか4〜5万円の損をしてしまったという経験、あるのではないでしょうか。

このケースの何が悪かったのかと検証してみますと、「ロスカットを適切にしなかった」ことが、最も可能性の高い要因になります。

ここで大切なのは「なぜ、ロスカットを適切にしなかったのか」です。多い答えは次の2つです。

「自分自身の投資判断に自信があった（過信）」
「そのうち戻ってくるだろうと思った（都合の良い思い込み）」

つまり、自分自身の力にうぬぼれてしまったゆえに起こる現象なのです。実際、このケースでは、それまでは勝ち続けていることも多いです。傲慢は、それまでできていたことができなくなるケースの代表例です。

3）勝率が下がる

トレードを続けていると、エントリーしてもエントリーしてもロスカットになるときがあります。これには前述のように3つの理由があります。

◎エントリールールを守っていない
◎エントリールールは守っているが、状況的に勝負するべきときではないときにエントリーしている
◎ルールも正しく、状況も適切だが、自分自身がスランプに陥っている

上記のうち、圧倒的に多いのは「ルールを守っていない」です。自分では正しくやっているつもりかもしれませんが、知らず知らずのうちに「エゴ」が台頭してきて、自分本位のエントリーをしてしまっているのです。「自分本位のエントリー」とは、テクニカル指標に基づいたマーケット参加者が合意するタイミングではなくて、自らの思い込みで「エントリーしたいと感じた」ときにするエントリーです。
　勝率が下がること自体は嫌かもしれませんが、この現象に気づいたときは、自らを振り返る絶好の機会でもあるのです。

～第6節～
メンタルの鍛え方

　メンタルを鍛えることはできます。トレードをして、結果をすべて受け入れていくのが、メンタルを鍛えるにあたって最もよいと思いますが、それだと時間がかかります。そこで、メンタルを早く成長させるために、その他のトレーニングも取り入れてみましょう。

　まず前提としてトレードだけに限らず、私たちが生きている過程で「起こったことはすべて必然」であることを理解してください。偶然はひとつもありません。

　何が起こっても「それは自分に起こるべくして起こっている」と理解し、その現実を受け入れることがとても大切なのです。決して、目の前の現実から目をそらしてはいけません。気づかないふりもいけません。現実を直視して、受け入れることです。積極的に受け入れると、自らの過ちに気づくことができます。気づきがあれば、方向修正も容易になります。

　現状を把握し、未来を洞察し、起こりうる危険を予見できるようになれば、早く成長することも難しくはありません。トレードで勝ち続けるようになるのはもちろんのこと、日々の生活においても、あなたの身の回りに起こる大きな変化に気づくことでしょう。

　「トレードで勝ちたい」「トレードでお金を増やしたい」という動機を基に、どんどん自己成長を実現してください。

1）メンタルの鍛え方　その1　～原因と理由を探る～

　トレードに限らず、人生の中で、自分自身に起こったことはすべて必然です。あなたに必要だから起こります。

　トレードも同じです。すべての出来事は、あなた自身に原因があります。ほかの誰のせいでもなく、あなた自身が招いた結果なのです。

　原因は状況によってさまざまですが、損をしてしまったとか、儲かりましたとか、どんな結果になってもすべて必然です。

　結果は、自分自身が作ったものです。トレード画面を見ながら、自分自身が数回クリックをした（＝エントリーとエグジットを行った）結果なのです。

　さらに、起こったことには必ず原因と理由があります。結果を受け入れることができたら、次は、「それが起こった原因と理由」を考えるようにしましょう。

　トレードにおける「原因」とは、「判断と執行」のことを意味します。「エントリーする」「エグジットする」という判断をして、その通りに執行したからこそ、ある結果を生み出すのです。この原因の追究の仕方については前述したとおりです。「判断と執行」がきちんと行われているかを検証しなくてはなりません。

　メンタルトレーニングの観点から考えて、より重要なのは「その結果が起こった理由」です。良い結果、悪い結果、まずまずの結果など、さまざまな結果があります。それらは何らかの理由があって起こっていると考えてください。結果にはすべて「理由」があります。なぜそれが起こったのか、必ず理由があるのです。

　まずは、その理由を見つける癖をつけることが大切です。特に、「大きな損失を出してしまったとき」が最も大切です。大きく損失をする

と、大概の人は「自分だけなぜこんな目に遭うのだろう」とか、「私だけついていない」など、悲劇の主人公を演じます。自分はとても可哀想、自分だけが不幸なのではないかと感じてしまうのです。

しかし、それは正しくありません。ひとりで行うトレードにおいて、ひとりで不幸を感じていても、何も解決しません。逆に、メンタル的に追い込まれて、さらに負の連鎖が起こってしまいます。

トレーダーがすべきことは、そうではなくて、「なぜそれが起こったのか」を考えることだと私は強く思っています。「大きな損失を出してしまった」ということが何を示してくれているのか？　そこを突き詰めることが大切なのです。その理由を考えることができれば、その理由から学ぶこともできます。

「その理由」とは、今の自分に必要なメッセージです。それは、「少し勝ちすぎて傲慢になっているから注意しなさい」という警告かもしれません。「妙に悲観的になっていますよ。もっと積極的に」という応援かもしれません。もしくは、大きな事件や大暴落などが起こる前兆を教えてくれる内容かもしれません（※通常通りのトレードをしていても、いつもと結果が異なるときには、その後に、歴史的な大暴落が起こったり、要人発言などによる大変動が発生するケースは実に多いです）。

いずれにしろ、理由を解明しなければ、同じ過ちを再び繰り返すことになります。すべての結果には原因と理由があります。

「原因」はトレードの精度を向上させます。「理由」は自らのメンタルの成長を促します。さらには、市場から私たちへ投げられたメッセージにもなります。それら（原因と理由）を探り続けることによって、自らのトレード技術が進歩し、さらには自分自身も進化していくのです。決して人のせいにしないことです。人のせいにした瞬間に自己の成長が止まります。

私は、お金を稼ぎながら自己の成長にもつながるトレードは素晴ら

しいものだと思っています。精一杯、学び、自己を高めてください。もし、学ぶ気がないのであれば、トレードでメンタルに負担をかける必要はありません。やめたほうが良いと思います。

「起こったことはすべて必然的である」と受け止め、「その結果には原因と理由があること」を理解できるかどうかです。そこから始めていくことで、自己も、自身の資産も、成長していくのです。

2）メンタルの鍛え方　その2　～負荷をかける～

ここでは、「トレード」の中でのトレーニング方法をご紹介します。

①ロットをあえて増やしてみる

トレードをするとき、自らのメンタルに負荷をかけて行うという方法があります。これが最も簡単で効果的です。

例えば、今日いつものロットの倍でトレードすると決めて実行してみてください。とても怖いと思います。

ロットを増やすと、ロスカットができなく（遅く）なり、さらには利益確定が早く（利益が小さく）なる傾向が見られます。「（恐怖感が先に台頭するので）利益が出たらさっさとやめたい」「損失の幅がいつもより大きくなるから損失を出したくない」「含み損の増え方がいつもの倍のスピードなので手が縮こまってうまく判断できない」といった現象が起こるのです。

そこで、安全に負荷をかけるために、リアル口座でのトレードをいったんやめて、デモ口座に切り替えます。そして、いつものロットの倍でトレードしてみてください。慣れてきたら、3倍、4倍、5倍へ、順に増やしていきます。100万ドルレベルのトレードをデモ口座で体験し、その含み損益の変動の大きさを体験しておくと、（リアル口座に戻ったときに）自らのメンタルのキャパシティが大きくなっている

ことに気づくと思います。大きな変動を体験することはメンタルを強くするのです。

　臨場感の観点から言うと、本来、リアル口座で試してみるのが一番いいです。しかし、トレーニング中に大事な資産に大ダメージがあってはいけないので、デモ口座で体感だけ味わうことから始めてください。デモ口座とはいえ、いつもより大きなロットでエントリーすると、その直後から、大きなプレッシャーを感じるはずです。いつもとは違う金額の変動に耐えられるかどうかをまずは体験してみてください。実際に損をするわけでもないデモ口座でもメンタルはブレると思います。

　ロットを2倍～数倍にすることは、それ自体で、メンタルへの影響を浮き彫りにしてくれます。トレーニングとしてはとても効果的なのです。

　このようにトレーダーとして「変動」に慣れていく作業を行います。トレーダーは「変動」の中に生き、「変動」を収益機会とします。ですから、自らの収益の源泉である「変動」で、自らがドキドキしていてはいけないのです。

　ファンドマネジャーのときは、毎日、数億円規模で損益が変動する金額をお預かりして運用させていただいていました。振り返ってみて、「よく平気だったなぁ」と思います。お客様からお預かりしているキャッシュを実際に見ていたわけではなく、ただの数字として見ていたから大丈夫だったのだと思います。今は、その数字の変動に慣れているというだけでも、大きな武器になっていると強く実感しています。

　大きな数字の「変動」に慣れることをまずは経験して、徐々に自らのトレードに対するメンタルのキャパシティを大きくしていってほしいと思います。

②罰とご褒美

　次はいろいろなプレッシャーを自分にかけていく他のやり方をご紹介します。具体的には、トレードの結果によって、自分自身に罰を科してみたり、ご褒美を出したりします。

　例えば、その日1日の損益がプラスで終わらなかったら、「飯を抜く」とか、「腹筋を100回する」などの罰を科します。内容は何でも結構です。ただし、自分自身が嫌だなと感じるものにしてください。望ましいのは、単に自分が嫌なことではなく、結果として自分にとって良いものになることを設定します。例えば、「10kmジョギングをする」「1日断食をする」など、普段やりたくても心理的な壁が高くて取り組めないことにしておくと、罰ゲームになったとしても、前向きに取り組むことができるからです。

　とはいっても、罰ゲームは、やはり嫌なものです。自分ひとりで決めただけだと、実際に罰ゲームになったときに甘くなることがあるので、あえて家族とか周囲の人に宣言しておくという手もあります。「今日、トレードで損をしたら、こういう罰ゲームやります」というイメージです。こうすることでチェックが厳しくなり、よりプレッシャーを感じて取り組むことができるようになります。周囲の人も巻き込んで自らにプレッシャーをかける環境を作ってみてください。

　罰ゲームだけだと辛くなってきますから、ご褒美を出してもいいでしょう。例えば「今日10万円儲けたら、欲しかったものを買おう」という感じです。これは、また別の効果を生み出してくれます。「欲望に対して自分をコントロールできるか」という類のトレーニングになるからです。

　例えば、8万円の利益が出てきたとします。このとき「あと2万円で欲しかったものが手に入る」と思うと、そこに「欲望」というエゴが台頭してきます。この精神状態になると、それまで冷静にトレード

できていたにもかかわらず、急にエントリールールを無視して無理なエントリーをしたり、ロスカットできなくなったりするのです。その結果、せっかく積み上げてきた利益を一気になくすこともあり得ます。

　単にプレッシャーをかけるだけではなく、欲望に直結した状況を作り出すことが、実はとても良いトレーニングになるのです。

③人に見せながらトレードする

　「人に見せながらトレードする」という方法もトレーニングには適しています。これは私の道場で取り入れているものです。ほかの生徒さんたちが見ている前で、大きいスクリーンに自分のPC画面を映して、みんなに説明しながらトレードします。生徒さんたちからは「公開トレード」と呼ばれている方法です。みんなの前に出てトレードをすることは、みんなの前で裸になるより恥ずかしいという人もいます。自らのトレード時の考え方や心の内をすべてさらけ出すことになるからだと思います。きちんとトレードをするように心がけるのですが、変なことをしては恥ずかしいというメンタリティが邪魔をして、冷静に見ている仲間たちからは、「それ、エントリーの理由がないよ」とか、「そのタイミングで判断するのは違わない？」など、冷水を浴びせられます。客観的な理由がないとトレードができないという、良いトレーニングになっています。

　公開トレードは、その人独自の「癖」に気づく良い機会にもなっています。「癖」はひとりでやっていてもなかなか気づけません。しかし、他人に見てもらえると、自身ではわからない癖を指摘してもらえるのです。

　「癖」には、良い癖と悪い癖があります。良い結果を産む癖については直す必要はありません。問題は、悪い結果を産みだす癖です。これは、他人に指摘してもらって、気づくことができれば、矯正できる

のです。

　公開トレードでは、みんなに見られるという異常な緊張状態の中でも冷静に振る舞うことが求められます。緊張の中で客観的な行動を試されるのです。

　他人が目の前でトレードを披露しているときは冷静に見ることができるので、「それ、おかしいよ」と言えるわけですが、実際に自分がみんなの前に出ると、一瞬にして頭が真っ白になるそうです。オロオロしたままトレードをして、多くの指摘をもらうことになります。自分の番が終わって席に戻ると、また冷静さを取り戻すので、「どうしてあそこで真っ白になっていたのだろう」と我に返り、またそれに驚くのです。自分のやっていることは見えにくいものです。そういうことも、このトレーニングでは学べます。

　最初は緊張で何をやったか覚えてないという人でも、慣れてくると、人前でも冷静に状況を見ながら説明できるようになります。メンタルが成長して「客観的なサインが出たらやればいい」という心境になれますので、トレード自体もうまくできるようになります。

　ひとりでトレードをしているときには、誰にも責められることはありません。しかし、大勢の前でトレードをすると、おかしなことをしていたら指摘されます。人間は過ちを指摘されると嫌なのです。だから、自分を防衛したい、みんなの前で恥をかきたくないという思いが出て最初のうちは苦労するのです。

　実は、ひとりでトレードするときにも、「結果」という形でマーケットから指摘をされています。「損失」は、みんなに指摘されている以上に辛い結果です。しかし、ひとりでトレードをするときには、その指摘に対しては目をつむり、受け止めようとはしないのです。だからこそ、大勢の前でトレーニングをすると、皆さんが考える以上に大きな成果が得られるのです。

この公開トレードでは、うまくトレードすると、皆さんから賞賛の声が上がります。それはものすごい自信になるようです。たまたまそのときのマーケットの状況などもあるのですが、やはり結果が良いと自信につながります。

　しかし、私はただ儲かっただけでは褒めません。きちんとした理由があって、ルールに則って正当に利益を上げた場合は、心の底から賞賛します。逆に、ルールが間違っているのに、たまたまマーケットの流れにあって利益が出た場合は、間違いを指摘するだけで褒めません。大切なのは、**客観的に決められたルールを適用して、状況判断をしながら、それを執行すること**なのです。

　ですから、正しい判断をしているのに、結果としてロスカットになってしまったときは、「ナイスロスカット」と言って賞賛します。ロスカットはトレードをする限りは避けて通れない出来事です。それを小さく効果的に終わらせるというのはとても大切なことなのです。

　トレードをしている限り、「勝ち」「負け」の両方が必ず起こりえます。いつまでも勝ち続けるということはありません。ですから、両方を受け入れ、「勝ち」の比率を高め、「負け」を小さくし続けることが、大きくお金を増やして行くのに必要な条件となります。

　皆さんも、ぜひともトレード仲間を作って、みんなでトレードをして、みんなで指摘しあってみてください。その効果のほどに驚かれることと思います。

～第7節～
メンタルが確立すると

　メンタルによる心の揺さぶりが少なくなると、以降で紹介するようなメリットが生まれてきます。

1）正しいトレードができる

　メンタルがブレにくい状態になり、しっかりと確立してくると、正しいトレードができるようになります。正しいトレードができるということは、安定的に残高が増えていくことを意味します。それは、同時に、メンタルがブレにくい状況であるとも言えます。ポジティブなスパイラルが生まれるのです。
　この状況になると、「揺らがない」「見通しが曇らない」「恐れない」「迷わない」「変なことをしない」という、ネガティブな状況を作る要因が減少します。結果として、トレードがとても良い状態で安定します。
　最初の段階で見られるような「なんでこんな変なことをしたんだろう」は、ほぼなくなります。
　私自身も、実はまだこの境地にたどり着いてはいません。変なことをしてしまうときはやっぱりあります。だからこそ、「ブレない正しいトレード」を目指すべきだと思っています。

2）柔軟性が生まれる

　メンタルが確立して、トレード上級者になると、トレードに柔軟性が生まれてきます。突発的な何かが起こると、通常はメンタルがブレて変なことをしてしまうのですが、受容力ができている状態になっていると、突発的な出来事があっても冷静に捉えることができます。客観的に判断してから対応できるのです。

　例えば、ロスカットする間もなく、急激に下がったとしたら、普通はあたふたします。でも、本当に大事なのは「そこからどうするのか」なのです。下がった後にどうするか、です。実際問題、下がるまでが一瞬の急激な動きだったら、ロスカットルールでも間に合わないことはあります。この場合は、仕方がないと割り切ることと、損失を最小限に抑える対策を取ることが必要なのです。急激な動きの影響を受け、ブレている場合ではないのです。「今どうする」が大事で、下がったものは仕方がないと客観的に受け入れるしかないのです。

　もちろん、受け入れた後には、「これは一時的に下がったのか」「何か要因があって下がったのか」を調べないといけません。例えば、「指標発表の時間を忘れてた！！」ということもあるでしょう。一時的なニュースではなく「アメリカ経済が構造的に悪くなっていきそうだ」と思うような内容が出て下がった場合には、今後も継続的に下がっていきそうなのかを判断しなくてはいけないのです。下がった材料を探しに行くのです。

　材料が何もなかったり、材料が継続的なものでないときには、一時的に大きく動かした投資家がいただけの可能性があるので、その後、戻ることが多いです。私が教えているセオリーでは基本的にはナンピンを入れることはお勧めしていませんが、もし、ナンピンをするとしたら、こういう何も材料がないのに下がった（上がった）ときです。

　しかし、普通の人はそういう状況では、うろたえるだけで、慌てて

ロスカットしてしまいます。ロスカットするだけましかもしれませんが、突発的に下がった一番低い価格帯でロスカットしてしまうのは、実は収益的にもメンタル的にも傷が最も深くなるのです。

変化への対応スピードと臨機応変。これがトレードを続けていくときに求められる能力になります。そのときに取るべき最良の行動ができるからです。これこそ裁量トレードの醍醐味です。

なお、この「柔軟性が生まれる」については、あくまでも上級者限定の話になります。初心者の方は、ナンピンなどはせずに、エントリーの根拠がなくなったら損切りすることを徹底してください。ルールを守ることで経験値を溜めることに専念し、上級者を目指してほしいと思います。

3）自己革新が加速する

　トレードをやっていると「最近、変わりましたね」などと言われることが多くなります。どんな結果もありのまま受け入れることによって精神的に成長するからだと思います。人は、必然性を受け入れた瞬間に、裏の理由を探そうとします。「何でこんなことが起こったのか」と探していくようになるのです。

　これはトレードだけの話ではありません。例えば、私、先日寝坊してしまいました。着替えて準備してすぐに出かけたとしても、どう考えても間に合わない状況でした。絶対遅れてはいけないと思っているアポイントなのに、なぜ遅れるのかなと思ったのですが、これも必然なのだと受け入れることから始めてみました。

　「どうして遅れるようになってしまったのだろう」とそのときはわからないのですが、仕方がないので最大限の努力をします。「遅れて

すみません」と言って、現場に行きました。そしたらそのときに限って、待ち合わせの人も遅れているようでした。「急がなくてもよい状況だったのか」と理解できるわけです。

当時は猛暑日でしたので、時間通りに行っていたら、暑いところでずっと待つことになるところでした。不思議な話ではありますが、「相手が遅れる」ことを誰かが私に教えてくれたように、私にもそういう状況（寝坊）が起こったのです。本当にありがたいことです。

このように理由に気づいたら、必ずそれに「感謝する」ことが大切です。感謝をすると、それを受け止めてくれて、また教えてくれるようになるから、さらに不思議です。

何かが起こって、その理由がわかるまでには時間がかかるかもしれません。でも、そうやって考えることを癖にしていると、理解できるタイミングも早くなっていきます。どんな状況が起こってもブレなくなり、受け入れることができる度量の大きさを身に付けられます。そういう心持ちが、さらに自己革新・成長を加速していくのです。

4）「超客観的」な心理状態になれる

メンタルが確立していくと、ある状態にたどり着くと考えています。これは理想的な状態です。その状態を一言で表せば、「ブレない不動心」です。どんな状況でも揺るがない心です。出来事を受け入れて、その意味を知り、そのメッセージを受け入れていく境地です。ここを目指して、日々のトレーニングを積み重ねてほしいと思います。

私は、トレードを通じて、不動心を極めることができたら、本当に悟れると思っています。これは確信に近いです。エゴと正面から向き合い、それを克服していくからです。本当に悟りたいと思うならば、お寺などに行くよりも、トレードしたほうがよいと真剣に思っています。

客観的であることを追求した結果、「超客観的」という状態を実現できたら、仏教的に言えば、人生の目的の達成のようなものだと思います。私も今、そこを目指して日々、トレードに取り組んでいます。

　超客観的のステージにたどり着いたときには、お金は自然に増えてしまっていると思います。なぜなら、稼ぎたいと思う欲望を前面に出しつつ、それに負けないようにメンタルのトレーニングを積んで到達する場所だと思うからです。

　この状態になれば、好きなときにいつでも稼げますから、おそらくお金が欲しいなどと思わなくなるでしょう。マーケットが動いていて、PCかスマホがあればいつでもお金を手にできます。無駄な心配事はなくなると思います。

～第8節～
スランプについて

　最後に誰にでも起こることなのに、トレーダーのほとんどの人が認識していない「スランプ」についてお話ししたいと思います。

　スランプは誰にでも起こりえます。しかし、「(それが)なぜ起こるのか？」「どうやったら早くそこから抜け出すことができるのか」について明確に解明している人はまだいないのではないでしょうか？
　これは、とても根の深い問題です。事実、トレードにおいてもスランプ克服は、継続的に勝ち続けて資産を成長させていくにあたって取り組まなければいけない大切な問題です。

　さて、何度かお話しさせていただいている通り、普段は勝っているトレーダーが、継続的にロスカットとなり、勝てなくなることがあります。それには大きく3つの理由が考えられます。

①エントリールールを守っていない
②エントリールールは守っているが、状況的に勝負するべきときではないときに勝負している
③ルールも正しく、状況も適切だが、自分自身がスランプに陥っている

　①と②は、「判断と執行」のところで、解決できる問題です。しかし、

③のスランプは一筋縄ではいきません。

　メジャーリーガーのイチロー選手がしばらくヒットを打てなくなっていたら、ほとんどの人は「スランプですね」と言うと思います。誰も、「イチロー選手は野球が下手になりましたね」とは、言わないはずです。でも、自分がトレードをやっていて損をすると「下手になった」とか、「この手法がダメ」だとか、自分や他人（もしくは手法）を責めるのです。継続的に勝つ力がついている人でも、驚くほど皆さんそのように考えます。自分にスランプが訪れるとは想像しないようです。
　しかし、どのようなレベルのトレーダーにも必ずスランプは訪れます。マーケットに変動があるように、あなたの「当たり具合」「当たる確率」も変動するものなのです。

　当たり具合にも波があること、さらに、自分にもスランプが起こることを知っていれば、そういう状況が起こったときに対処できます。そのことを知っているのと知らないのは大きな差になります。

　私の手法を伝えた方々へのヒアリングによると、平均で約7割の勝率が出ております。勝率が7割ということは、大体2勝1敗以上の確率です。3回トレードしたら2回は勝つわけです。ということは、2回連続ロスカットになったら、「何かおかしいぞ」と思わなければなりません。
　トレードをしていて2回、多くても3回続けて負けたら、しばらくトレードをするのをやめて、なぜ負けているのかを冷静に考える時間を持ってほしいと思います。ちなみに、私は、弟子たちに対して「3回目もロスカットになったら、もうその日はトレードはやめましょう」と伝えています。

もしも、2回連続でロスカットになったら、上記の3つの可能性を疑ってください。そして3つのうちどれが原因だったかを特定してください。

　ルールが間違っていたのであれば、それを正して、翌日以降、気分をリフレッシュしてから、あらためてルールを意識して再開するといいでしょう。

　ルールは合っていたのに、相場の状況判断が誤っていたのであれば、「トレンドが明確に出るまで」とか、「上（下）に上昇（下落）を妨げるものがなくなる」まで待ちましょう。そして、「適切な状況」になったときに、トレードルールを駆使して成績を作っていきましょう。

　そして、もしスランプだとしたら、スランプを治しましょう。スランプを治すといっても、実はとても難しいことです。明確なマニュアルが存在しないからです。

　そもそも、スランプが起こってしまう原因は何でしょうか。マーケットと自分には、それぞれ波長のようなものがあります。基本的にはマーケットの波長に自分を合わせていくものなので、それがうまくいっているときはトレードルール通りにトレードしていれば勝てます。

　しかし、何かのきっかけで、マーケットと自分の波長がズレてくると、途端に勝てなくなります。そのズレによって、今までと同じように客観的な判断をしているつもりでも、人から見たら全然違うことをしていたり、理由は合っているのにマーケットがその通りに動かないことが起こります。客観的な判断をして、客観的な理由があってトレードしているつもりでも、なぜか解釈するところが違ったりするのです。本当に不思議です。なぜそんなことが起こるのかは明確に解説できません。

　大事なのは、スランプが自分にも起こり得ることを知ることです。そのうえで「自分は今、スランプ状態にある」と認識できたら、次はスランプを克服していくことなのです。

スランプだと認識したときには、「トレードをやらないで休む」ことです。個人投資家の最大の強みは、「休むことができる」ことにあります。調子の悪いときに無理して、自分の大切な資産をリスクにさらす必要はないのです。

その次はスランプを克服します。スランプからの脱出方法は、人によって違います。ある意味、そこがトレーダーや投資家の秘伝でもあると思います。資産を減らさない（＝資産を増やすように）ように、勝負をどう組み上げていくのかがトレードです。ということは、スランプからの早い脱出は、投資家にはとても重要なノウハウであると言えます。

以下では、そのスランプの治し方について、お話ししていきたいと思います。

【スランプの治し方の３ステップ】
ステップ１：本口座でのトレードをやめて、気分転換をする
ステップ２：デモ口座にして、勝率の回復を目指す
ステップ３：勝率の回復を待てない場合は、荒療治をする

それぞれ解説していきます。

ステップ１：本口座でのトレードをやめて、気分転換をする
　基本的には、「トレードをしない」に限ります。マーケットを見ていると、ウズウズしてきて、ついついスランプなのにいつもの気分でトレードをしたくなりますが、それは禁物です。スランプ中にトレードすれば負けます。ここはじっと我慢です。
　最初のうちは、徹底的に気分転換をすることに注力してください。完全に気持ちをリセットすることが望ましいです。

ステップ２：デモ口座にして、勝率の回復を目指す

　気分転換ができたと思ったら、徐々にデモ口座で試しトレードをし始めます。勝率がもとに戻らなければ、デモ口座のトレードもやめて、さらに気分転換に努めます。これを繰り返して、勝率が戻ってくるのを待つしかありません。

　スランプのときに、無理に本口座でのトレードをしてしまうと、いたずらに資産残高を減らしてしまうだけとなります。本当に注意してください。

　スランプは誰にでも起こることなので、自信をなくさないでほしいと思います。あなたが下手になったわけでも、実力がないわけでもありません。トレードの能力はあるにもかかわらず、スランプという病気にかかっているだけなのです。スランプと自らの実力は、分けて考えることが重要です。

ステップ３：勝率の回復を待てない場合は、荒療治をする

　仕事で投資を行っているトレーダー、ディーラー、ファンドマネジャーの方々は、皆さん独自の荒療治法を持っています。その一部をご紹介いたします。

　彼らは仕事で毎日毎日投資判断をしなくてはいけませんから、「今日、私はスランプなので仕事しません」とは言えません。スランプを長く引きずるわけにはいかないのです。ですから、スランプを強制的に直してしまう方法を持っています。

　ファンドマネジャー時代の師匠がそうでした。彼は、人の当たり外れを利用して儲けることがとても上手な方でした。彼は、「この人の推奨したものは値上がりする」とか、「この人が推奨したものは必ず下がる」といった、みんなの当たり具合を統計データにしていました。「お前、今当たっているから、思いついた銘柄を全部言え！！」と言って、特に深く調べもせずに買ったとしても、本当にその後、値上がり

していくのです。
　逆に、外れている人にも、同じように銘柄をいくつか言わせて、それらを空売りします。すると、儲かるのです。

　スランプ脱出の手がかりとしてほしいのは、この師匠の後者のやり方です。スランプの状態となって、どれだけ気分転換しても元に戻らないとか、元に戻るまで待っている時間がないようなときは、自らの投資判断と逆の行動をとってみると、意外とすぐに治ることが多いのです。どう見ても1時間足が上方向に推移していて、5分足で買いサインが出ているのに、思い切って「売り」を入れる。普通の感覚ではとても怖いことですし、はっきり言って「売り」のボタンを押すことに心理的な抵抗はあります。しかし、絶対に正しい買い判断をしているはずなのに、なぜかそういうときは下がっていって利益が出てしまうのです。
　なぜそうなるのか、正直なところ、まったくわかりません。説明が成り立ちません。しかし、きっちりと下がるのです。これがスランプのときの摩訶不思議な現象なのです。

　投資判断と逆の行動をするのは、ある意味、荒療治です。でも、この荒療治をやってみると、スランプから早く立ち直りやすいのです。それはなぜか。私なりに考えてみたところ、荒療治することでメンタルに『ねじれ』のような負荷がかかり、それが薬となって早く矯正されるのではないかと……。
　どういう状況かと言いますと、「儲かったから嬉しいのですが、思ったのと逆をやって儲かっているので悔しい」のです。そう、結果と感情がねじれている状況なのです。
　メンタルがねじられるような感じになって、それを続けていくと、徐々に当たり始めてきます。つまり、思ったのと逆をやっていると、

徐々に損をするようになってくるわけです。「買い」のサインで「売る」ので、ある意味、当たり前です。そういう状況になったということは、少しずつ当たり具合が戻り始めているのです。

こうなると、私たちのメンタルは「本来の投資判断と同じ方向に動いてくれたので、スランプの治る兆しが見えて嬉しいが、デモ口座では損をしているので、これもまた面白くない」という状況になります。先ほどとは逆のねじれ関係ですが、このねじれによって、当たり具合が元に戻ってくるのです。そうなったら判断とアクションを元に戻せばよいのです。これは一例ですが、完全にマーケットのリズムとずれてしまったときには、あえて逆を試してみると、思ったよりも早くスランプを克服できたりします。

一般的にストレスをかかえると、人間はプラス帯電をするらしいです。そうなると、マイナスのモノに触れたくなるようです。マイナスに触れると放電して、リセットされるので、リフレッシュされるわけです。陰と陽で言えば、「陰」のモノに触れるようにするのがコツのようです。

世間一般によく語られているリフレッシュ方法は、突き詰めると、「マイナスのモノに触れること」になります。

例えば、マイナスイオンを浴びに滝に行くなどは、その典型です。サーファーは海に浸かっているからプラスの電気であるストレスを抱え込みにくいらしいです。土もそうです。基本的に土を触っていると放電するので家庭菜園などを持っている人にはストレスを解消するのが上手な人が多いそうです。

女性は元がマイナス帯電なので、女性とお話ししたりすると、一応、ストレスが抜けることになっています。男性で精力的に仕事をしている人たちが、夜な夜な銀座や六本木などに向かうのは、女性との交流を求めてストレスを解消し、翌日からも正しく判断できるようにする

ための行動なのかもしれません。

　最近では、仕事で活躍されている女性も多いです。ですから、女子会の開催が増えているのではないかと、私は分析しています。ストレスを抱えてプラス帯電した結果、女性が女性を求めているわけです。

　このように考えれば、スランプに陥ったときの気分転換には、マイナス（癒し）を得られるものに触れに行くのがよいということになります。私が行っている方法で一番簡単なのは、風呂に大量の塩を入れて擬似海水を作ってそこに浸かることです。もちろん、通常のお風呂の温度に沸かして塩を入れて入るだけです。母なる海の癒し効果で気分はリフレッシュされますし、塩水により心身ともに浄化されます。

　私は、ストレスが原因でスランプが起こっているのではないかという仮説を持っています。トレードを続けていること自体がストレスになったり、ロスカットに耐えている状態が積み重なることでストレスが蓄積された結果、プラス帯電してしまい、スランプに陥るのではないかと考えています。ストレスを抱えた状態では、客観的で冷静な判断を下すのは難しいです。結果として、マーケットと自分のリズムがずれてしまうのです。

　プロのトレーダーやディーラーの方々が集まると、「いくら儲けた」とか、「何が儲かる」という話は手の内を明かすことになるのであまりしませんが、気分転換の仕方など、癒しを得られるような情報交換はよくあります。それを聞いておりますと、皆さん本当にいろいろな方法で気分転換をして、毎日マーケットに向かっていると感心させられます。

　スランプの治し方、すなわち、ストレスを解消する方法は、その人によって千差万別です。読者の皆さんにも、自身が最も効果を感じられる気分転換（ストレス解消）方法を見つけて、トレード生活にも導

入してほしいと思います。そして、私に会う機会がありましたら、そのノウハウを共有させてもらえたらうれしいです。

　「この方法が駄目なら別の方法を試す」という作業を繰り返しながら、プロの投資家さんたちは、一早いスランプからの脱出を実現しています。儲けるためのトレード手法などよりも、メンタルの調整の仕方のほうがどれだけ価値があるかは、熟練してくるほどに実感します。だからこそ、そういうことを意見交換できる仲間を作っていくことも大切になります。仲間たちからの情報は英知の結集です。あなたのトレード成績を向上させる触媒になると思います。

　スランプについて、そして、スランプの治し方についてお話ししてまいりました。スランプの解消も、メンタルを考えるうえで欠かせない取り組みであると理解してもらえたら幸いです。

第7章 事実を見てから動く FXトレード 実例紹介

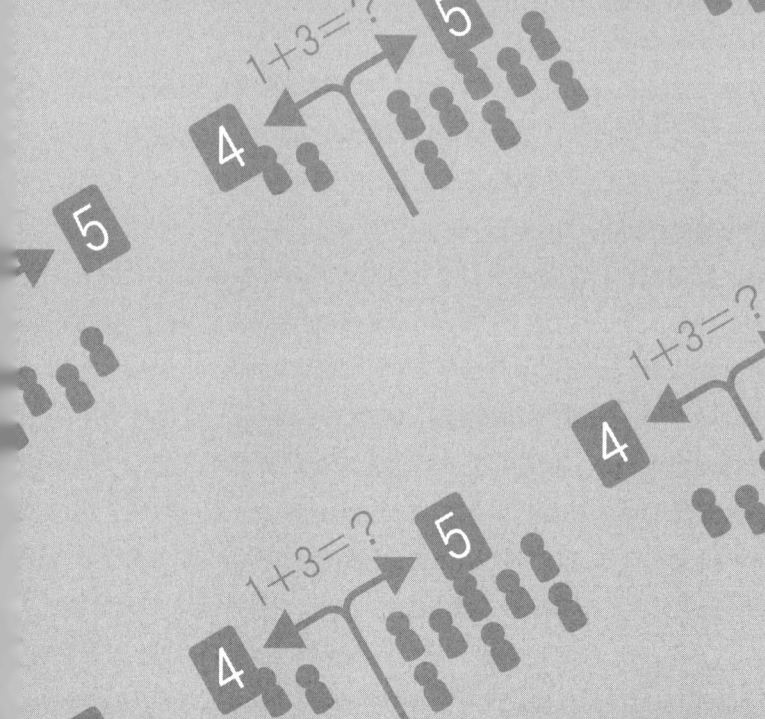

～第1節～
ここまでのおさらい（チェック項目）

　ここからは、今までお話ししてきたことの「まとめ」として、実例を紹介していきます。

　右ページに表記したものは、エントリーするときのチェック項目です。
　再三お話ししてきたように、主観を排除して、客観的に事実を見ることがトレードにとって大切になります。
　客観的に物事を見つめるには、自問自答するのが一番です。右ページにチェック項目を載せた理由は"そこ"にあります。このチェック項目を自分で自分に質問して、ひとつずつチェックする癖をつけてください。

　右ページのチェック項目を確認することは、イコール、「今、目の前で何が起こっているのか」を客観的に見ることにつながります。目の前の事実をありのまま受け入れて、エントリーすべきかどうかの判断を下してください。そして、判断したならば、淡々と、かつ、粛々と執行してください。

【トレンド確認】
①1時間足の10MAの向きはどうか？
②1時間足のボリンジャーバンドの1σを超えているかどうか？

【エントリータイミング】
①今、以下のエントリータイミングのうち、どのパターンになりそうか？
　・MA反発
　・MAブレイク
　・水平線反発
　・トレンドライン反発
　・高値超え
　・安値割れ
　・一目均衡表の雲超え
　・一目均衡表の雲割れ
　・トレンドラインブレイク
　・ペナントブレイク
②近い時間に指標発表などはないか？
③エントリー後の妨げになるものはないか？

【エントリー後】
①損切りはどこか？
②利食いはどこでするか？
③トレンドの方向が変わるとき（1時間足の10MAがフラットになるとき）はどういう状況になったときか？

～第２節～
実例紹介　その１

　主観を排除して、客観的に事実を把握するため、チェック項目に従って確認していきます。チャートを見た時点が次ページの「５分足　その１」のAとします。

●

【トレンド把握】
　１時間足（次ページ下）を見ると、10MA が上向きで、ボリンジャーバンドの１σも超えています。客観的に見て、上向きのトレンドが発生していると判断できます。狙いは買いです。

【エントリータイミング】
　「５分足　その１」を見ると、10MA も 20MA も上を向いています。ロウソク足は、ボリンジャーバンドの２σにタッチした後、少し下がってきています。
　現状、どのエントリールールが機能しそうか、考えてみましょう。
　まずは **10MA 反発** か、**20MA 反発** が機能しそうです。ここで反発しないで移動平均線を割り込んだ場合は、その後に **MA ブレイク** も考えられます。もしくは、①のラインを超えたところも **高値超え** のエントリーとして考えられます。このように、いくつかのパターンを想定しておきます。
　実際は、その後、10MA で反発しました（215 ページの５分足　そ

◆5分足　その1

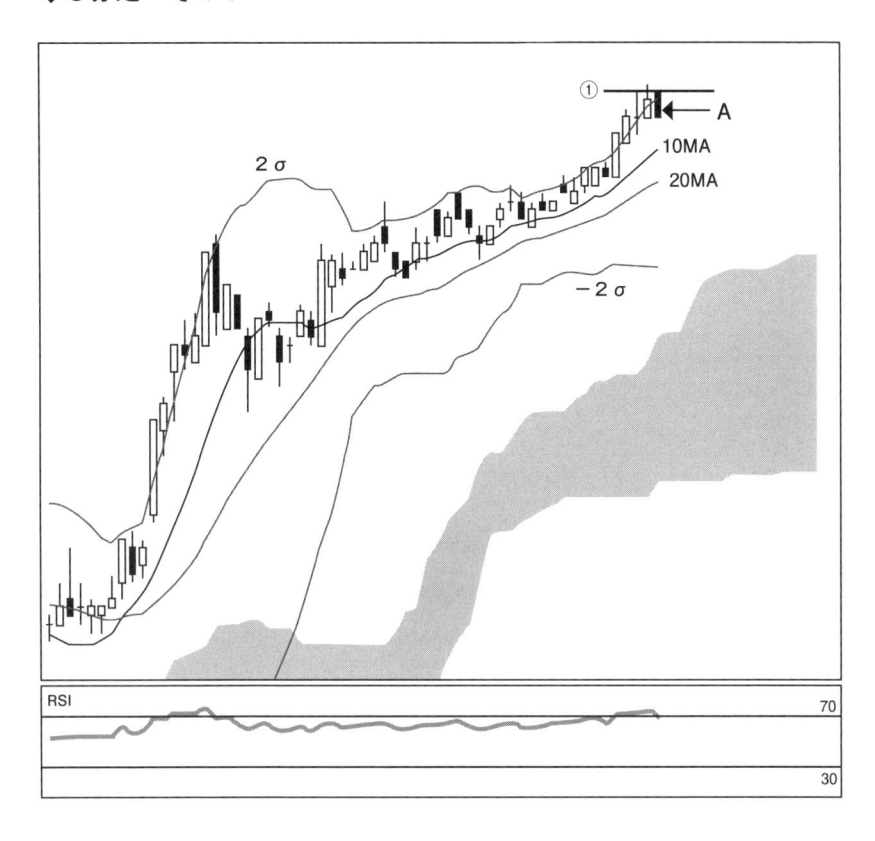

◆1時間足

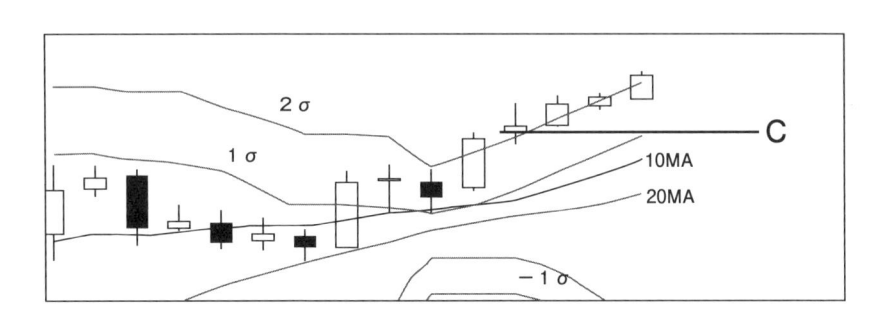

の2のB)。客観的な事実として、MA反発のパターン(買いサイン)だと判断できます。

①のロウソク足の高値で上げ止まる可能性はありますが、水平線や一目均衡表の雲など、上方向に邪魔になるようなものもありませんので、「買い」を執行する場面です。

【エントリー後の想定】

10MA反発を根拠にエントリーしたので、10MAを割ったら損切りです。

利食いについては、積極的に行くならば、ボリンジャーバンドの2σを大きくはみ出したとき、もしくはRSIが下向きになったときで考えます。消極的に行くなら、ロウソク足が上に伸び、その後、10MAを割ったときです。

最後に、どこまでなら買いが許されるのかも考えます。このケースでは1時間足の「C」のロウソク足を割ると10MAがフラットになりそうです。

さらに、1時間足がフラットになるレートは5分足でいうとどのあたりになるのかもチェックします。この作業をすると、他のテクニカル指標と併せて見ることで、「どのくらい下まで買いサインの出る可能性があるのか」を把握できます。

●

その後の動きはチャート(次ページの5分足 その3)を見るとわかるように、思惑通り、上に伸びていきました。

◆5分足　その2

◆5分足　その3

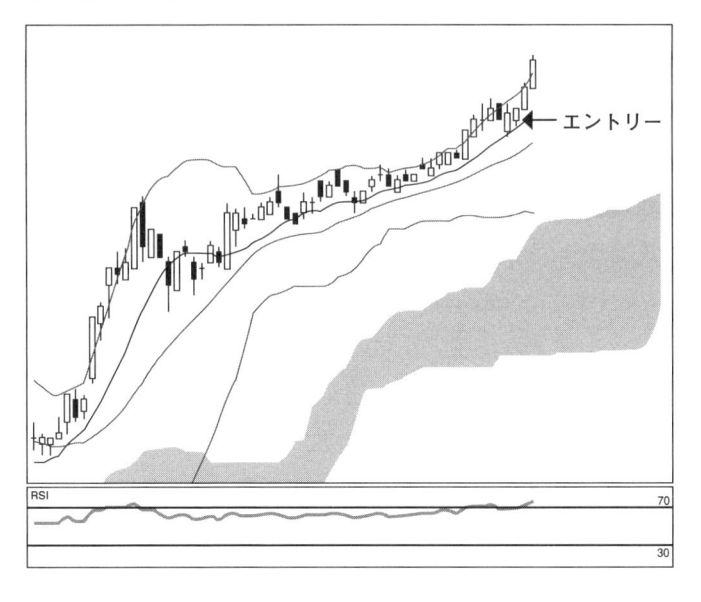

~第3節~
実例紹介　その2

　この実例でも、客観的な事実を把握するため、チェック項目に従って確認していきます。チャートを見た時点が次ページの「5分足　その1」のAとします。

●

【トレンド把握】
　1時間足（次ページ下）を見ると、10MAが上向きになっています。ボリンジャーバンドを見ると、1σを超えています。狙いは買いです。

【エントリータイミング】
　「5分足　その1」を見ると、ボリンジャーバンドの－2σにタッチしたあとでレートが上昇しています。移動平均線は10MAも、20MAも下向きです。
　この現状で、どのエントリールールが機能しそうか、考えてみます。
　まず、このままレートが上昇すれば**10MAをブレイク**します。10MAをブレイクすれば、**20MAブレイク**も考えられます。
　この場合、10MAを超えた時点で「買い」なので、そこでエントリーしても良いのですが、すぐ上にある20MAが抵抗線になって反落してしまうリスクが考えられます。こういう状況のときは、10MAブレイクではなく、20MAブレイクを待ってからエントリーしたほうがうまくいく確率が高くなります。

◆5分足 その1

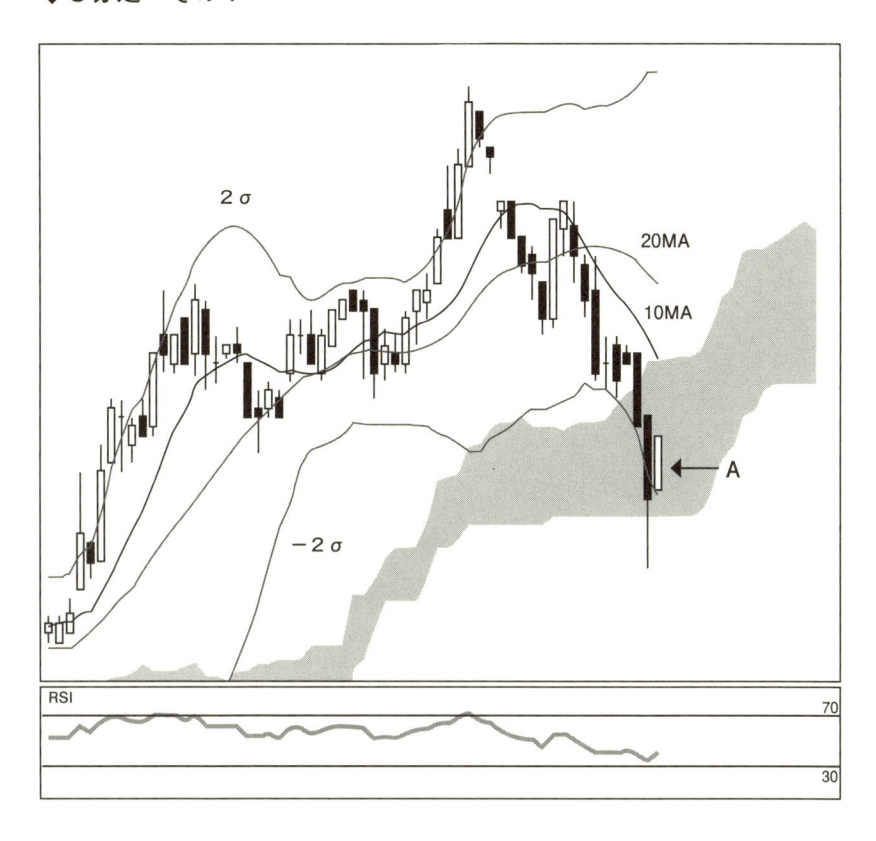

◆1時間足

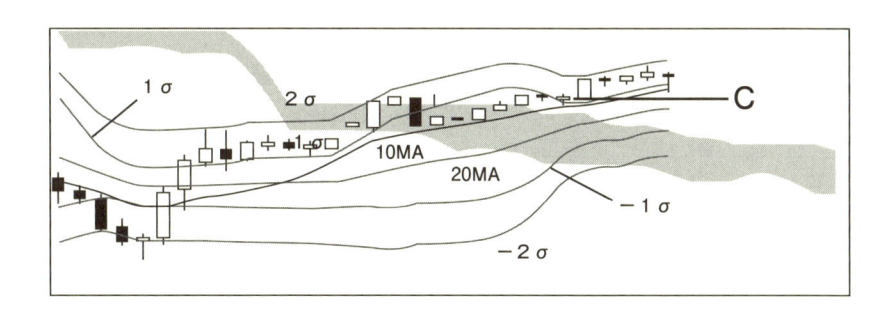

その後は、次ページのチャート（5分足　その2）のように、10MAをブレイクしました（5分足　その2のB）。さらには、20MAも超えています。事前に想定したように、10MAだけでなく、20MAも超えたので「買い」の判断ができます。

実際にエントリー可能かどうかについても確認します。近い時間に指標発表等はありません。チャート的に見ても、①のロウソク足の高値で上げ止まる可能性はありますが、上方向に特に邪魔になるようなものは見当たりません。

【エントリー後の想定】
20MAブレイクでエントリーしているので、損切りは20MAを終値で下回ったときです。

利食いについては、積極的に行くなら、ボリンジャーバンドの2σを大きくはみ出したとき、もしくはRSIが下向きになったときです。消極的に行くなら、ロウソク足が上に伸び、その後、10MAを割ったときです。

さらに、どこまでなら買いが許されるのかも考えます。このケースでは1時間足の「C」のラインを割ると1時間足の10MAがフラットになりそうです。この状態になるまでは買い目線の判断ができます。なお、Cのラインのレートが5分足のどのあたりになるのかも確認しておきます。

●

その後の動きはチャート（次ページの5分足　その3）を見るとわかるように、エントリーした足を割ることなく、上に伸びていきました。

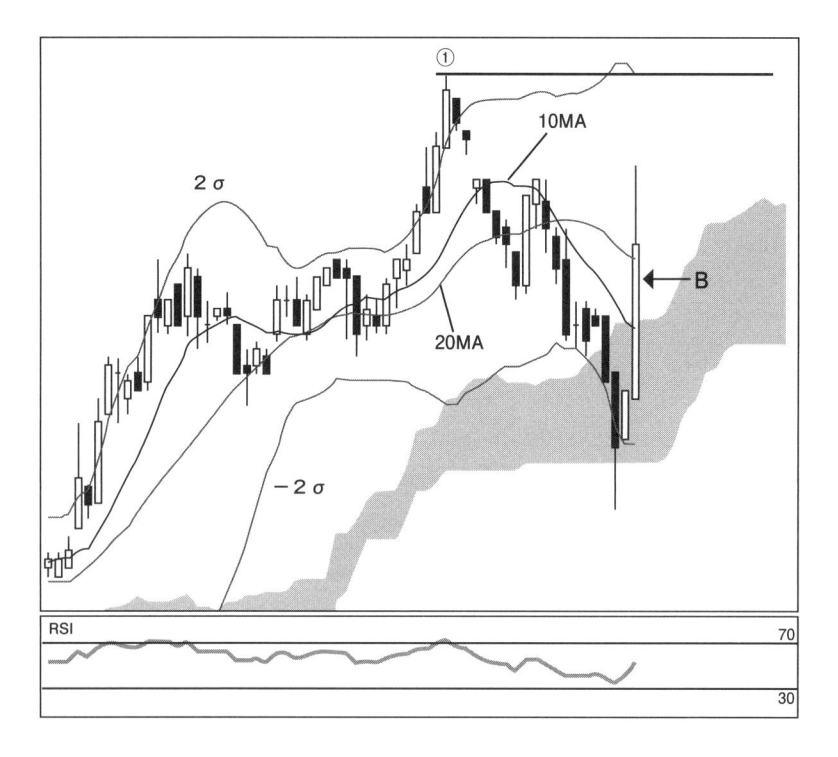

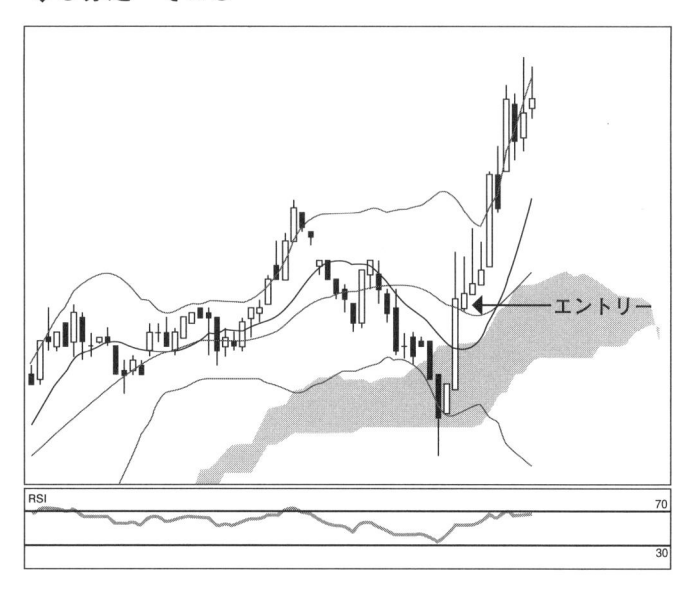

◆5分足　その2

◆5分足　その3

～第4節～
実例紹介　その3

　客観的に事実を把握するため、チェック項目に従って確認していきます。チャートを見た時点が次ページの「5分足　その1」のAとします。

●

【トレンド把握】
　1時間足（次ページ下）を見ると、10MAが下向きになっています。ボリンジャーバンドについては−1σを割っています。狙いは売りです。

【エントリータイミング】
　「5分足　その1」を見ると、ボリンジャーバンドの−2σにタッチしたあとでレートが上昇。10MAを超えて、再度、下げてきています。移動平均線は10MAも、20MAも下向きです。
　この現状で、どのエントリールールが機能しそうか、考えてみます。
　まずこのままレートが下降すれば**10MAをブレイク**します。それ以外のエントリーパターンは特に見当たりません。あえて挙げるなら、①のラインの安値ブレイクです。
　その後は、223ページのチャート（5分足　その2）のように、10MAを下にブレイクしました。売りサインです（5分足　その2のB）。
　実際にエントリー可能かどうかについても確認します。近い時間に

◆5分足　その1

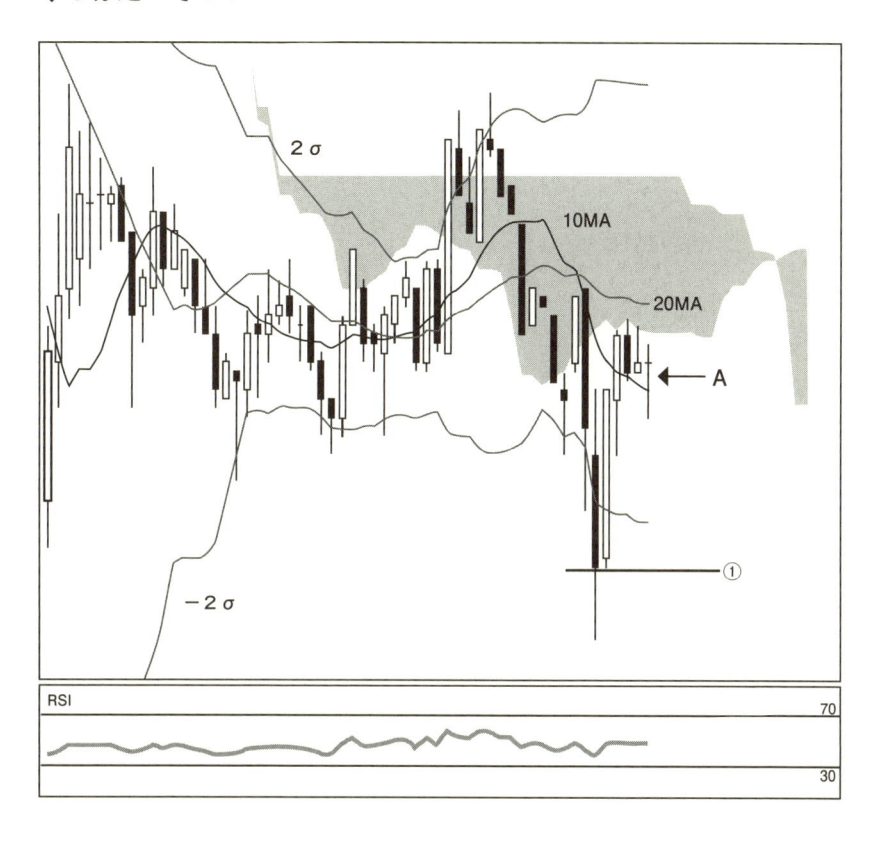

◆1時間足

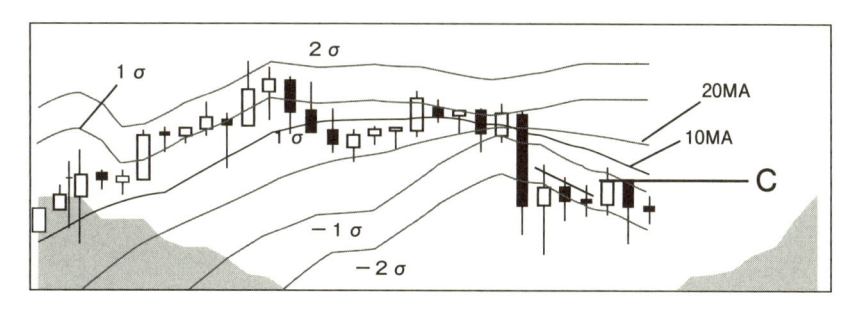

指標発表等はありません。チャート的に見ると、①のラインで下げ止まる可能性はありますが、下方向に特に邪魔になるようなものは見当たりません。

【エントリー後の想定】

　10MAの下ブレイクでエントリーしているので、損切りは10MAを終値で上抜けしたときです。

　利食いについては、積極的に行くなら、ボリンジャーバンドの−2σを大きくはみ出したとき、もしくはRSIが上向きになったときです。消極的に行くなら、ロウソク足が下に伸び、その後、10MAを超えたときです。

　さらに、どこまでなら売りが許されるのかも考えます。このケースでは１時間足の「Ｃ」のラインを上に抜けると１時間足の10MAがフラットになりそうです。この状態になるまでは売り目線の判断ができます。なお、１時間足のＣのラインのレートが５分足のどのあたりになるのかも確認しておきます。

●

　その後の動きはチャート（次ページの５分足　その３）を見るとわかるように、思惑通り、下に伸びていきました。

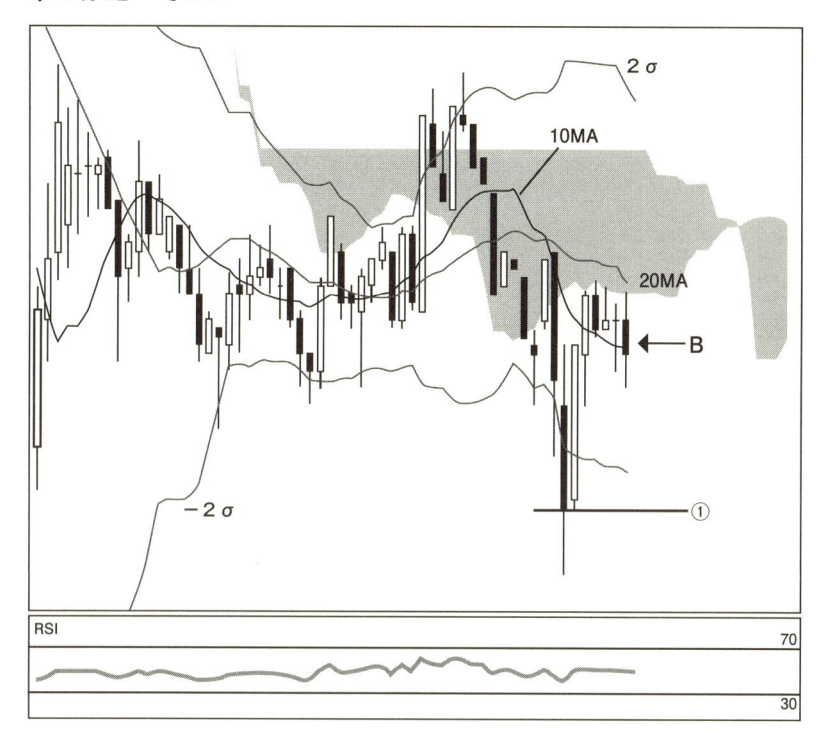

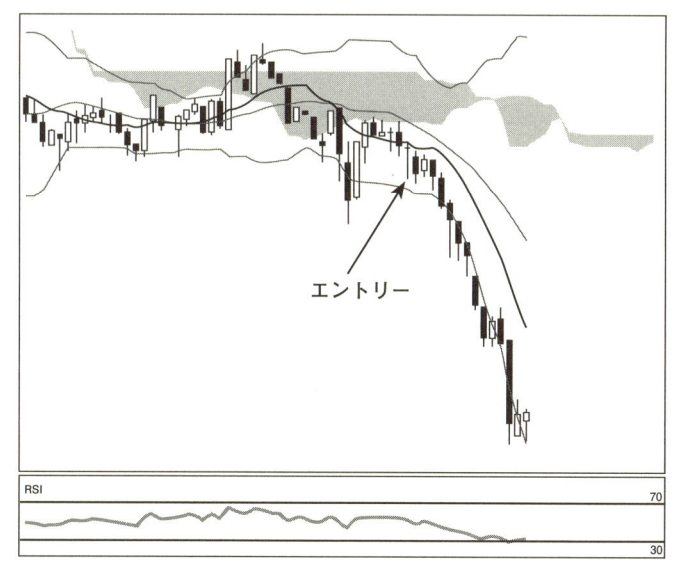

◆5分足　その2

5分足　その3

～第5節～
実例紹介　その4

　客観的に事実を把握するため、チェック項目に従って確認していきます。チャートを見た時点が次ページの「5分足　その1」のAとします。

●

【トレンド把握】
　1時間足（次ページ下）を見ると、10MAが上向きになっています。以上のことから、狙いは買いです。

【エントリータイミング】
　「5分足　その1」を見ると、ボリンジャーバンドの2σにタッチしたあとでレートが下降してきています。ただし、移動平均線は10MAも、20MAも上向きです。
　この現状で、どのエントリールールが機能しそうか、考えてみます。
　まずこのままレートが下降すれば**10MAでの反発**、もしくは、**20MA反発**が機能しそうです。反発しないで移動平均線を割り込んだ場合は、**MAブレイク**も考えられます。さらには、①のラインの**高値超え**も考えられます。
　その後は、227ページのチャート（5分足　その2）のように、10MAで反発しました。買いサインです（5分足　その2のB）。
　実際にエントリー可能かどうかについても確認します。近い時間に

◆5分足 その1

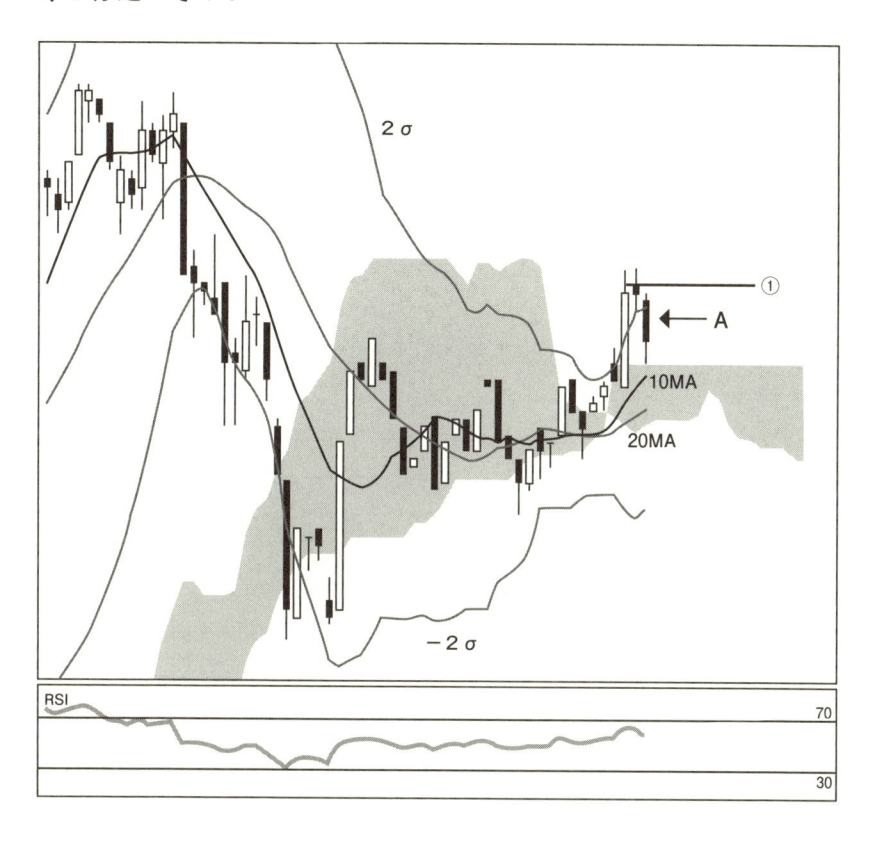

◆1時間足

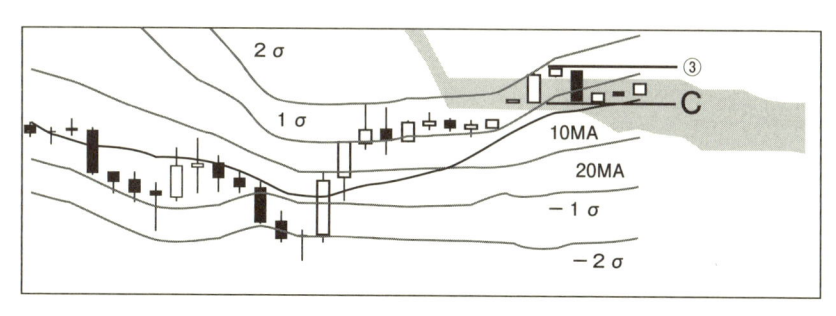

指標発表等はありません。チャート的に見ると、①のラインと②のラインで上げ止まる可能性があります。さらに、1時間足の③の高値（②と同じ水準）も抵抗線として機能していそうです。それ以外には、雲などの重い抵抗帯はありません。

【エントリー後の想定】
　10MAの反発でエントリーしているので、損切りは10MAを終値で下抜けしたときです。

　利食いについては、積極的に行くなら、ボリンジャーバンドの2σを大きくはみ出したとき、もしくはRSIが下向きになったときです。消極的に行くなら、ロウソク足が上に伸び、その後、10MAを割ったときです。

　さらに、どこまでなら買いが許されるのかも考えます。このケースでは1時間足の「C」のラインを割ると1時間足の10MAがフラットになりそうです。この状態になるまでは買い目線の判断ができます。なお、1時間足のCのラインのレートが5分足のどのあたりになるのかも確認しておきます。

●

　その後の動きはチャート（次ページの5分足　その3）を見るとわかるように、思惑通り、上に伸びていきました。

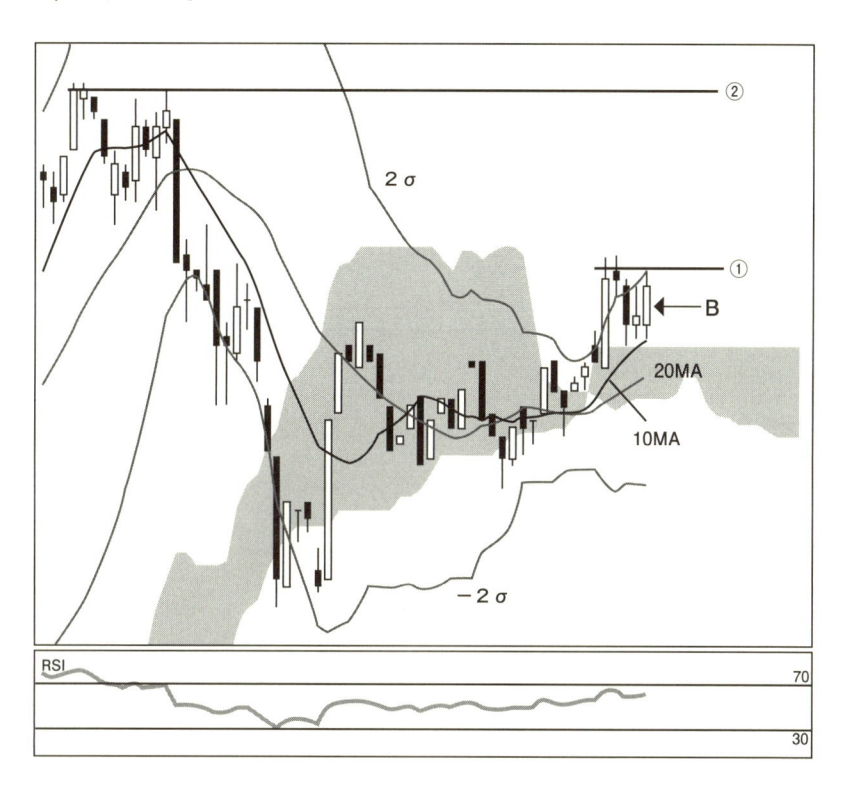

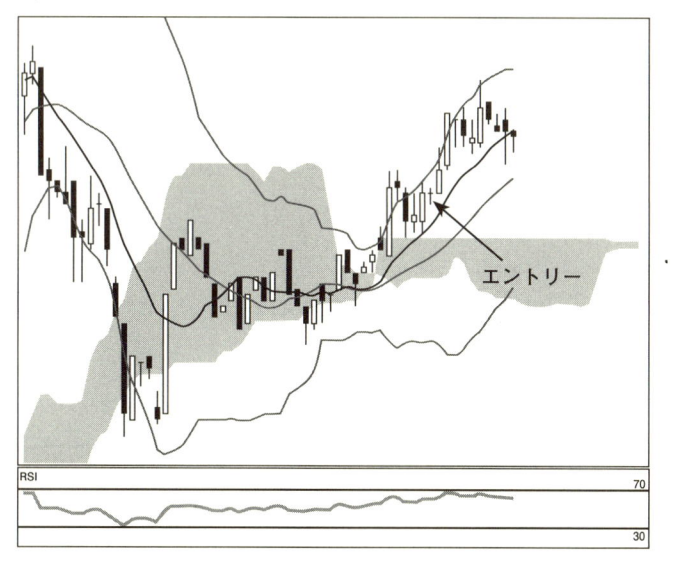

◆5分足　その2

◆5分足　その3

～第6節～
実例紹介　その5

　客観的に事実を把握するため、チェック項目に従って確認していきます。チャートを見た時点が次ページの「5分足　その1」のAとします。

●

【トレンド把握】
　1時間足（次ページ下）を見ると、10MAが上向きになっています。以上のことから、狙いは買いです。

【エントリータイミング】
　「5分足　その1」を見ると、10MAは上向きに反転したところで、20MAは下向きが止まりそうな気配と見てとれます。ロウソク足も移動平均線の上にあります。
　この現状で、どのエントリールールが機能しそうか、考えてみます。
　このままレートが上昇すれば**雲抜け**が考えられます。さらには、①のラインの**高値ブレイク**も考えられます。余談ですが、もう少し早くチャートを見ることができれば、10MAブレイクでのエントリーも可能でした。
　その後は、231ページのチャート（5分足　その2）のように、雲を大きく超えていきました。買いサインです（5分足　その2のB）。
　実際にエントリー可能かどうかについても確認します。近い時間に

◆5分足 その1

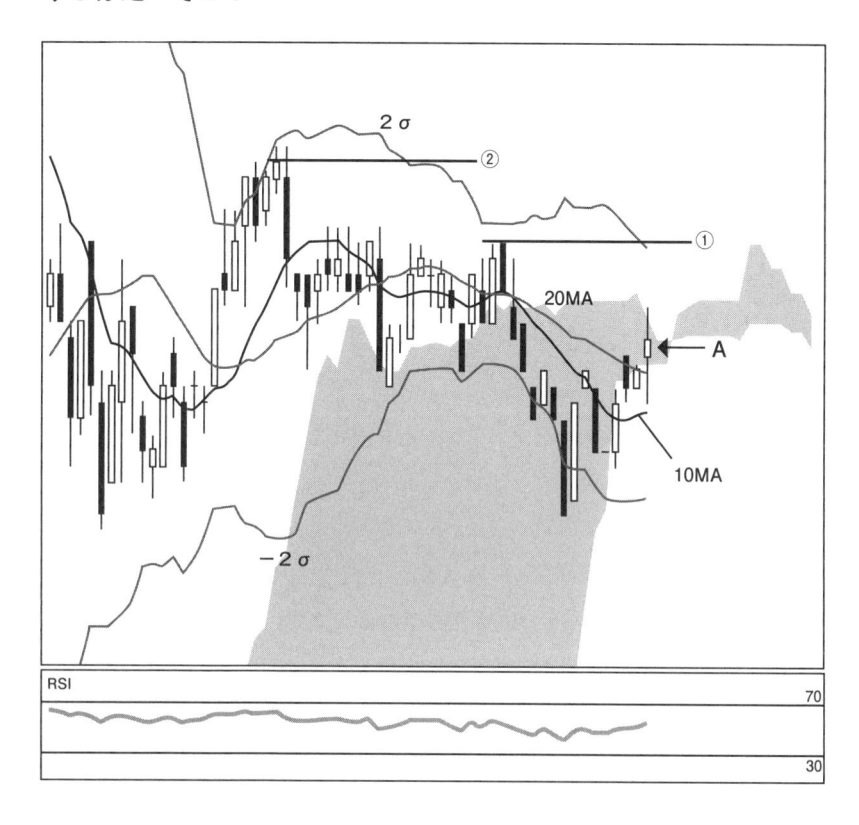

◆1時間足

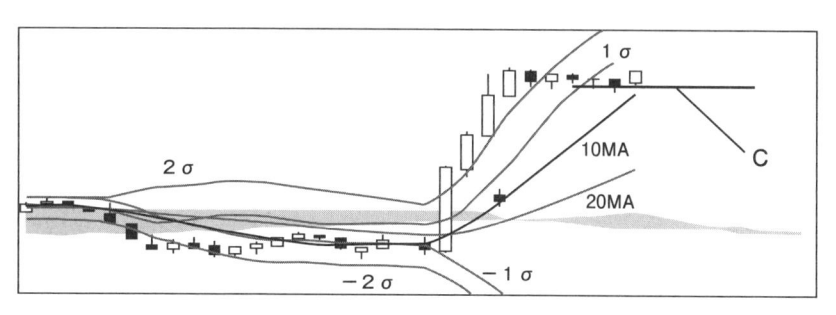

指標発表等はありません。チャート的に見ても、②の高値が気になる程度で、上方向に特に邪魔になるようなものは見当たりません。

【エントリー後の想定】
　雲抜けでエントリーしているので、損切りは終値で雲を下抜けしたときです。
　利食いについては、積極的に行くなら、ボリンジャーバンドの２σを大きくはみ出したとき、もしくはRSIが下向きになったときです。消極的に行くなら、ロウソク足が上に伸び、その後、10MAを割ったときです。
　さらに、どこまでなら買いが許されるのかも考えます。このケースでは１時間足のサポートライン（Ｃ）を割ると１時間足の10MAがフラットになりそうです。この状態になるまでは買い目線の判断ができます。なお、１時間足のＣのラインのレートが５分足のどのあたりになるのかも確認しておきます。

●

　その後の動きはチャート（次ページの５分足　その３）を見るとわかるように、エントリー後、一時的に下げましたが、10MAの反発も伴って上に伸びていきました。

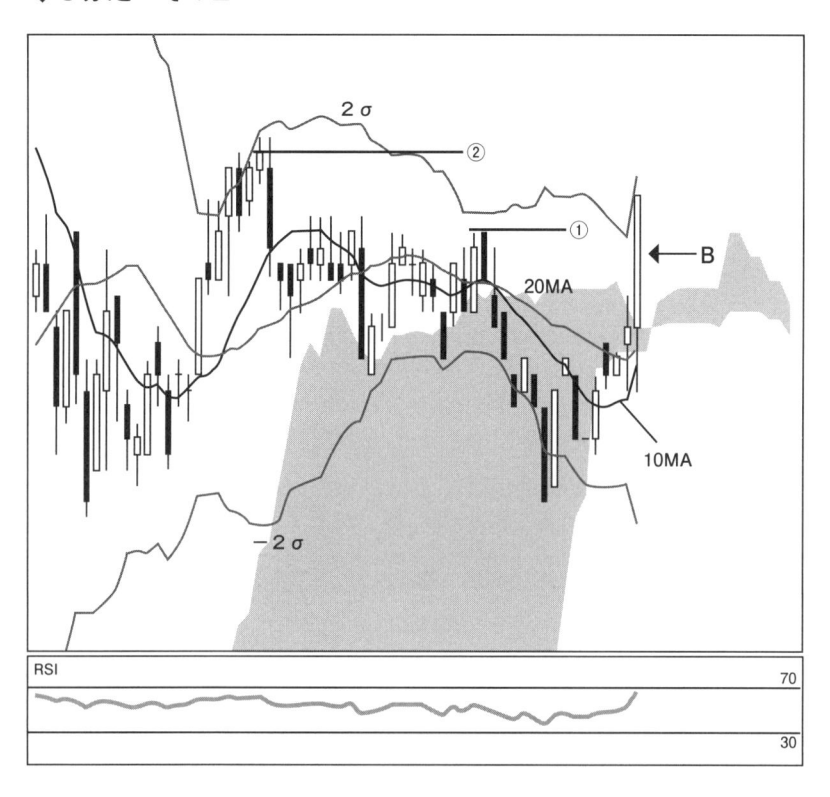

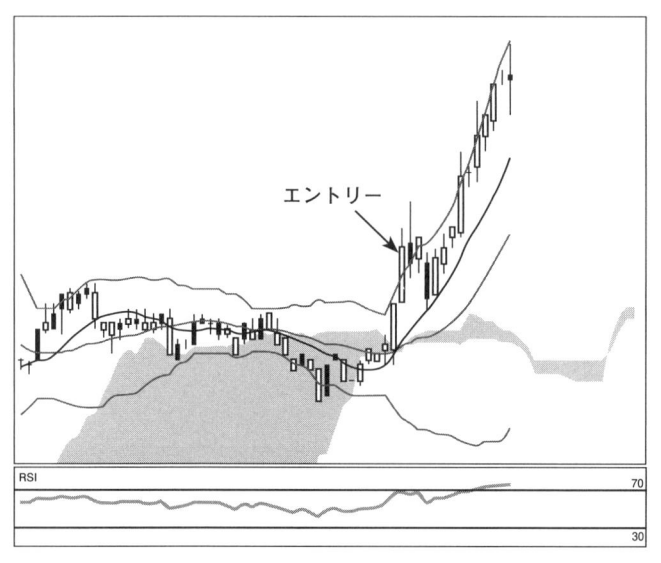

◆5分足　その2

◆5分足　その3

~第7節~
実例紹介　その6

　客観的に事実を把握するため、チェック項目に従って確認していきます。チャートを見た時点が次ページの「5分足　その1」のAとします。

●

【トレンド把握】
　1時間足（次ページ下）を見ると、10MAは上向き、20MAはやや上向きになっています。ボリンジャーバンドについては、1σを超えていませんが、10MAが上を向いているので狙いは買いです。

【エントリータイミング】
　「5分足　その1」を見ると、移動平均線の10MAは下向き、20MAは上向きになっています。買い目線ですので、この現状からは、**MAブレイク**のパターンが考えられます。
　その後、10MA、20MAの順でブレイクしていきます（235ページの5分足　その2のB）。このケースでは、10MAと20MAがほぼ同じくらいのレートなので、両方を超えてからエントリーするのが良いと思います。
　ただ、すぐ上に一目均衡表の雲があります。この雲が上に伸びる動きを抑える可能性が考えられます。
　以上のことを総合的に判断すると、買いのパターンではありますが、

◆5分足　その1

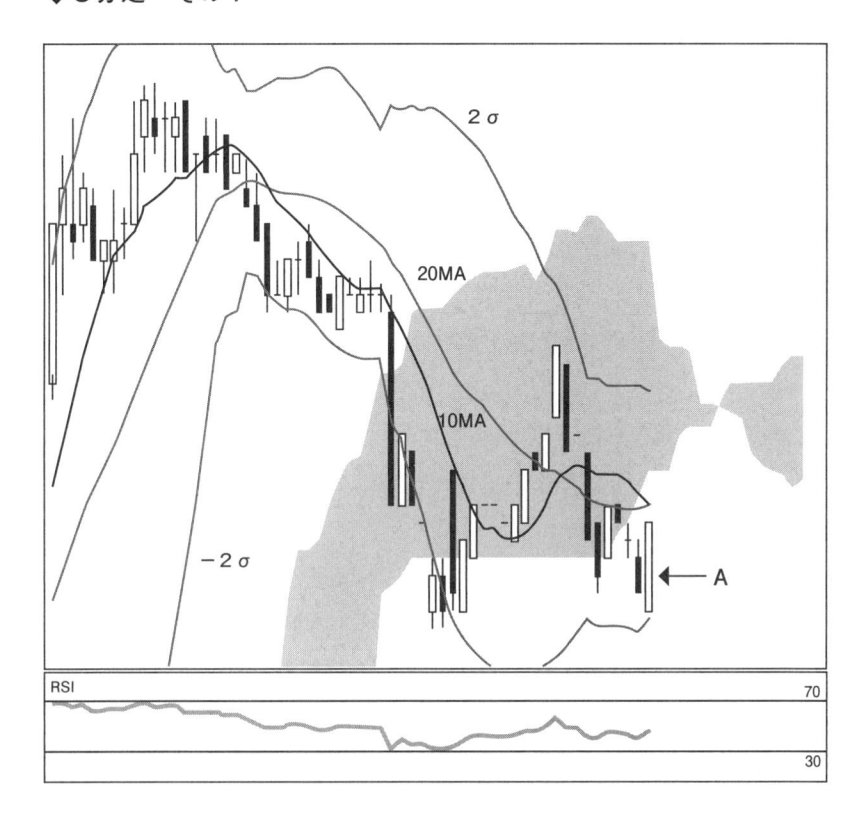

◆1時間足

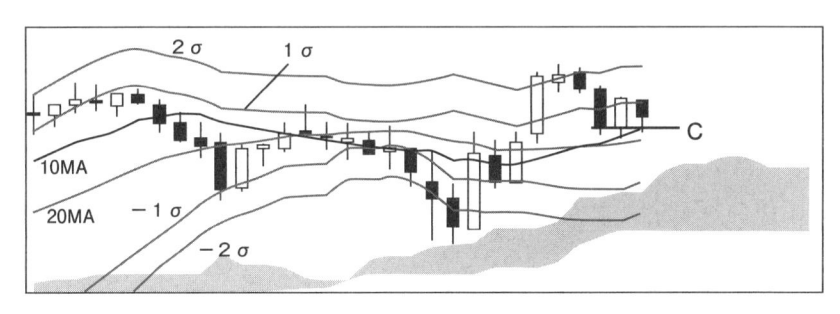

ここは見送りか、もしくは、ロットを少なくしてエントリーする形が理想といえます。

【エントリー後の想定】
エントリーした場合、10MAと20MAの両方をブレイクしていますが、損切りは小さいほうがよいので、上にあるMA（この場合は20MA）を終値で下回ったときで考えます。

利食いについては、積極的に行くなら、ボリンジャーバンドの2σを大きくはみ出したとき、もしくはRSIが下向きになったときです。消極的に行くなら、ロウソク足が上に伸び、その後、10MAを割ったときです。

さらに、どこまでなら買いが許されるのかも考えます。このケースでは1時間足のCのラインを割ると10MA（1時間足）がフラットになりそうです。この状態になるまでは買い目線の判断ができます。なお、1時間足のCのラインのレートが5分足のどのあたりになるのかも確認しておきます。

●

その後の動きはチャート（次ページの5分足　その3）を見るとわかるように、雲を抜けることなく両方のMAを下に抜けていきました。この時点でエントリーした根拠がなくなったため損切りです。

このケースの場合は、エントリー前、5分足の上方に雲があったことを加味して「エントリーしない」が正解でした。

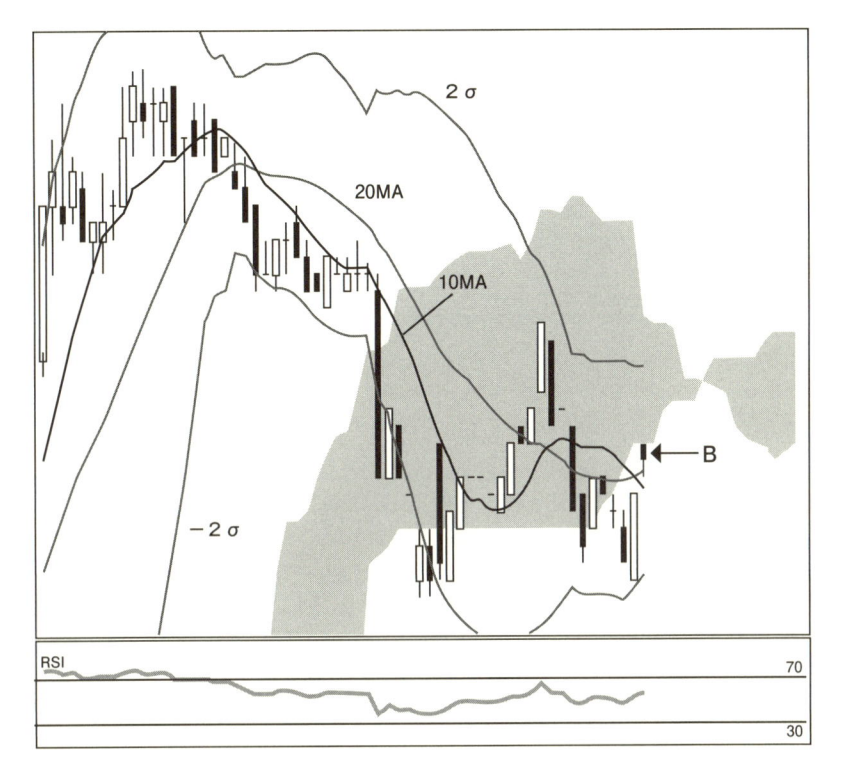

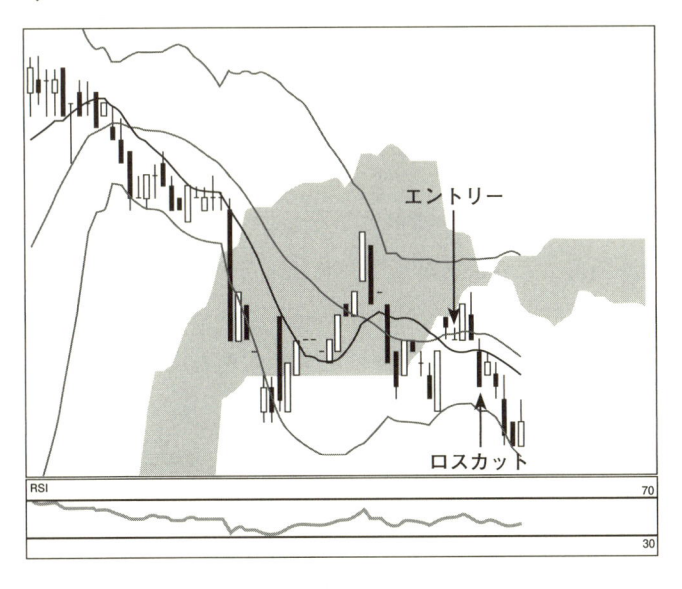

◆5分足　その2

◆5分足　その3

~第8節~
実例紹介　その7

　客観的に事実を把握するため、チェック項目に従って確認していきます。チャートを見ている現時点が次ページの「5分足　その1」のAとします。

●

【トレンド把握】
　1時間足（次ページ下）を見ると、10MAは上向きになっています。ボリンジャーバンドについては、1σを超えています。以上のことから、狙いは買いです。

【エントリータイミング】
　「5分足　その1」を見ると、移動平均線の10MAも、20MAも上向きです。ロウソク足は、ボリンジャーバンドの2σにタッチした後、調整で少し下がってきています。
　現状、どのエントリールールが機能しそうか、考えてみます。
　まずは**10MA反発**か、**20MA反発**が機能しそうです。ここで反発しないで移動平均線を割り込んだときには、その後の**MAブレイク**も考えられます。もしくは、①のラインの**高値超え**も考えられます。
　実際は、その後、10MAで反発しました（239ページの5分足　その2のB）。客観的な事実として、MA反発のパターンと判断できます。
　①のラインの高値で上げ止まる可能性がありますが、すぐ上に邪魔

◆5分足　その1

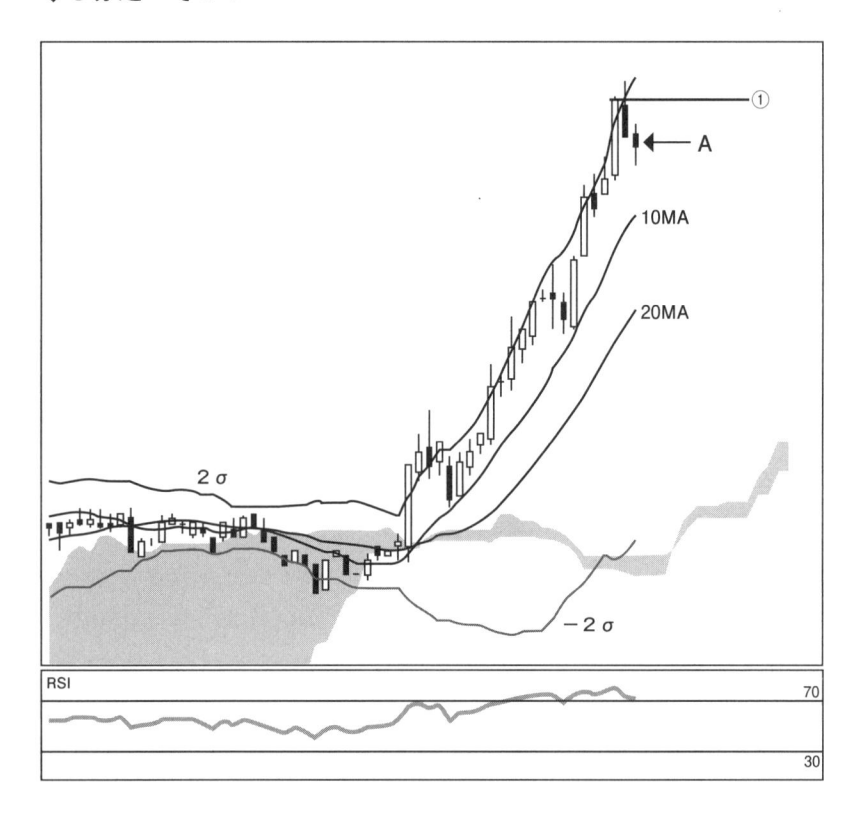

◆1時間足

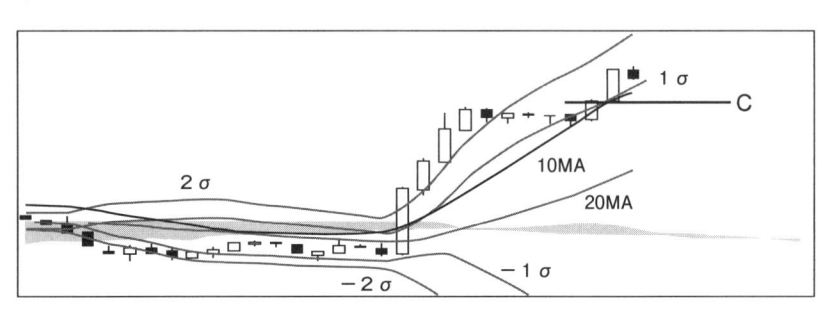

になるようなものはありません。

【エントリー後の想定】
　エントリーした場合、10MA反発ですので、損切りは終値で10MAを下抜けしたときです。
　利食いについては、積極的に行くなら、ボリンジャーバンドの2σを大きくはみ出したとき、もしくはRSIが下向きになったときです。消極的に行くなら、ロウソク足が上に伸び、その後、10MAを割ったときです。
　さらに、どこまでなら買いが許されるのかも考えます。このケースでは1時間足のCのラインを割ると10MA（1時間足）がフラットになりそうです。この状態になるまでは買い目線の判断ができます。なお、1時間足のCのラインのレートが5分足のどのあたりになるのかも確認しておきます。

●

　その後の動きはチャート（次ページの5分足　その3）を見るとわかるように、思惑に反して、10MAを割ってしまいました。エントリーした根拠（10MA反発）がなくなったので、ここで損切りです。

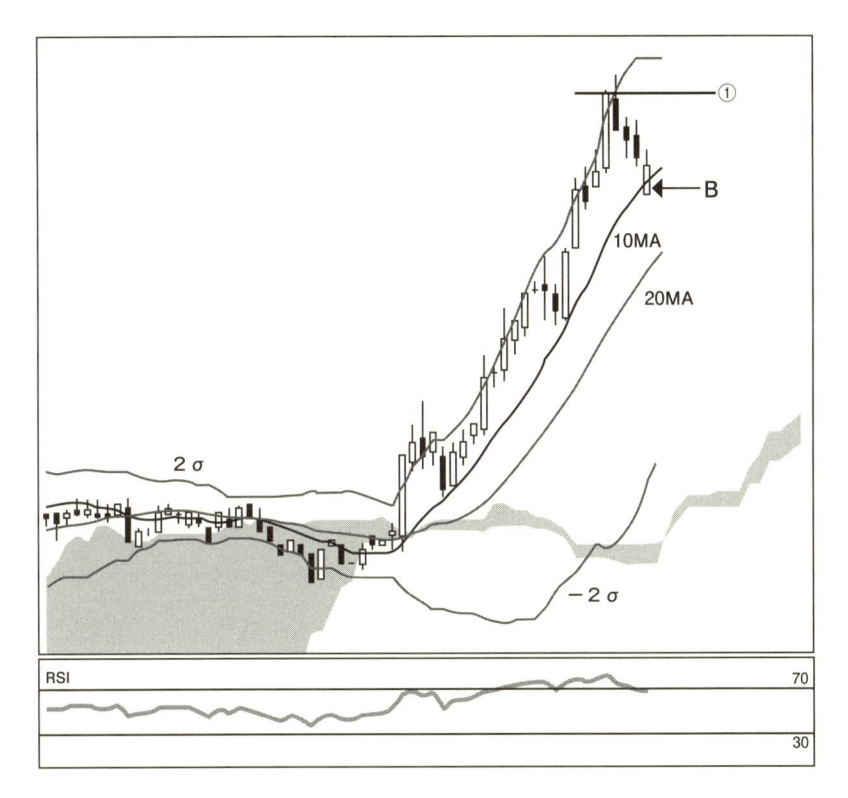

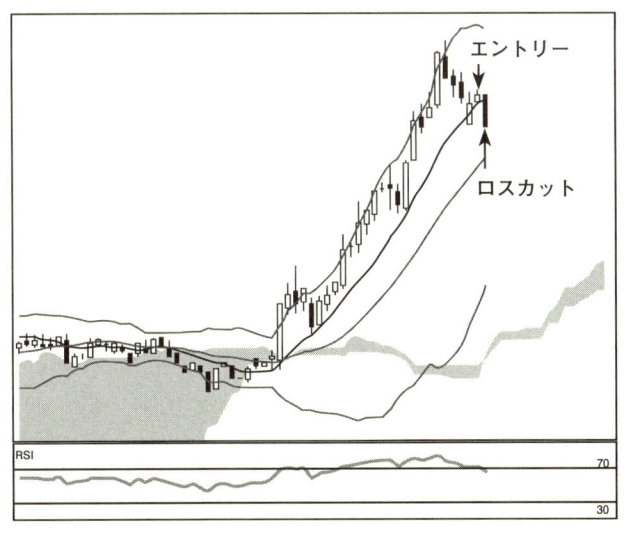

◆5分足 その2

◆5分足 その3

～第9節～
実例紹介 その8

　客観的に事実を把握するため、チェック項目に従って確認していきます。チャートを見ている現時点が次ページの「5分足　その1」のAとします。

●

【トレンド把握】
　1時間足（次ページ下）を見ると、10MAが上向きで、ロウソク足はボリンジャーバンドの1σの上で推移しています。このケースは明確な上昇トレンドですから、狙いは買いです。

【エントリータイミング】
　「5分足　その1」を見ると、10MA、20MAとも上向きになっており、ロウソク足はボリンジャーバンドに沿ってバンドウォークした後に高値をつけ、その後、横ばいに推移しています。
　現状、どのエントリールールが機能しそうか、考えてみましょう。
　まず、**10MA反発**か、その下の**20MA反発**が機能しそうです。ここで反発しないで移動平均線を割り込んだ場合は、その後の**MAブレイク**も考えられます。さらに、①の高値超えも候補に挙がりそうです。
　エントリー後に遮るものがないかをチェックしてみると、このケースではボリンジャーバンドの幅が閉じてきているのがわかります（②）。ボリンジャーバンドの±2σの線はその内側に95.5％の確率で

◆5分足 その1

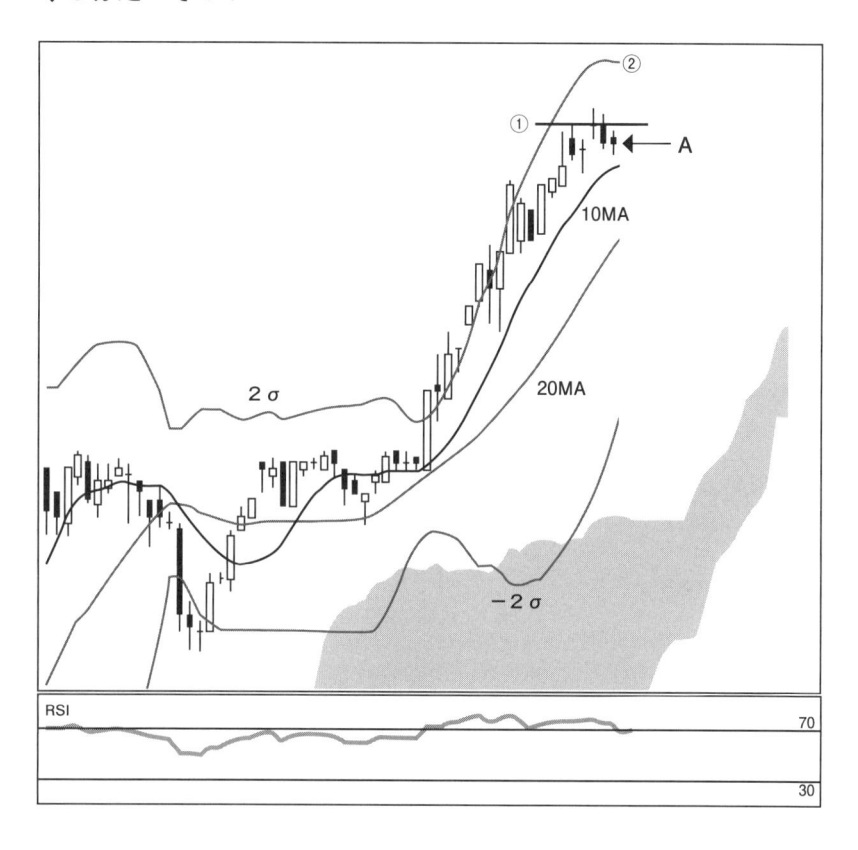

◆1時間足

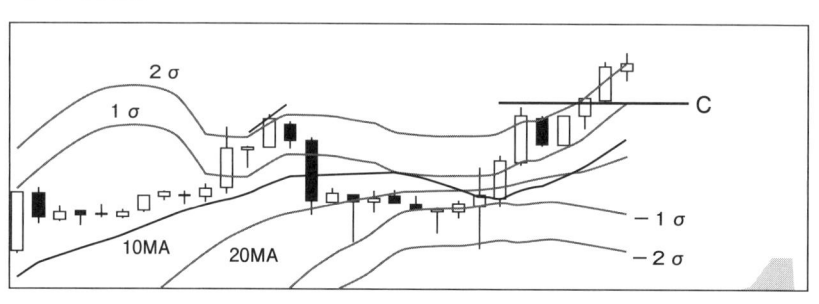

ロウソク足が存在する線です。要するに、基本的に内側から当たったら跳ね返りやすい性質があります。ゆえに、買いでエントリーするときには、その幅が広がっていることが望ましいのです。この場合は、ボリンジャーバンドが閉じてきているので、ロウソク足で買いサインを示していても、大きな上昇を見込める可能性が低いと判断できます。こういうケースでは、エントリーを見合わせることが必要になります。

　実際は、その後、10MAをブレイクしました（次ページの5分足　その2のB）。客観的な事実として、MAブレイクのパターンですが、ボリンジャーバンドは閉じてきています。勝率の高いトレードを実現したいのであれば、この場合は見合わせるのが正しい判断と思われます。

【エントリー後の想定】

　エントリーした場合、10MAブレイクがエントリーの根拠なので、10MAを割ったら損切りです。

　利食いは、積極的に行くならば、ボリンジャーバンドの2σを大きくはみ出したとき、もしくはRSIが下向きになったときです。消極的に行くなら、ロウソク足が上に伸び、その後、10MAを割ったときです。

　今回エントリーしなかったとしたら、問題なく買えるようになるには、どういう状況がそろえばよいのかを考えておきます。必要なのは、5分足のボリンジャーバンドが再び広がる気配を見せてくれて、そのうえで新たな買いサインが出ることです。

　最後に、どこまでなら買いを許されるのかも考えます。このケースでは1時間足のCのラインを下回ると10MAがフラットになりそうです。この状態になるまでは「買い」の判断ができます。そして、このときのレートの5分足での位置も確認しておきます。

●

　その後の動きはチャート（次ページの5分足　その3）を見るとわかるように、いったん上昇した後、ボリンジャーバンドの2σに当たって下落し、10MAを割れてしまいました。

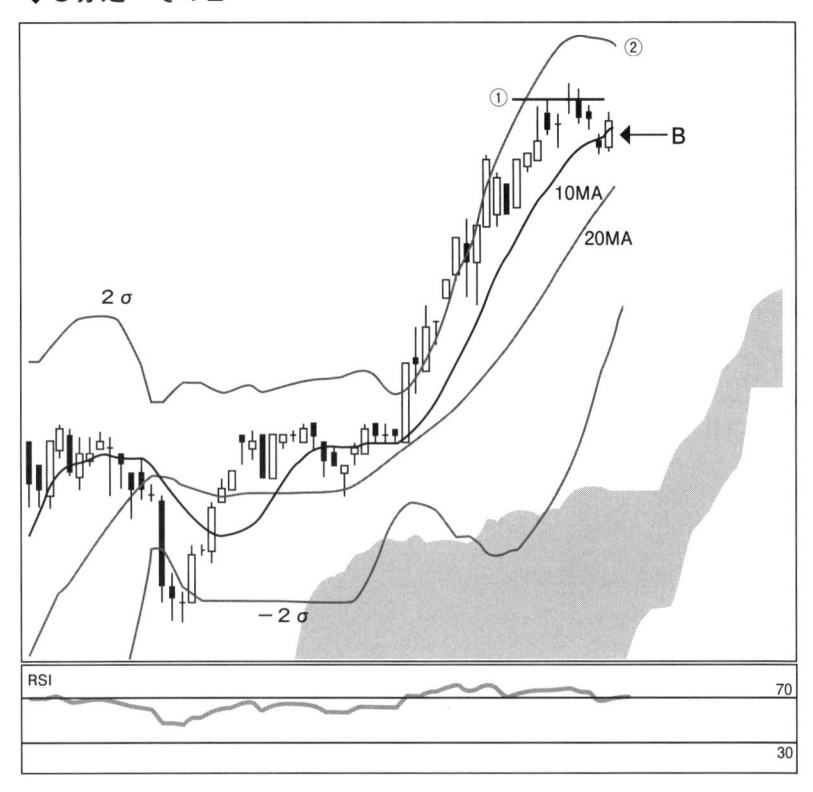

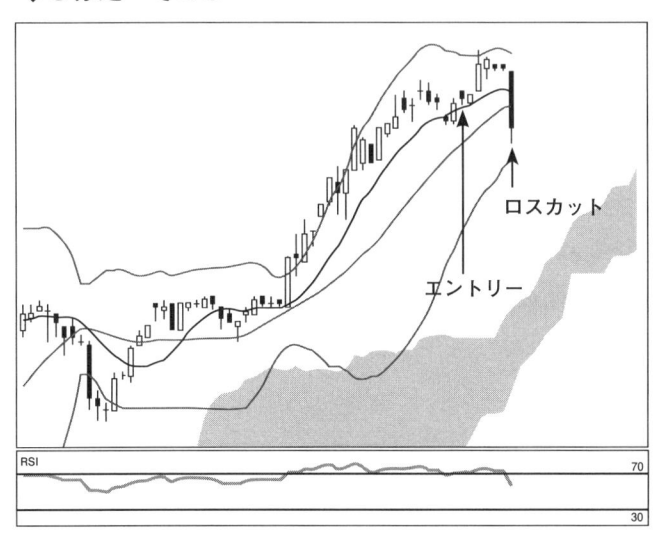

◆5分足　その2

◆5分足　その3

～第10節～
実例紹介　その9

　客観的に事実を把握するため、チェック項目に従って確認していきます。チャートを見た時点が次ページの5分足の「A」とします。

●

【トレンド把握】
　1時間足（次ページ下）を見ると、10MAが上向きになっています。ボリンジャーバンドの1σは超えておりませんが、10MAが上向きなので、狙いは買いです。

【エントリータイミング】
　「5分足　その1」を見ると、高値（①）超えで上昇し、ボリンジャーバンドの+2σにタッチした後、下はブレイクした高値（①）を割れず、上は②の高値を超えられずに戻されています。10MAは上向き、20MAはやや上向きです。
　この現状で、どのエントリールールが機能しそうか、考えてみます。
　まず、このままレートが下降すれば、**ブレイクした高値（すでにサポートラインになっている①）に当たる**のでその反発を、さらに下落すると**10MAにぶつかる**ので、その反発を期待することになります。逆に上昇すれば②の高値（レジスタンスライン）をブレイクするかどうかがポイントになります。
　その後は、ブレイクした過去の高値（①）で反発しました（247ペー

◆5分足　その1

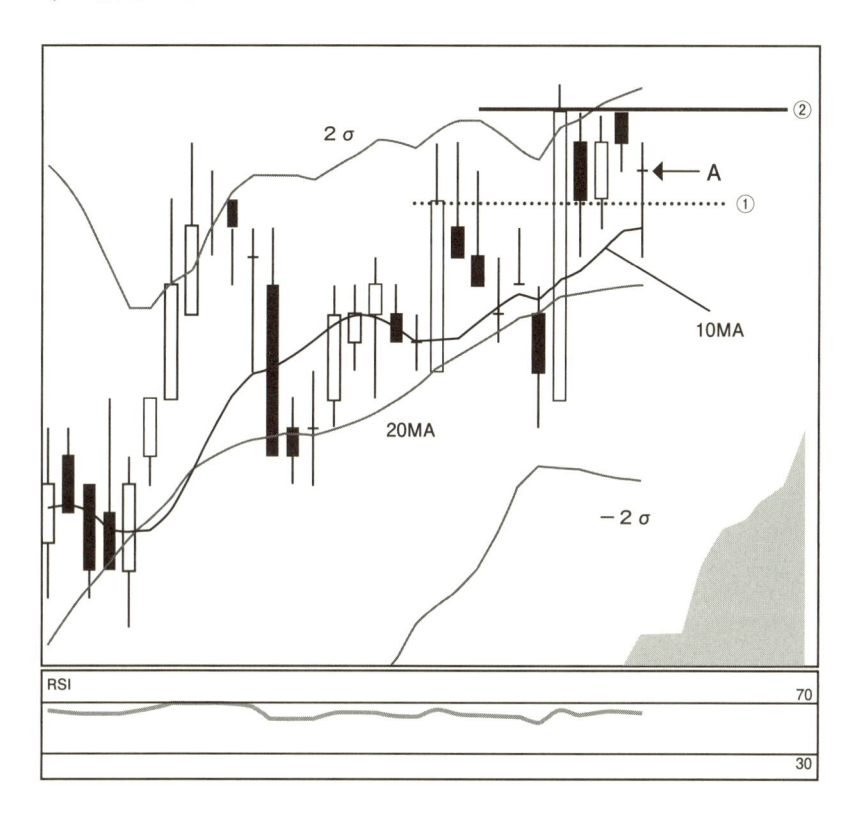

◆1時間足

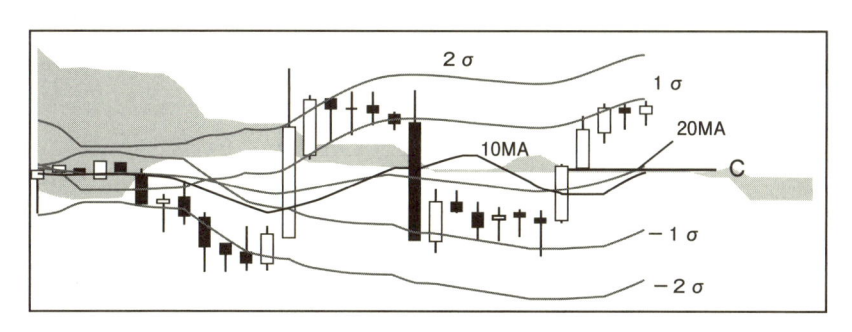

ジの5分足 その2のB)。買いサインです。

　実際にエントリー可能かどうかについても確認します。近い時間に指標発表等はありません。チャート的に見ると、②のラインで頭を抑えられる可能性はありますが、上方向に特に邪魔になるようなものは見当たりません。

【エントリー後の想定】
　ブレイクした後の水平線（サポートライン）での反発でエントリーしているので、損切りはその水平線（①）を割ってしまったときです。
　利食いについては、積極的に行くなら、ボリンジャーバンドの2σを大きくはみ出したとき、もしくはRSIが下向きになったときです。消極的に行くなら、ロウソク足が上に伸び、その後、10MAを割ったときです。
　さらに、どこまでなら買いが許されるのかも考えます。このケースでは1時間足の「C」のラインを下に抜けると1時間足の10MAがフラットになりそうです。この状態になるまでは買い目線の判断ができます。なお、1時間足のCのラインのレートが5分足のどのあたりになるのかも確認しておきます。

●

　その後の動きはチャート（次ページの5分足　その3）を見るとわかるように、思惑通り、大きく上に伸びていきました。

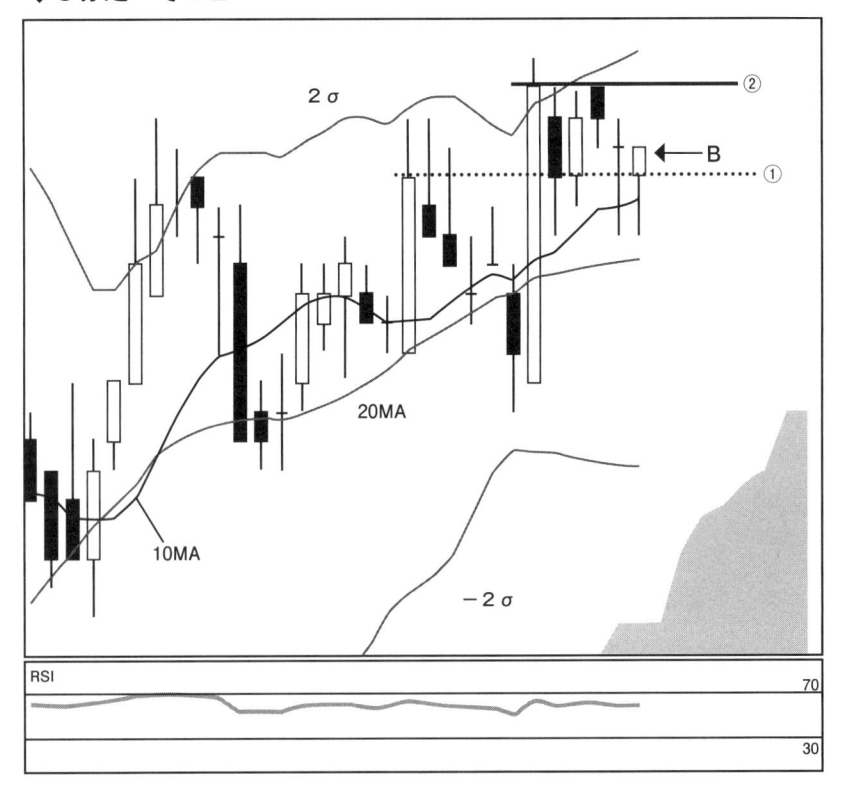

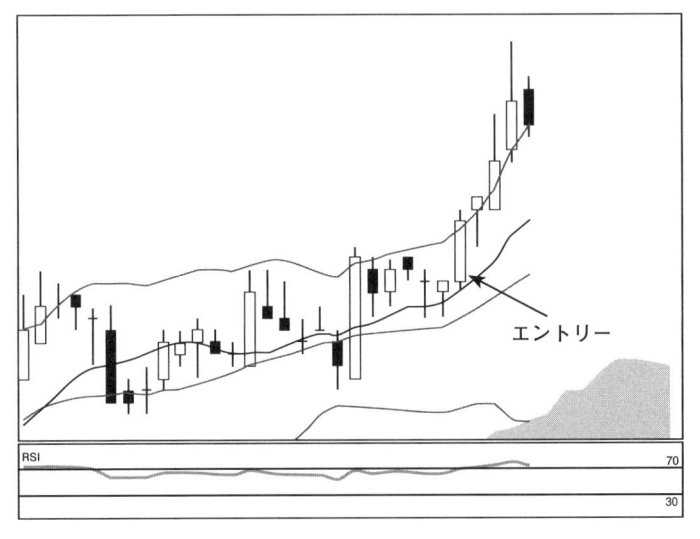

◆5分足　その2

◆5分足　その3

～第11節～
実例紹介　その10

　客観的に事実を把握するため、チェック項目に従って確認していきます。チャートを見た時点が次ページの「5分足　その1」のAとします。

●

【トレンド把握】
　1時間足（次ページ下）を見ると、10MAが下向きになっています。ボリンジャーバンドの−1σは割れておりませんが、10MAが下向きなので、狙いは売りです。

【エントリータイミング】
　「5分足　その1」を見ると、20MA、10MAと下に割れてきましたが、大きく下落することもなく、20MAに沿うような形で推移し（5分足　その1の点線円）、下からのトレンドラインに下を支えられております。10MAは横ばい、20MAは下向きです。
　この現状で、どのエントリールールが機能しそうか、考えてみます。
　まず、このままレートが下降すれば、20MAと**トレンドラインを下にブレイク**します。逆に上昇すれば10MAをブレイクしますが、すぐ上に雲がありますし、そもそも売り目線ですので、買いは考えなくても良さそうです。
　その後は、251ページのチャート「5分足　その2」のように下か

◆5分足　その1

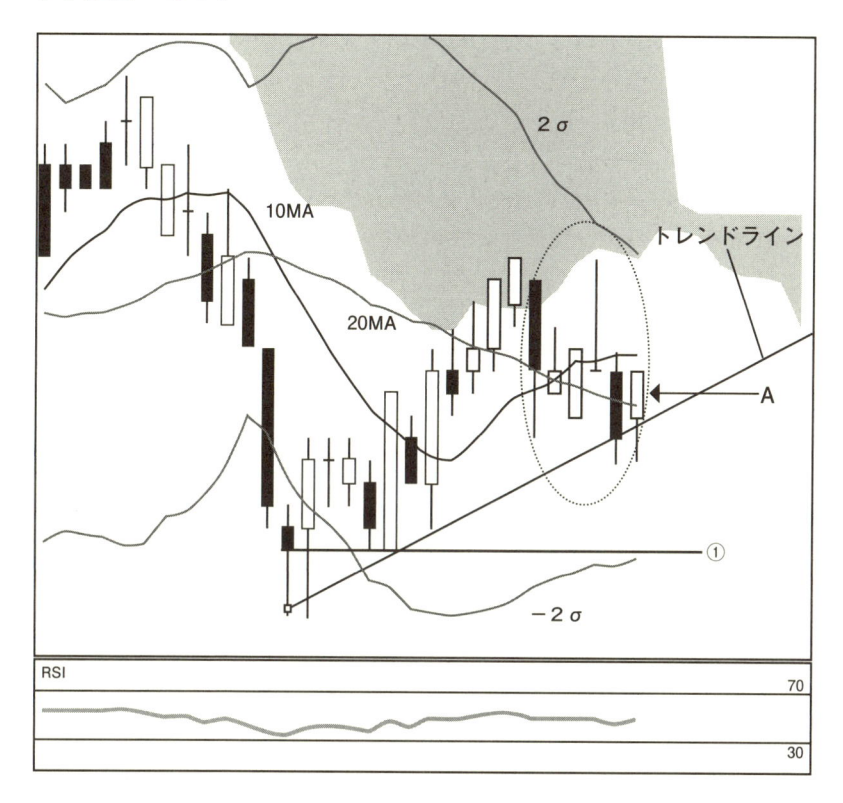

2σ
10MA
20MA
トレンドライン
A
①
−2σ

RSI
70
30

◆1時間足

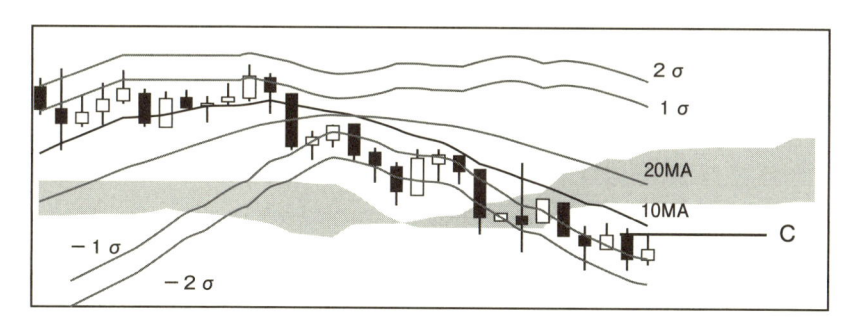

2σ
1σ
20MA
10MA
C
−1σ
−2σ

らのトレンドラインを下にブレイクしました（5分足　その2のB）。売りサインです。

　実際にエントリー可能かどうかについても確認します。近い時間に指標発表等はありません。チャート的に見ると、①のラインで下を支えらえる可能性はありますが、下方向に特に邪魔になるようなものは見当たりません。

【エントリー後の想定】
　下からのトレンドラインを下にブレイクしてエントリーしているので、損切りはそのトレンドラインを再び上回ったときとなります。
　しかし、トレンドラインは上を向いているので、基本ルール通りにやると、ロスカット幅が大きくなってしまうリスクがあります。そこで、上向きのトレンドラインの下に10MAがある場合は10MAを超えたところでロスカットします。そのほうがロスが小さくなるからです。もちろん、10MAが上向きのトレンドラインの下になければ、トレンドラインを上回ったときがロスカットです。
　利食いについては、積極的に行くなら、ボリンジャーバンドの−2σを大きくはみ出したとき、もしくはRSIが上向きになったときです。消極的に行くなら、ロウソク足が下に伸び、その後、10MAを超えたときです。
　さらに、どこまでなら売りが許されるのかも考えます。このケースでは1時間足の「C」のラインを上に抜けると1時間足の10MAがフラットになりそうです。この状態になるまでは売り目線の判断ができます。なお、1時間足のCのラインのレートが5分足のどのあたりになるのかも確認しておきます。

●

　その後の動きはチャート（次ページの5分足　その3）を見るとわかるように、思惑通り、大きく下に伸びていきました。

◆5分足　その2

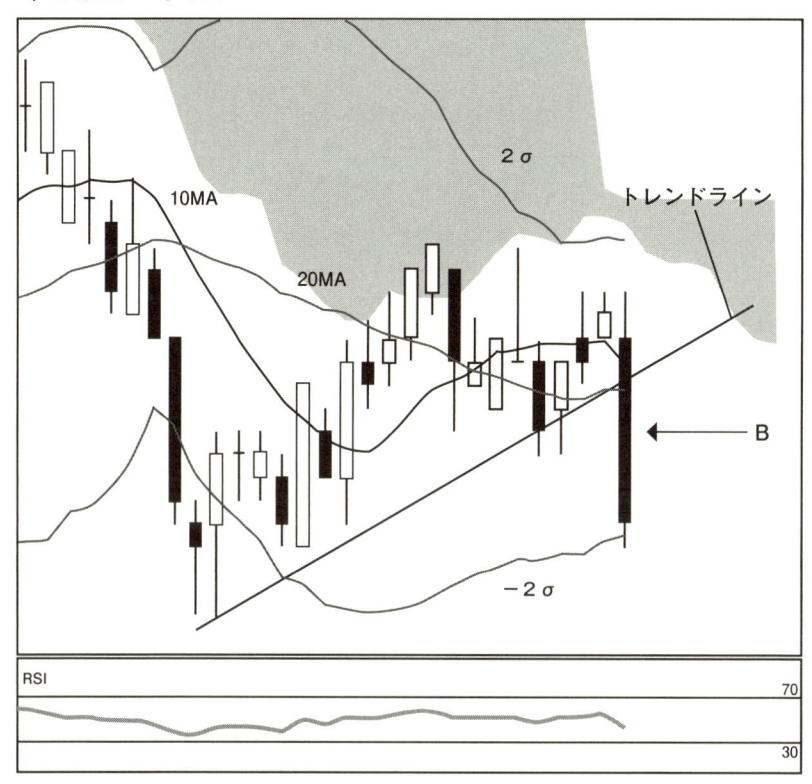

- 2σ
- トレンドライン
- 10MA
- 20MA
- B
- −2σ
- RSI 70 / 30

◆5分足　その3

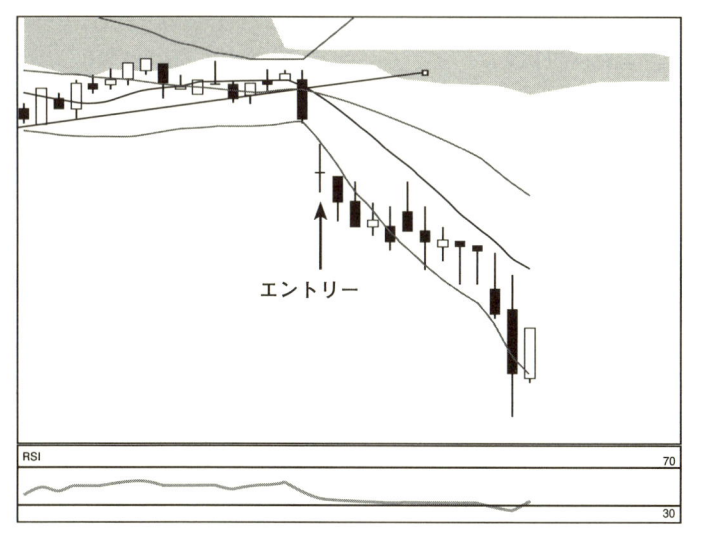

- エントリー
- RSI 70 / 30

251

～第12節～
実例紹介　その11

　客観的に事実を把握するため、チェック項目に従って確認していきます。チャートを見た時点が次ページの「5分足　その1」のAとします。

●

【トレンド把握】
　1時間足（次ページ下）を見ると、10MAが下向きになっています。ボリンジャーバンドの－1σも割れており、きれいな下降トレンドが出ています。もちろん、狙いは売りです。

【エントリータイミング】
　「5分足　その1」を見ると、上昇して雲にめり込みましたが、その後で下に戻され、さらに過去の安値（①）にぶつかって上に戻された状態です。10MAは下向き、20MAは横ばいです。
　この現状で、どのエントリールールが機能しそうか、考えてみます。
　まず、このままレートが上昇すれば、**20MA、10MAにぶつかるので反発**を狙うことができます。逆に下落すれば、サポートラインである**過去の安値（①）を下にブレイク**する売りサインが狙えそうです。
　その後は、255ページのチャート「5分足　その2」のようにサポートラインを下にブレイクしました（5分足　その2のB）。売りサイ

◆5分足 その1

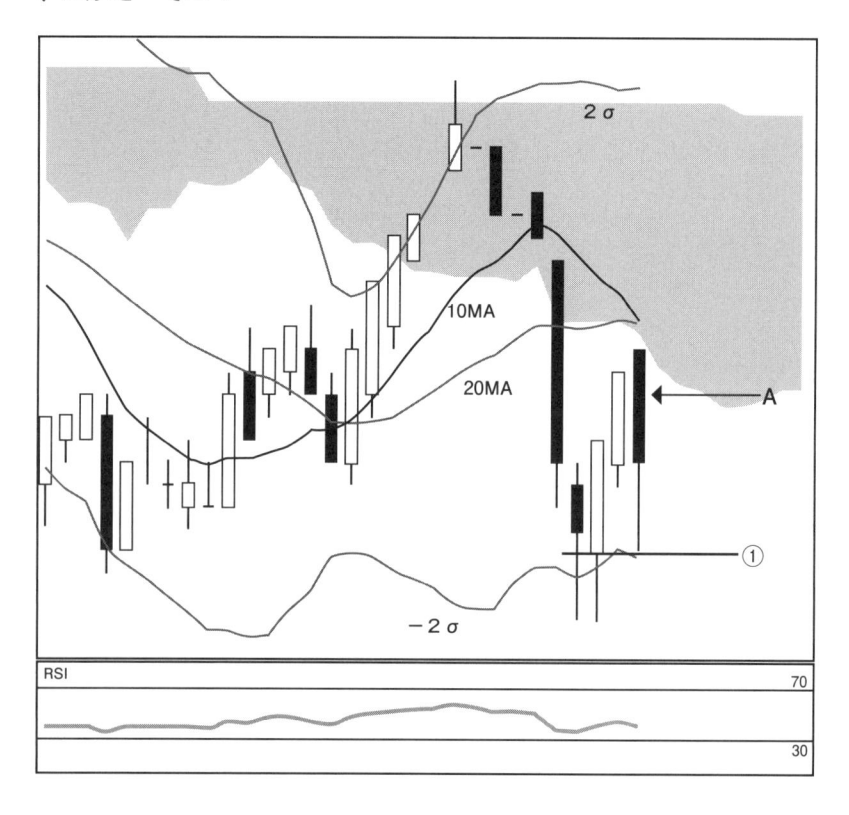

◆1時間足

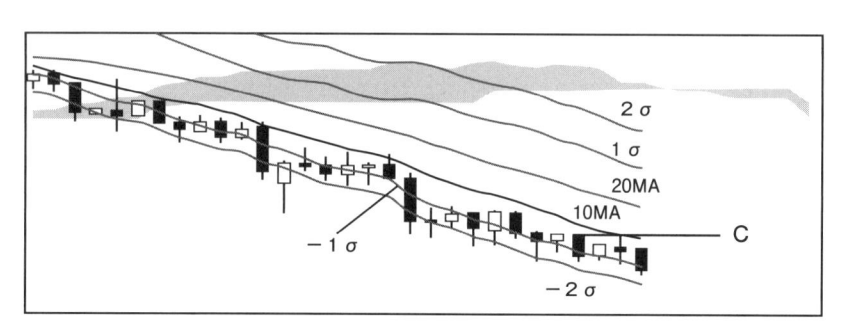

ンです。

　実際にエントリー可能かどうかについても確認します。近い時間に指標発表等はありません。チャート的に見ても、下に邪魔になるものは見当たりません。

【エントリー後の想定】
　サポートライン（過去の安値）を下にブレイクしてエントリーしているので、損切りはそのサポートラインを再び上回ったときとなります。
　利食いについては、積極的に行くなら、ボリンジャーバンドの−2σを大きくはみ出したとき、もしくはRSIが上向きになったときです。消極的に行くなら、ロウソク足が下に伸び、その後、10MAを超えたときです。
　さらに、どこまでなら売りが許されるのかも考えます。このケースでは1時間足の「C」のラインを上に抜けると1時間足の10MAがフラットになりそうです。この状態になるまでは売り目線の判断ができます。なお、1時間足のCのラインのレートが5分足のどのあたりになるのかも確認しておきます。

●

　その後の動きはチャート（次ページの5分足　その3）を見るとわかるように、思惑通り、大きく下に伸びていきました。

◆5分足　その2

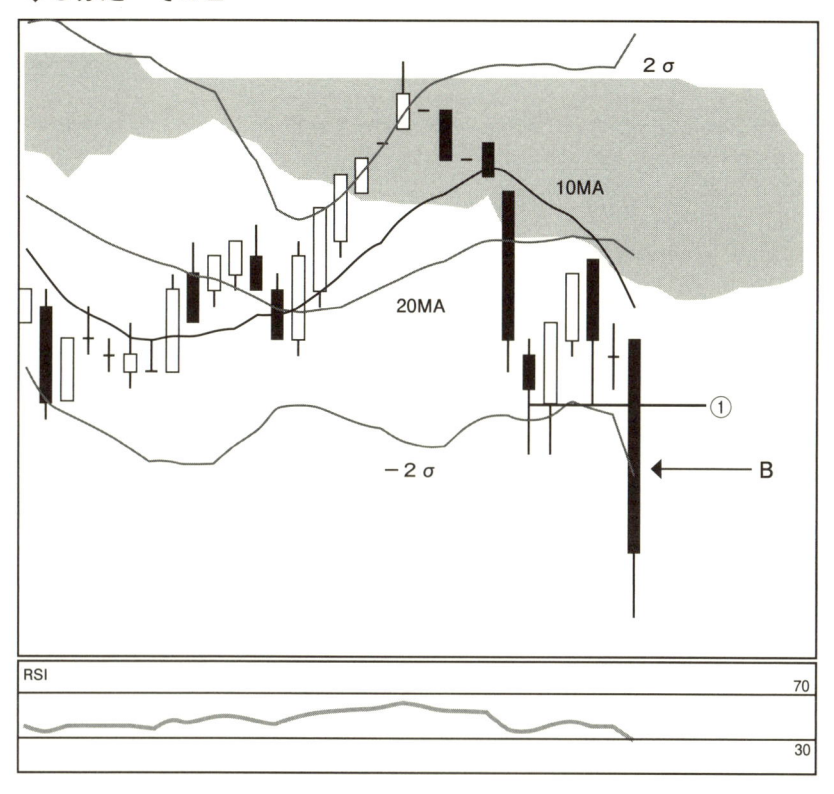

◆5分足　その3
エントリー

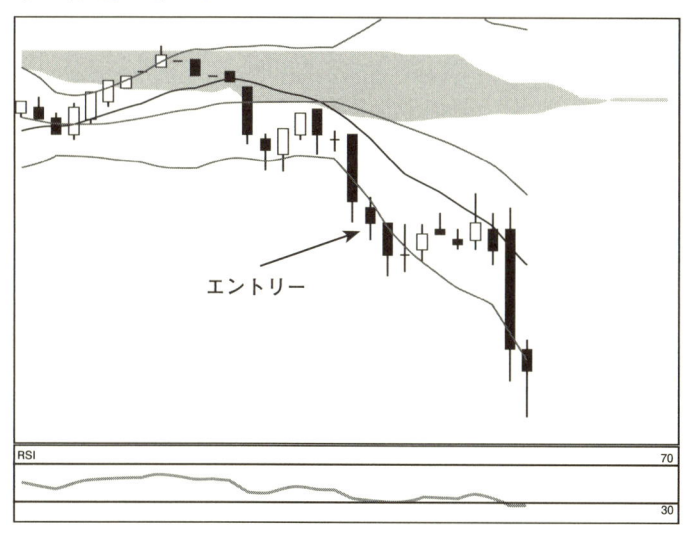

第8章 事実を見てから動く FXトレード 利食いの実例

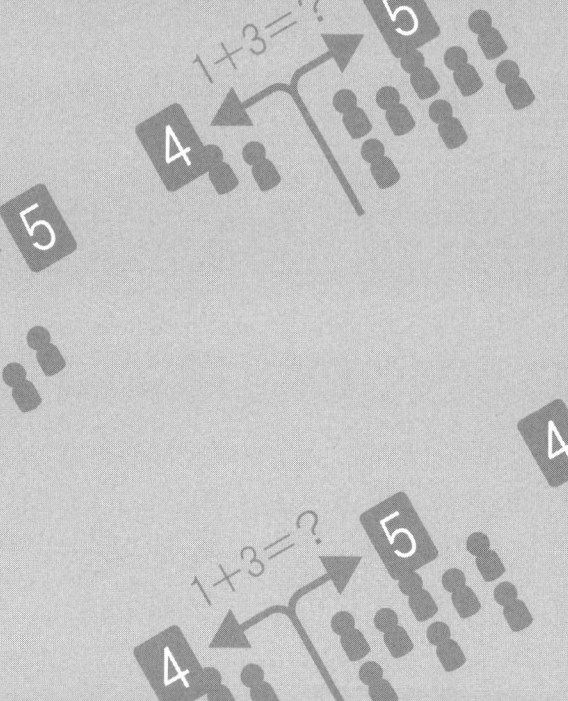

～難しい「利食い」に挑戦～
利益確定の練習

　第7章では、主にエントリーと損切りの実例を紹介しました。この第8章では利益確定の練習をしたいと思います。

　エントリーと損切りについては、明確なルールがありますから、実はとても簡単な作業と言えます。
　しかし、利益確定については、はっきりとしたルールがありません。それこそ、トレーダー各々の裁量に依存する部分が多いです。「かくかくしかじかの状況になったら利益確定してください」とは、なかなか言えません。それゆえに、教え方もとても難しいのです。

　ですから、エントリー後の状況を最初にいくつか見せて、そのうち「私なら、このときに利益確定する」と考えてもらう形で、練習していただこうと思います。

　コマ送りになっている8つの状況（チャート）を最初に見せます。そのうち、「どの状況で利益確定するか」を考えてください。考えた後で、最後に解説（※各事例の最後にまとめてあります）を載せていますので、参考までに読んでください（※チャート上の10MAや20MA、2σ、-2σは、各事例の最初のチャートにだけ表示しています）。それでは、始めます。

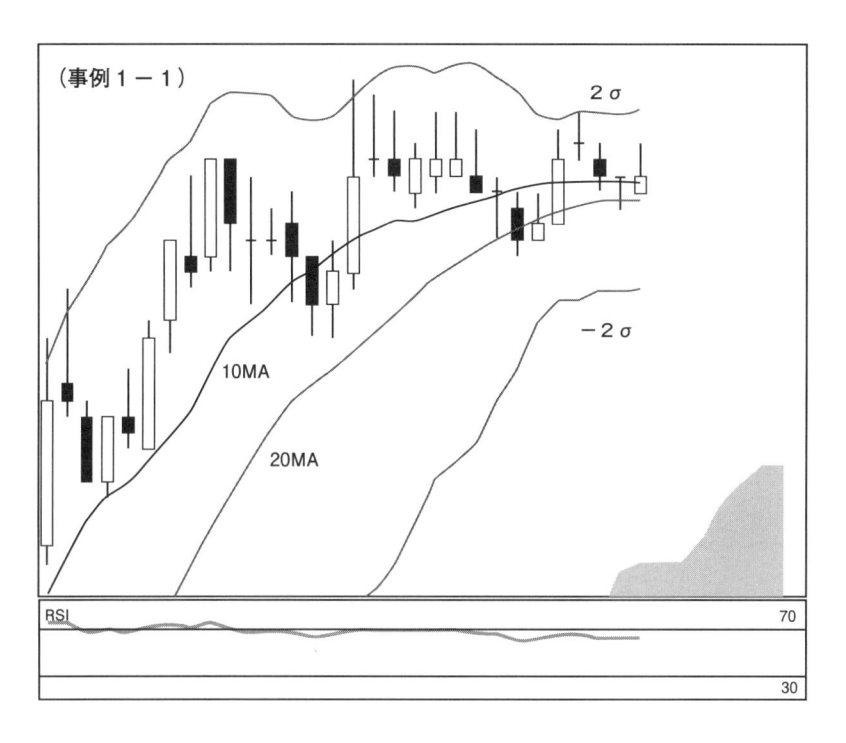

(事例1－1)

2σ

10MA

20MA

−2σ

RSI 70
30

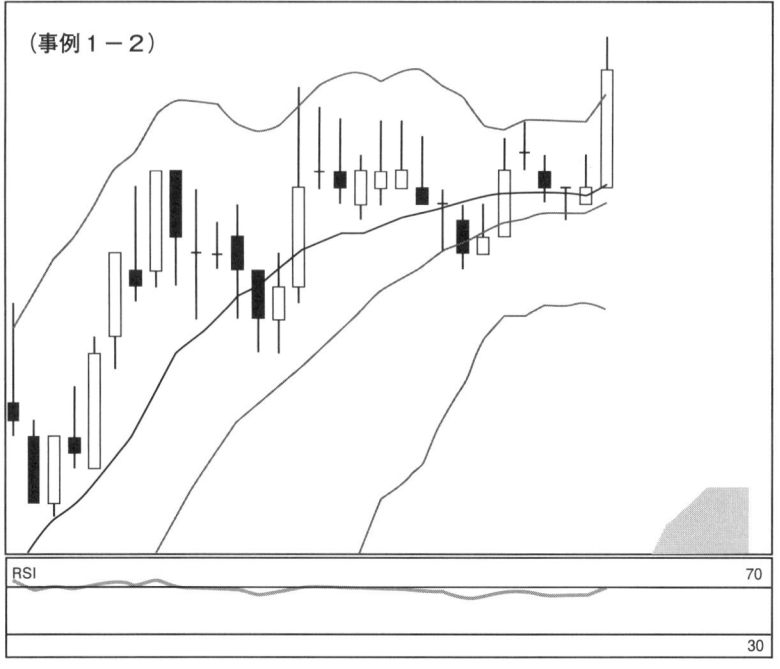

(事例1－2)

RSI 70
30

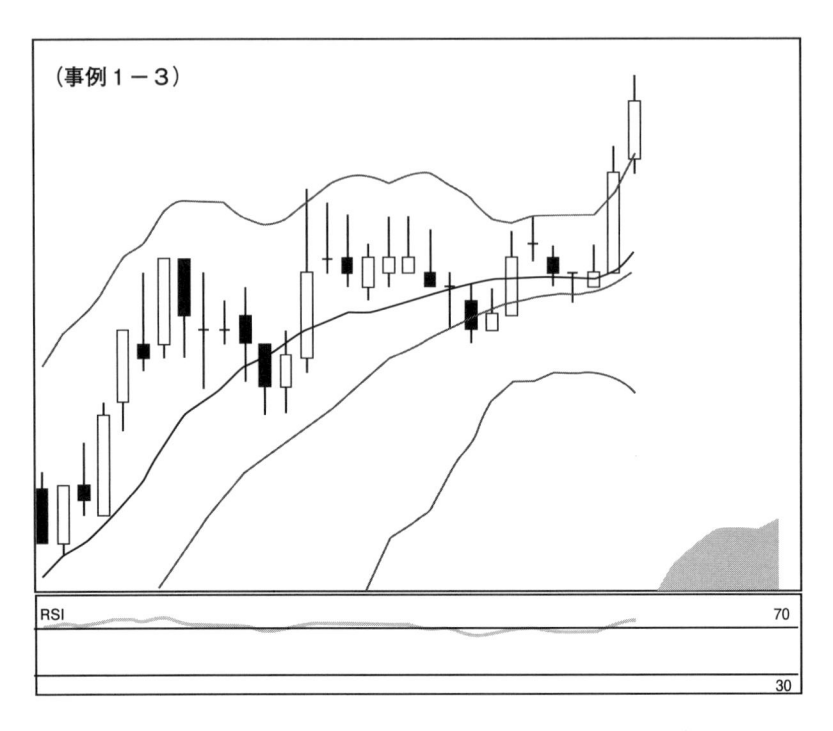

（事例1-3）

RSI
70
30

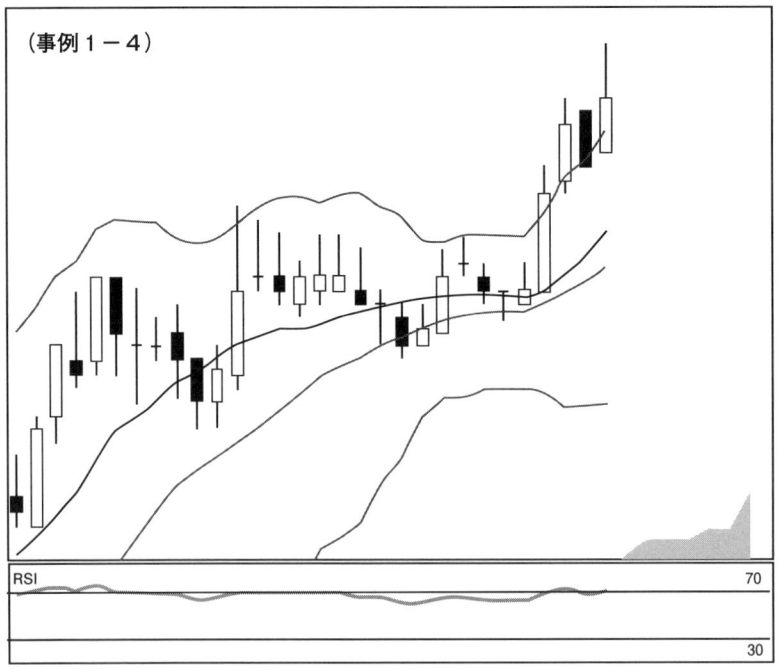

（事例1-4）

RSI
70
30

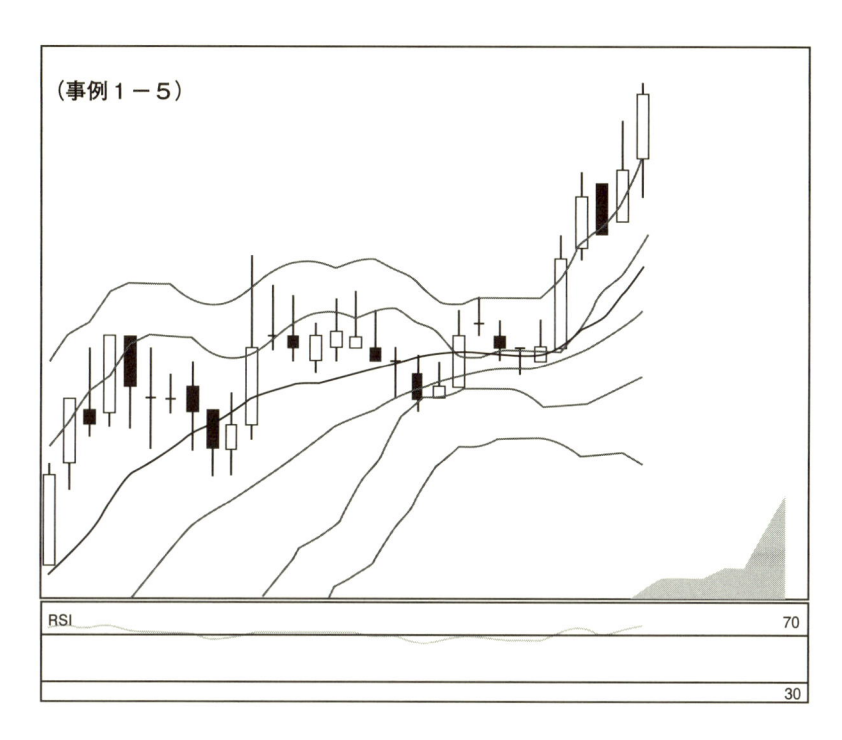

(事例1-5)

RSI 70
30

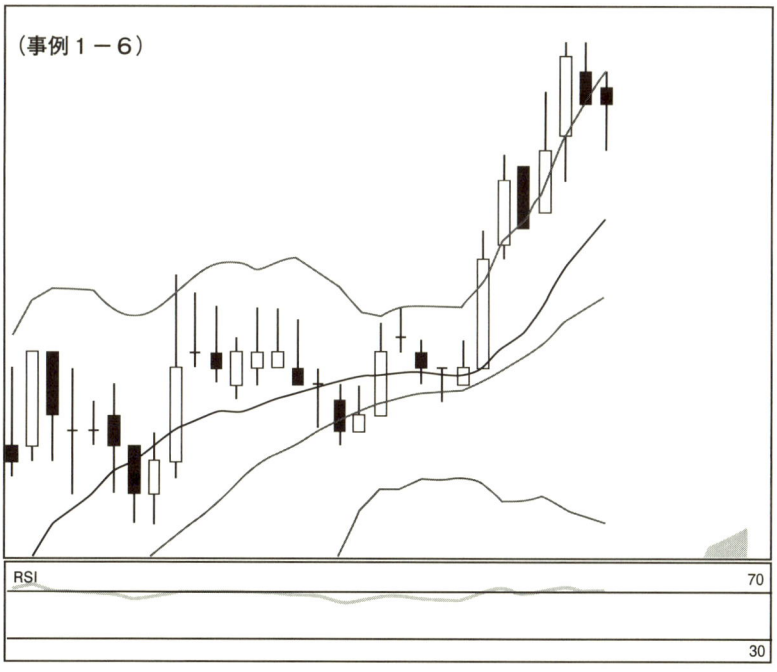

(事例1-6)

RSI 70
30

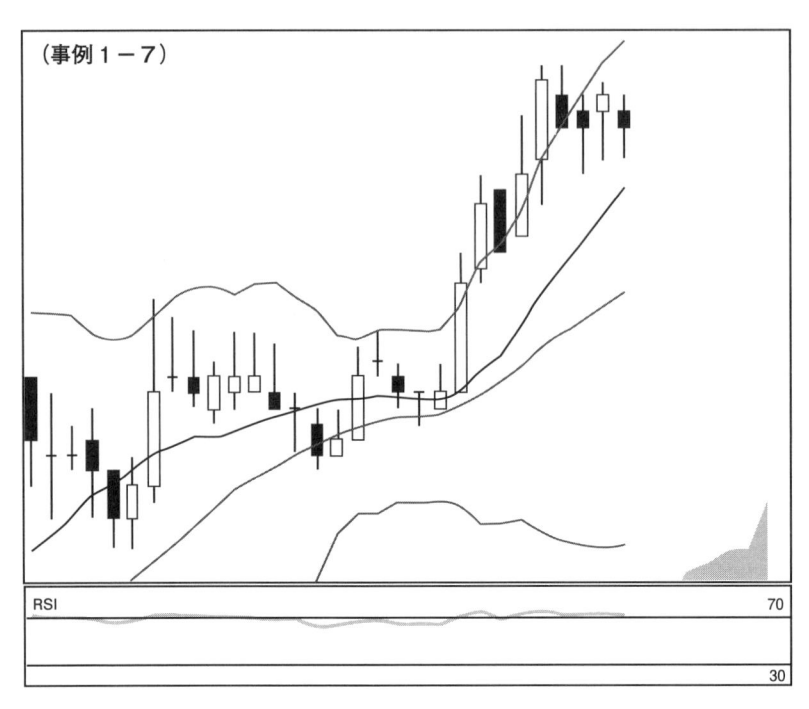

(事例1−7)

RSI 70
30

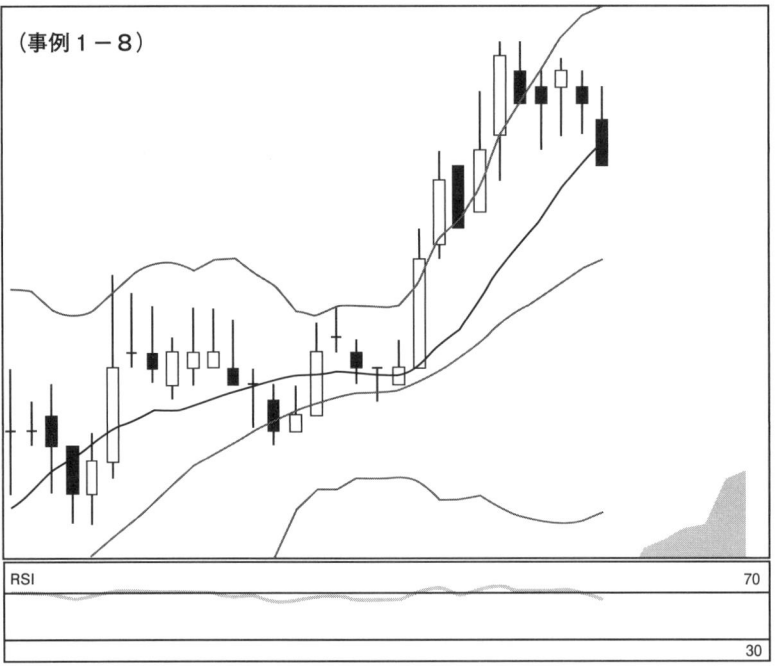

(事例1−8)

RSI 70
30

【事例1の解説】

事例1－1：10MA超えで買いエントリー。

事例1－2：ボリンジャーバンドを少しはみ出ているが、2σの角度が急なので、様子を見るほうがよい。

事例1－3：2σを大きくはみ出てるので、利益確定をしてもよい場面。

事例1－4：一度、陰線をつけた後で再び上昇。ここも利益確定してよい場面。理想はヒゲの高値付近でのエグジット。

事例1－5：ここまで利益確定を待てたらとても優秀。RSIが曲がるまでエグジットしないと決めたら待てた可能性もある。ここでのエグジットがベスト。

事例1－6：ロウソク足が2σの内側に入ってしまったので、ここでは利益確定するのが無難。積極的利確の最終判断地点。

事例1－7：2σの内側に入り、横ばいで推移。ここまで見たら、10MA反発まで待つ。

事例1－8：ロウソク足が最終防衛ラインである10MAを割れたのでエグジット。

◆考察

結果として、事例1－5でのエグジットが最高のタイミングでした。2σを大きく上回ったところでのエグジットが狙えると、残る利益も多くなります。

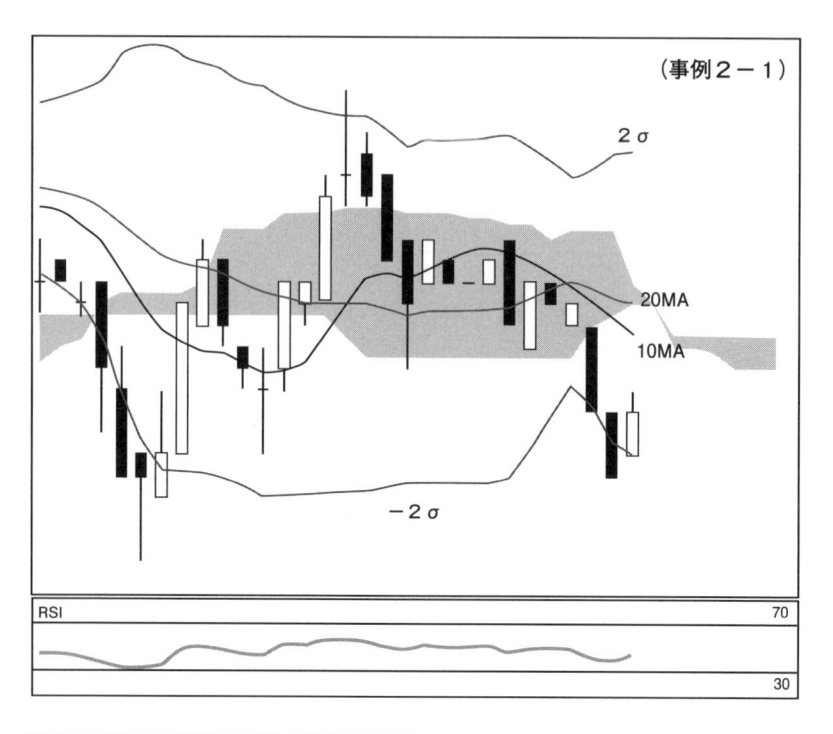

（事例2－1）

2σ
20MA
10MA
−2σ

RSI 70
30

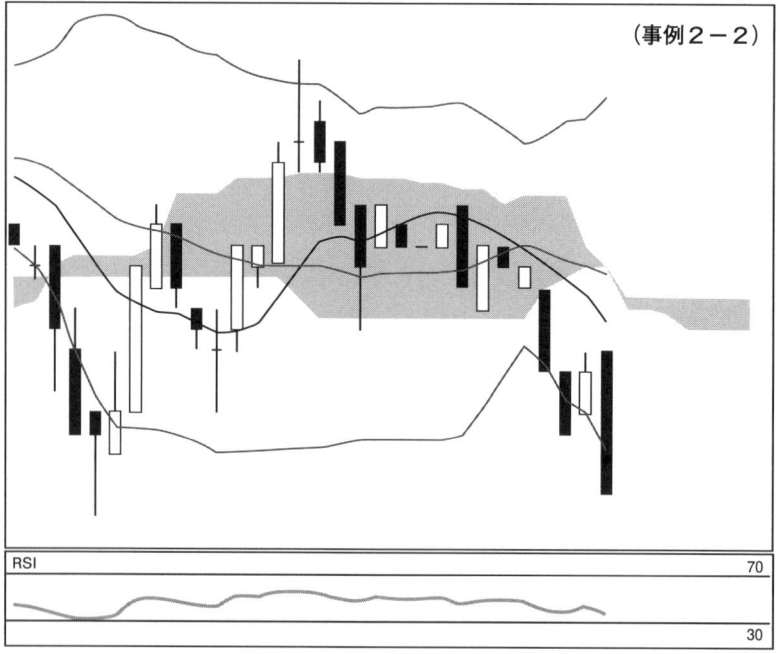

（事例2－2）

RSI 70
30

(事例2-3)

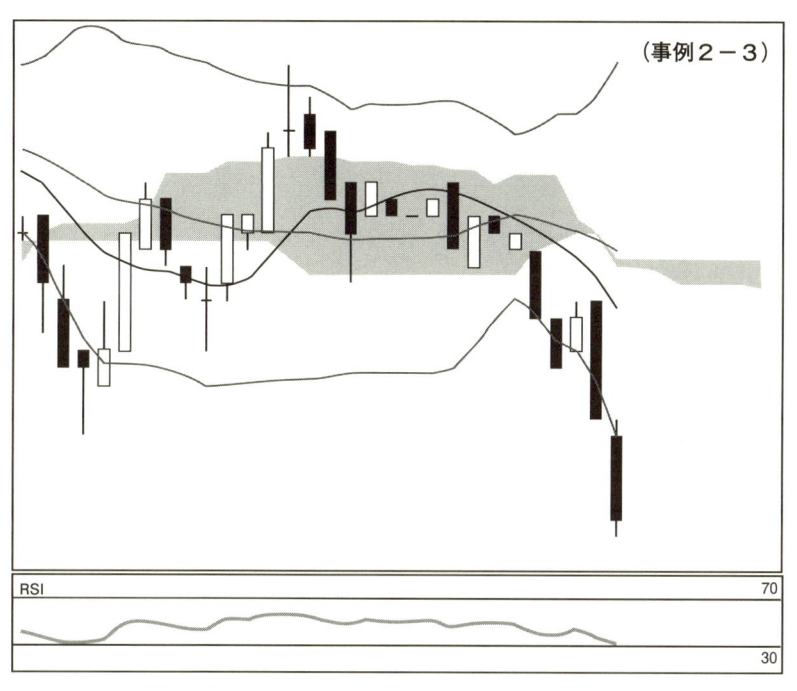

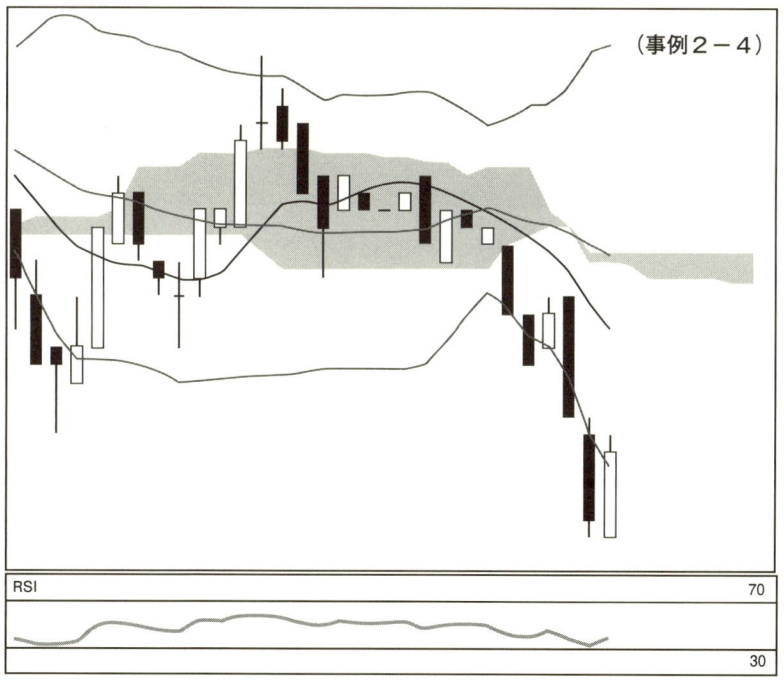

(事例2-4)

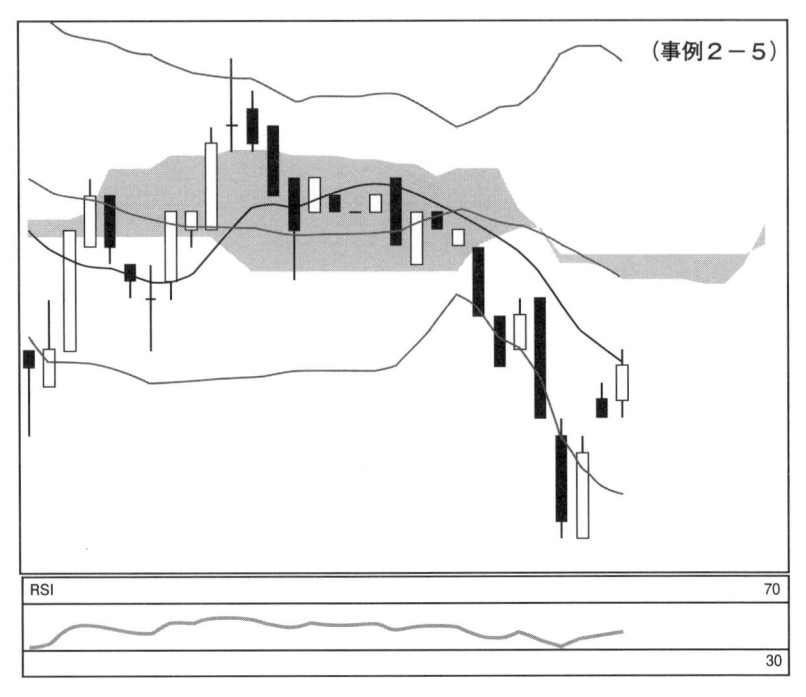

（事例2−5）

RSI　　　　　　　　　　　　　　　　　70
　　　　　　　　　　　　　　　　　　　30

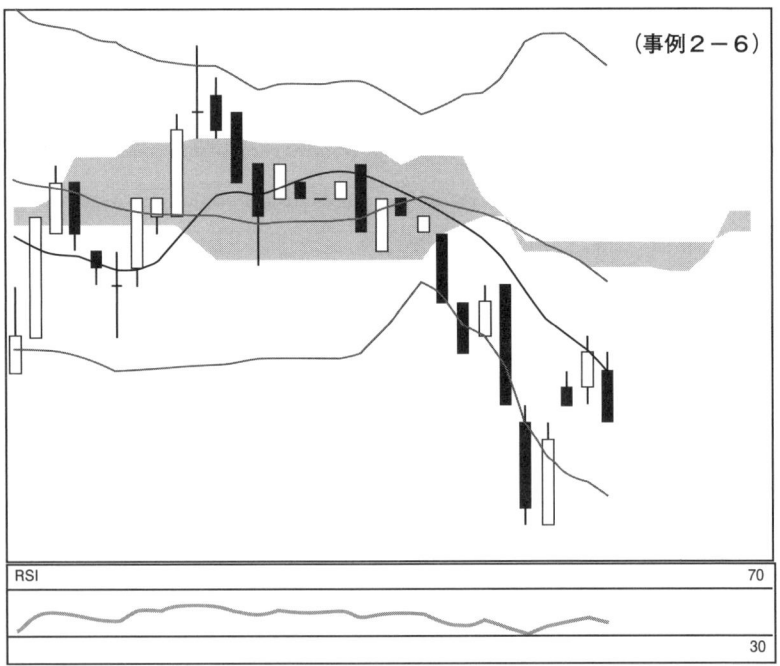

（事例2−6）

RSI　　　　　　　　　　　　　　　　　70
　　　　　　　　　　　　　　　　　　　30

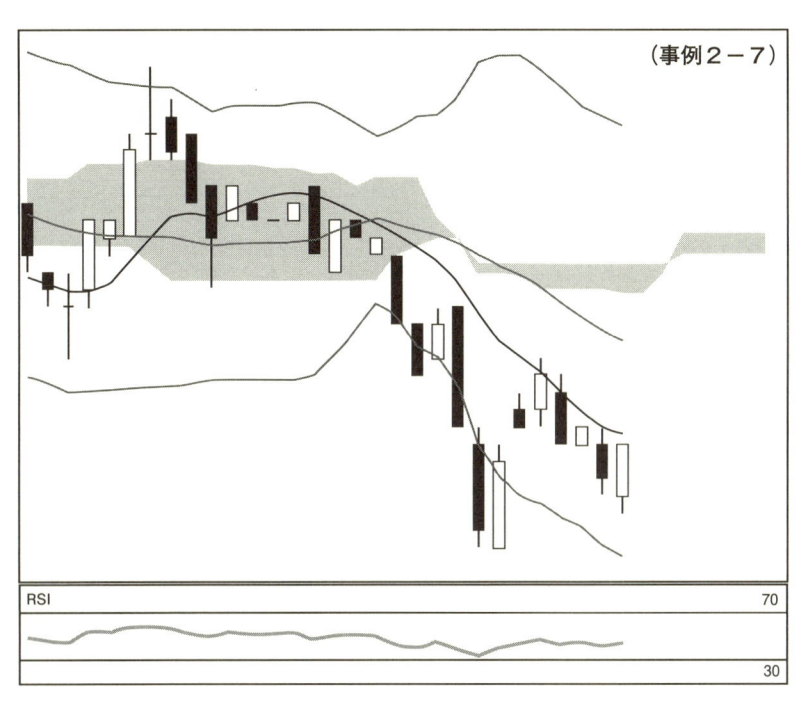

(事例2-7)

RSI 70
30

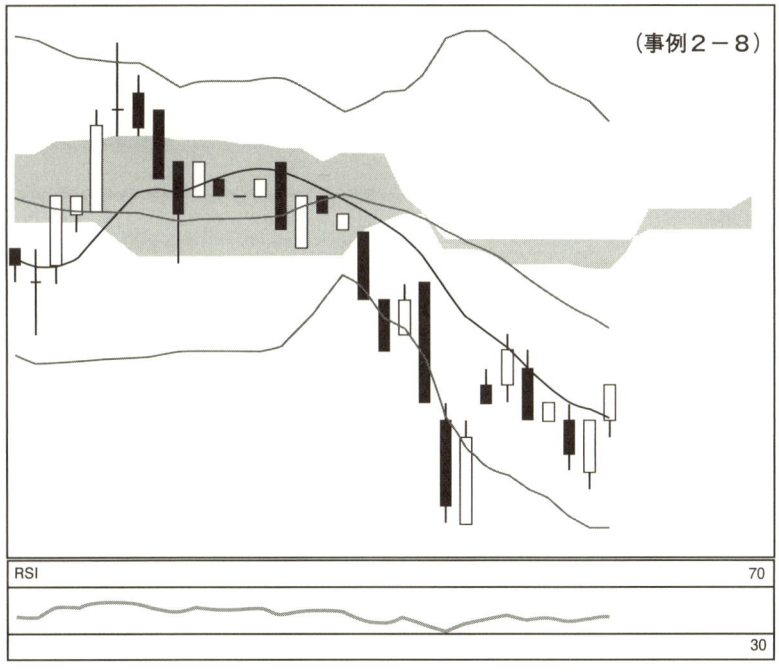

(事例2-8)

RSI 70
30

【事例2の解説】

事例2-1：10MA割れで、すでに売りエントリー済み。いったん－2σまで到達したあとの戻りの場面。

事例2-2：再び、－2σを下にはみ出た。しかし、－2σの開きの角度が急なので、ここは様子見。

事例2-3：－2σを大きくかい離。エグジットしてもよい場面。もし、ここで決済をしないで様子を見るなら、RSIが曲がるまで待つ。

事例2-4：－2σまで戻る。ここまで待ったら様子見。

事例2-5：10MAまで戻ってしまう。10MAを超えたら、必ずエグジット。ここが消極的な利確ポイント。

事例2-6：MAで反落。

事例2-7：10MAがレジスタンスとなり、10MAに沿って下落。下がりすぎるか、10MAを超えるまで様子見。

事例2-8：MAを超える。ここでは消極的なエグジット。

◆考察

　結果論として、事例2-3でのエグジットが最高のタイミングでした。積極的なエグジットを狙うことが第一です。積極的な利確のタイミングを逃したら、消極的な利確のタイミングで確実に利益確定するのが望ましいです。

(事例3−1)

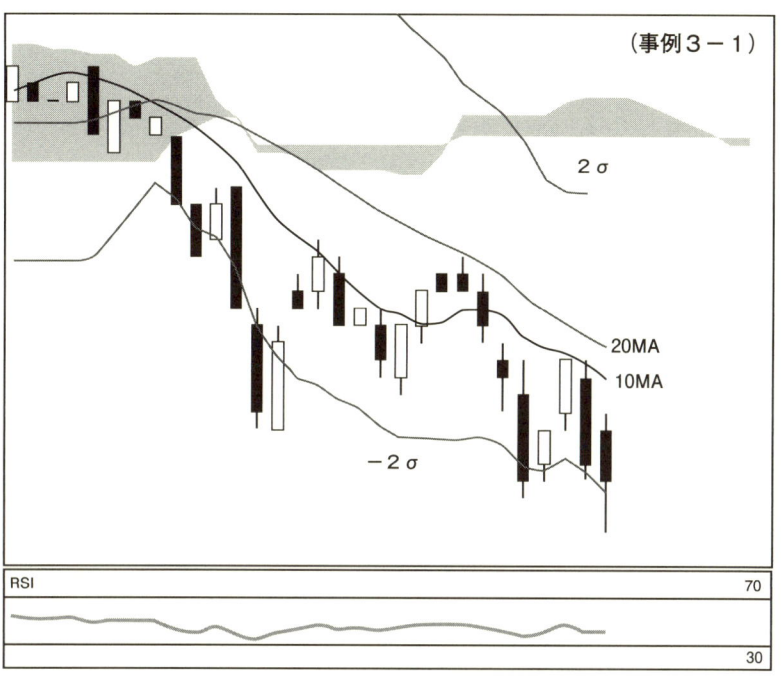

2σ
20MA
10MA
−2σ

RSI 70
30

(事例3−2)

RSI 70
30

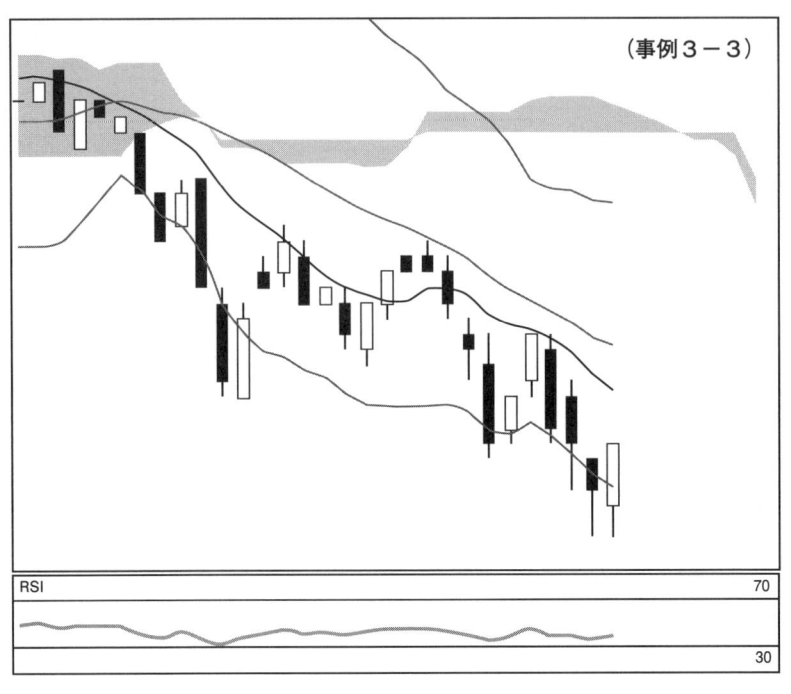

(事例3-3)

RSI 70
30

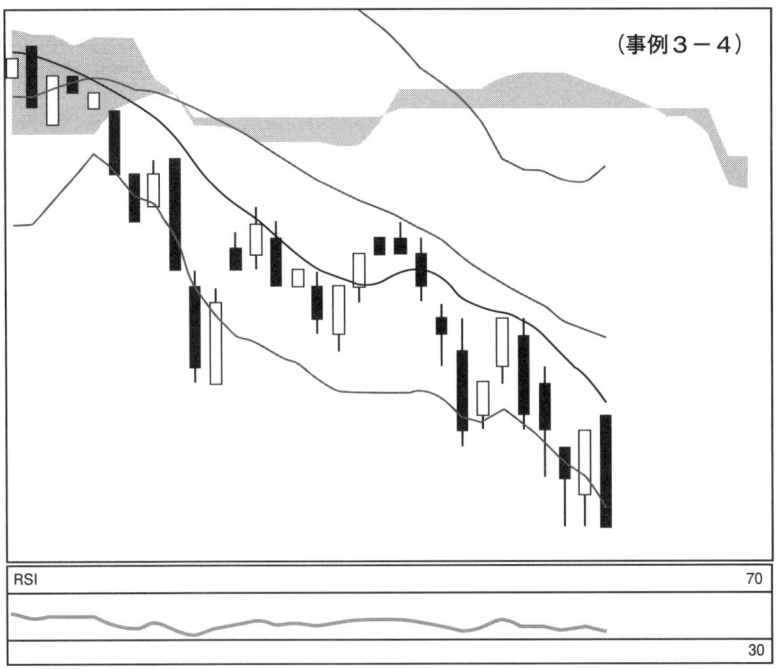

(事例3-4)

RSI 70
30

(事例3-5)

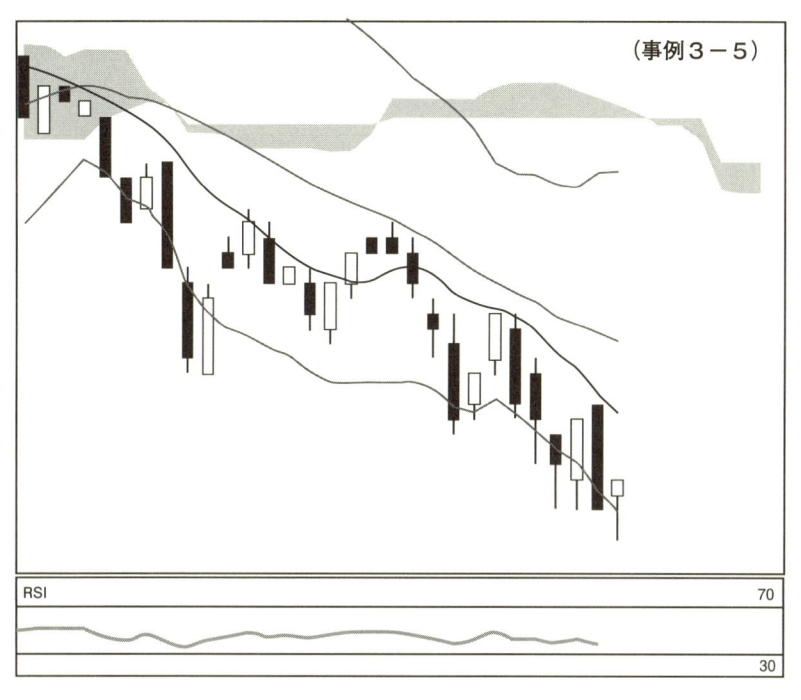

RSI 70
30

(事例3-6)

RSI 70
30

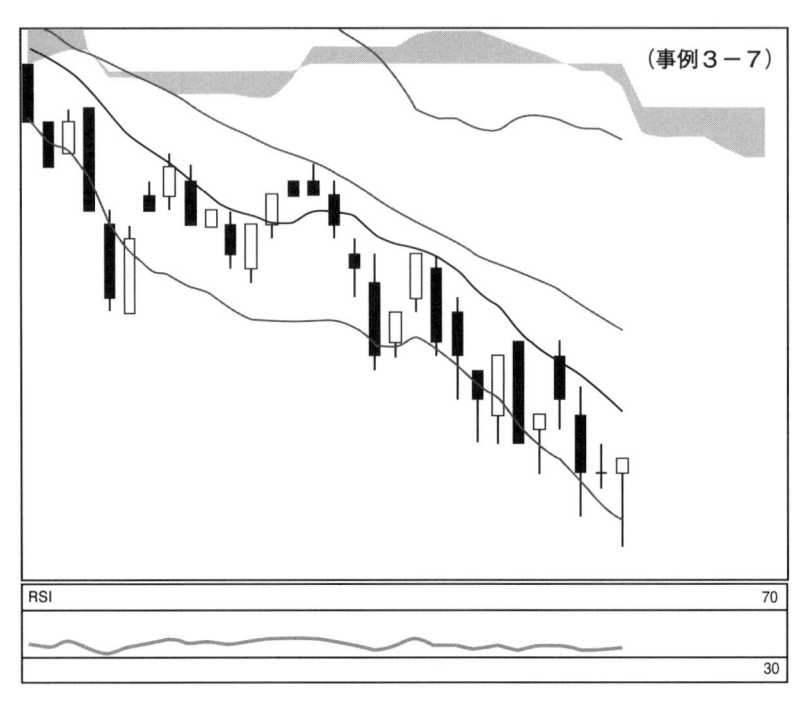

(事例3−7)

RSI 70
30

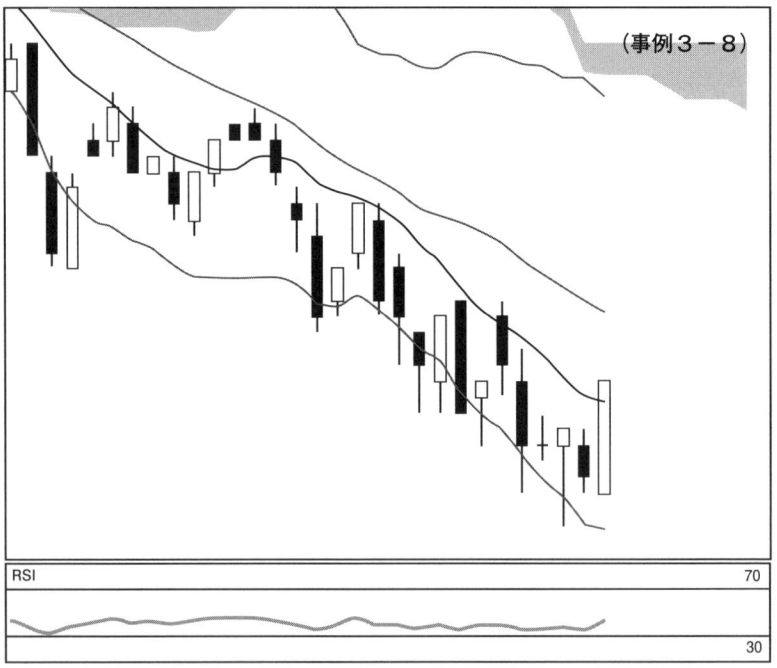

(事例3−8)

RSI 70
30

【事例３の解説】

事例３－１：すでに売りエントリー済み。やや－２σをはみ出るがヒゲで戻される。

事例３－２：再び下落、－２σをはみ出る。ヒゲではみ出し戻されている。

事例３－３：下ヒゲを出して陽線で－２σの内側に入る。エグジットポイント。陽線に変化した時点でのエグジットでもよい。

事例３－４：再び下落。－２σをやや下回ったところで、過去２本のヒゲの安値と並ぶ。

事例３－５：下ヒゲを出して陽線で－２σの内側に入る。エグジットポイント。

事例３－６：MAに当たって反落。ここまで待ったらもう少し様子を見る。

事例３－７：長い下ヒゲの陽線出現。ここもエグジットポイント。

事例３－８：MAを上に超える。ここでは絶対にやめなければならない。

◆考察

　この事例では、－２σをヒゲで大きくはみ出しているため、最も下落したポイントでのエグジットは難しいケースといえます。－２σをはみ出して動いているときに、思い切って決済するか、陽線に変わった瞬間に決済することが求められます。最終的には、消極的なエグジットポイントでもやむを得ないケースとなりました。

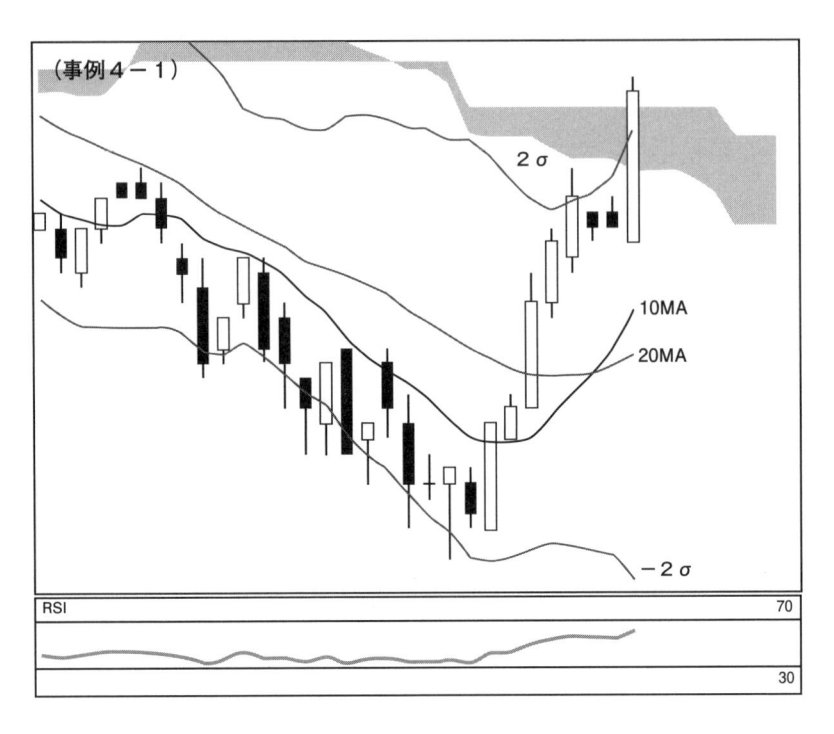

(事例4−1)

2σ
10MA
20MA
−2σ

RSI 70
30

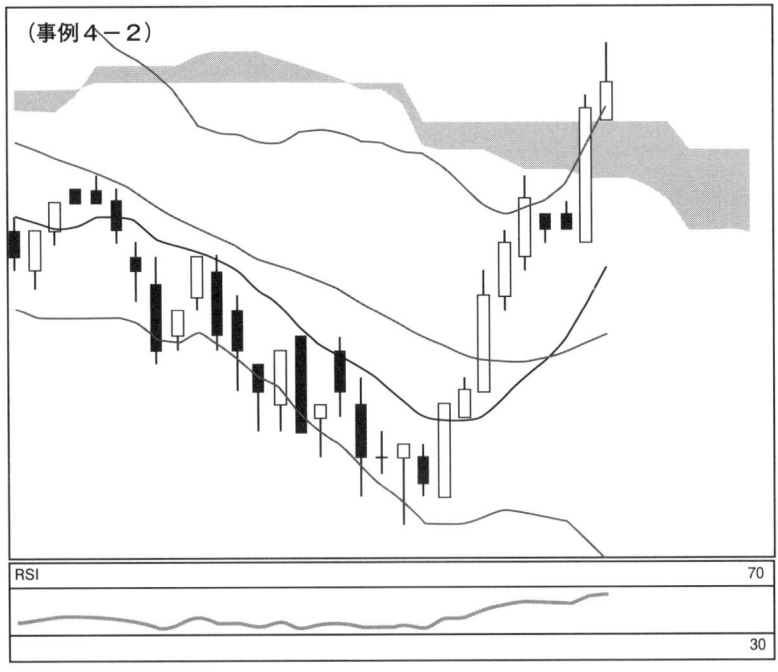

(事例4−2)

RSI 70
30

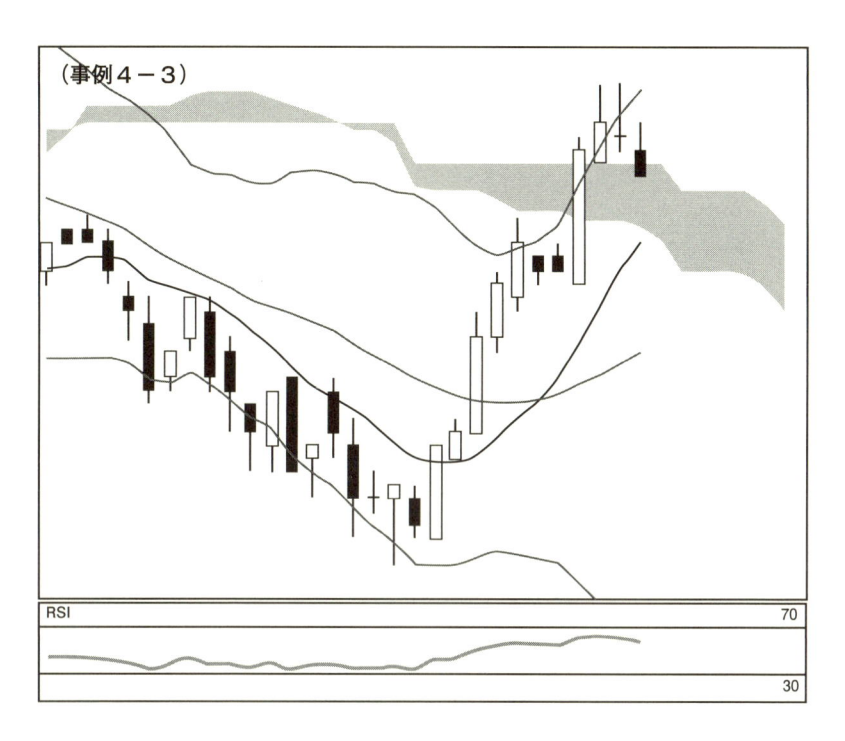

(事例4−3)

RSI 70
30

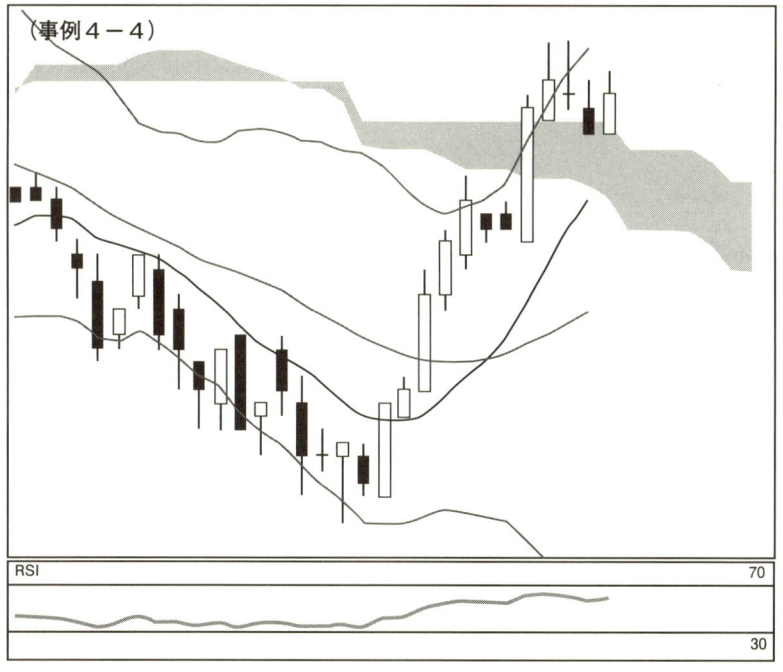

(事例4−4)

RSI 70
30

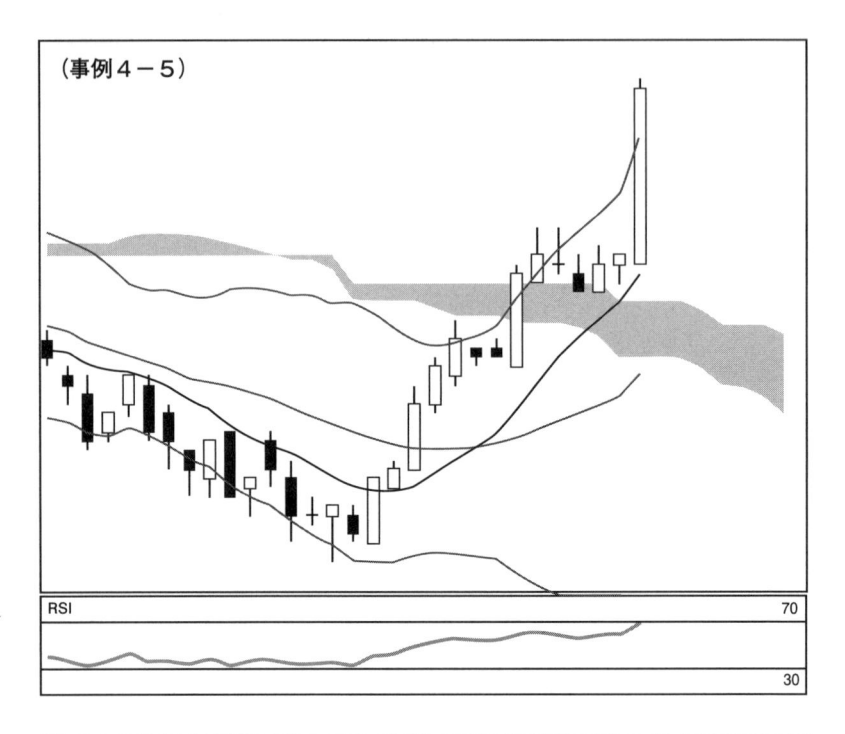

(事例4−5)

RSI 70
30

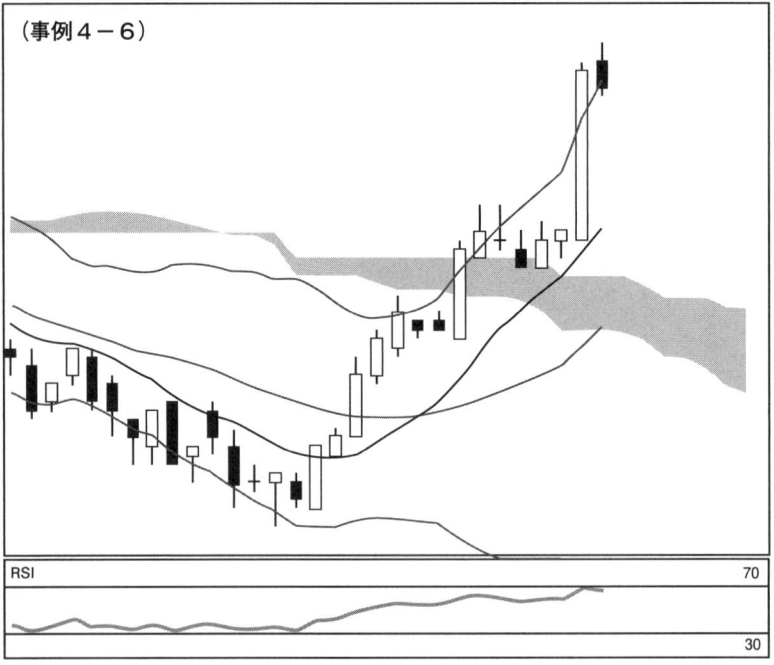

(事例4−6)

RSI 70
30

(事例4−7)

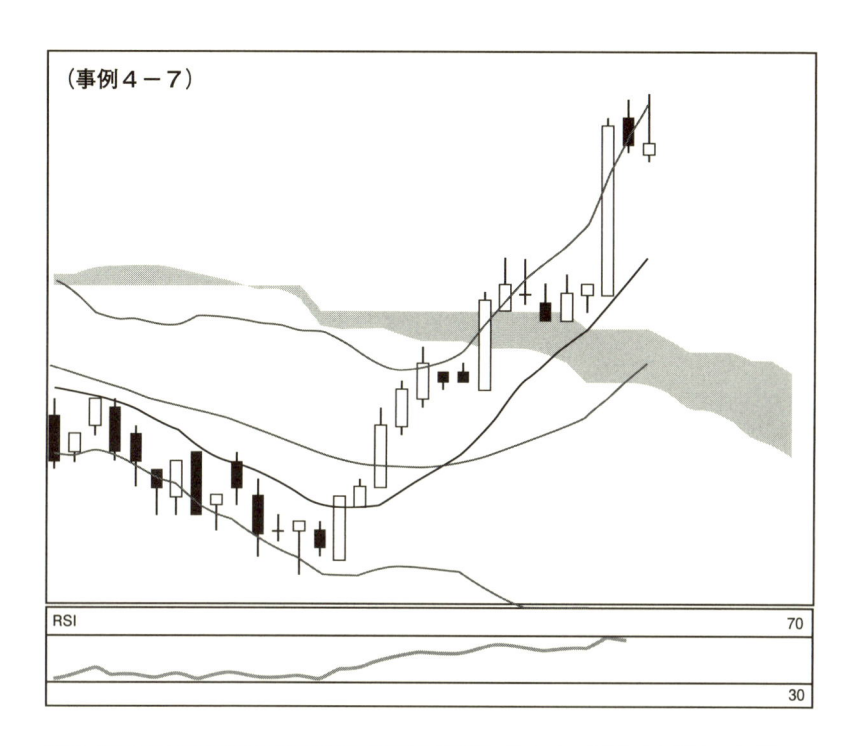

RSI
70
30

(事例4−8)

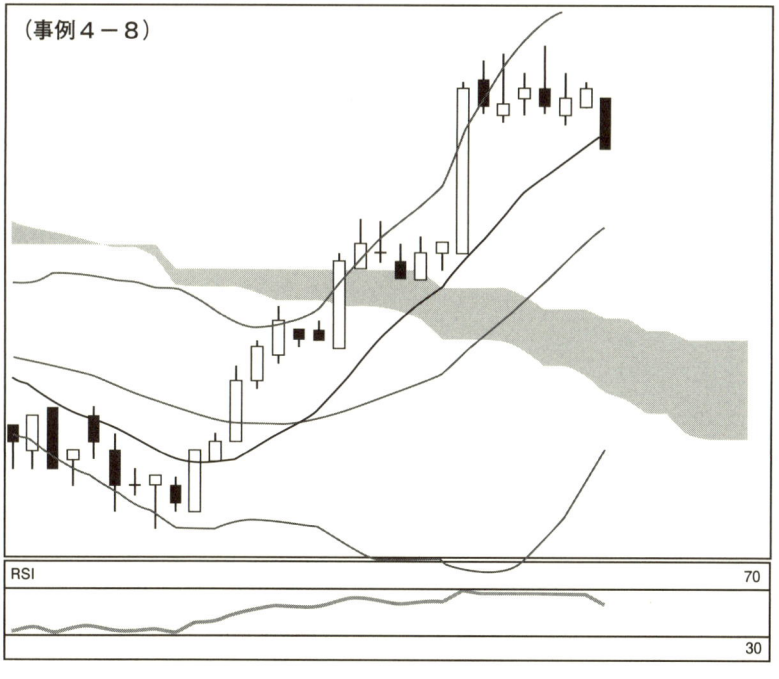

RSI
70
30

【事例4の解説】

事例4－1：客観的事実として雲抜けを確認。

事例4－2：寄り付きで買いエントリー。

事例4－3：下落して雲にめり込んだ状態であり、上に押し返される可能性が高い。

事例4－4：再び陽線出現。様子見。雲に跳ね返されて上昇。

事例4－5：大きく上昇。2σを大きく上回っている。利益確定を考えてもよい場面。

事例4－6：陰線が出て、2σの上で調整。これより内側で終わったら決済となる。

事例4－7：2σの内側に入る。長い上ヒゲも出現。積極的な最後のエグジットポイント。

事例4－8：最終防衛ラインであるMAを割れる。消極的なエグジットポイント。

◆考察

　結果的に事例4－5が最高のエグジットポイントとなりました。雲を上に抜けるという強い買いエントリーであること、下がっても下に雲があることから、下方向については安心して見ていられます。上昇エネルギーが弱くなったところでエグジットを考えるようにしてください。

いかがでしたでしょうか？　4事例を取り上げましたが、利益確定の感触はつかめましたでしょうか。

　利益確定では、まずは積極的な利確を狙ってください。ボリンジャーバンドの±2σを大きくはみ出したときやRSIが「カクッ」と曲がったときに利食いを考えます。そこで駄目なら、次は消極的な利食い（10MA超え＆10MA割れ）で利食うようにしてください。

　一番まずいのは、含み益になっていたのに、結果、実損になってしまうことです。これは、メンタルに相当のダメージを与えます。10円でも構いませんので、利益が残るように執行してください。

コラム：時間軸の考え方

　本書では、トレードに用いる時間足として、「トレンドを判断する＝１時間足」「売買判断をする＝５分足」として解説しています。もちろん、実際のトレードにおいて、この組み合わせに固執するものではありません。

　本書で５分足でのトレードをご紹介している理由は、「最初は５分足でのトレードから始めていただきたい」からです。なぜかと言いますと、「一番リスクが少ないから」です。トレードは「見ている」というのが最も安全な状態になります。なぜなら、おかしな動きがあればすぐに対応できるからです。

　しかし、多くの人たちは忙しいので、トレードに長い時間を割くことはできません。だから、５分足をお勧めしています。５分足はテクニカル分析を有効に使える最も短い時間軸です。実際、１トレードの平均時間は30分〜１時間程度です。このくらいの時間であれば、忙しい方でも寝る前の時間を使ってトレードできる可能性が高まります。

　また、５分足でのトレードには、「ロスカット幅が小さくなる」というメリットもあります。短い時間での変動ですから、ロスカットサインは小さな変動でも出てしまいますが、このこと自体は、サインが出たらきっちりとロスカットしていくことの練習にもなります。

　５分足のトレードに慣れてきたら、好きな時間軸でトレードしても大丈夫です。メジャーな時間軸としては、日足、週

足、月足、1時間足などがあります。まずは、どの時間軸で最も明確なトレンドが発生しているかを探します。明確なトレンドを見つけたら、それよりも1段階短い時間軸のチャートを使って売買サインを探します。

　例えば、日足でトレンドを見つけたら1時間足で売買サインを探す、週足でトレンドを見つけたならば、日足で売買サインを探すという具合になります。

　大切なのはトレードの根拠となる「トレンド」を見つけることです。トレンドが明確な時間軸が見つかったならば、それに合わせてトレードする時間軸を変えてもよいのです。そのほうが勝率も高くなります。

　しかし、ひとつだけ注意事項があります。時間軸を延ばしていくと、当然、マーケットから目を離す時間ができてしまいます。また、ロスカットになるまでの変動幅も大きくなります。ですから、目を離すときはあらかじめ「ロスカットの予約注文」を入れておいてください。ロスカットの予約注文は、テクニカル指標ベースで入れることができないので、ロスカットラインとなるライン等の水準を逆指値で入れることになります。

　以上のように最初は5分足でのトレードをお勧めしますが、慣れてきたら、より良いトレンドを見つけて柔軟に時間軸を変えてトレードをしてください。時間軸を伸ばすということは、より大きなマーケットの波を取りに行くことになりますので、獲得できる利益の幅も必然的に大きくなります。

コラム：通貨ペアについて

　FXトレードに欠かせないものとして「通貨ペアの選択」があります。生徒さんたちからもよく「どの通貨ペアが良いのですか？」と聞かれます。私は、以下の4点を意識しています。

①流動性が高い通貨ペアである（人気のある通貨ペア）
②誰もが取引できる通貨ペアである
③ドルストレートである
④その通貨の国のマーケットが開いているときにトレードする

　それぞれ解説していきます。

①流動性が高い通貨ペアである（人気のある通貨ペア）
　私の手法はマーケットの常識をうまく使ってトレンドに乗るものです。「王道中の王道」と言えます。
　前提はチャートのテクニカル指標がうまく機能することにあります。ですから、マイナーな通貨の場合は、そのチャートを見ている人が少ないという理由で意味がないのです。必然的に、人気のある通貨ペアであることが求められます。
　人気があるということは、「ニーズがある」ということでもあります。そういう通貨ペアはどれかというと、ユーロドルです。この通貨ペアは、世界で最も多く取引されています。続いて「ポンドドル」になると思います。私たちは日本でト

レードしますから「ドル円」も外せません。この3つの通貨ペアで十分だと思います。

②誰もが取引できる通貨ペアである

①の話と似ています。FX業者によっては取引できる通貨ペアの種類に格差があります。A社では取引できるけど、B社では取引できないという類のものです。こういう通貨ペアは人気があるものとは言えないはずです。「誰もがどの業者を使っても取引できる通貨ペア」でなければ①の条件も満たさないことになります。

③ドルストレートである

通貨ペアには「ドルストレート」と「クロスレート」があります。世界の通貨は、通常は米ドルとだけ直接取引がなされています。私たちの「日本円」もインターバンクでは「対ドル」とレートが立っています。他の通貨とは、他の通貨の「対ドルレートと掛け算」することによって、求められるのです。

例えば、ユーロ円であれば、EUR/JPY = EUR/USD × USD/JPY という式で求めます。通常は対ドルのレートは、(Some Currency)/USD という形で表示されます。EURUSDというのは、ユーロを米ドル当たりの値にしているのです。つまり、ユーロを米ドルで割っている数値なのです。GBPUSDにしてもすべての通貨は米ドルで割った値で表現されています。

しかし、例外があります。その国の通貨です。私たちは日本円で生活しているので、世界各国の通貨を「円」で表現

したいニーズがあります。ですから、日本円だけ、USDJPYで表しています。つまり、米ドルを日本円で割った値で表示しています。こうすることで、前述のような掛け算が可能となり、世界中のどの通貨でも米ドルと取引されているものであれば、その価値を日本円で表すことができるのです。こうやって求めた通貨ペアを「クロスレート」と言います。

　クロスレートを取引するときには注意が必要です。前述の式で見ておわかりのように、例えば、アメリカの経済指標の影響で米ドルが急騰したとしましょう。すると、EUR/USDの値は分母が大きくなりますから下落し、逆にUSD/JPYの値は分子が大きくなるので上昇します。この影響をEURJPYで考えると、掛け合わせる2つの要素が上昇・下落するので掛け算したものはとてもおかしな動きをしてしまいます。この動きはチャートでは読みにくいのです。

　ですから、クロスレートを取引するときは、掛け合わせる2つの通貨ペアの両方のトレンドが一致しているか、どちらか一方に動きがないことが前提となります。2つの通貨ペアが逆の動きをしているときには決して手を出してはいけません。なぜならどちらに動くのかを予測しにくいからです。

④その通貨の国のマーケットが開いているときにトレードする

　通貨の取引量は、その国のマーケットが開いているときのほうが多いという傾向にあります。裏を返せば、当該国が夜のときには売買量が少なくなるため、必然的におかしな動きをする可能性が高まるというわけです。

　例えば、「豪ドル円」を夜間に取引するのはタブーです。

なぜなら、オーストラリアも日本も、日本の夜の間は現地のマーケットが閉まっているからです。売買はほとんどなく、一部の参加者の売買によってチャートが大きく動いてしまうおそれがあります。こういう状況のときには、チャートの原理原則は効きにくいのです。
　以上のことから、豪ドル円をやりたいなら日本の日中の時間に限られますし、夜にトレードしたいのであれば、欧州、米国の通貨を使うほうが勝ちやすくなると言えます。

　以上が通貨ペアについての考え方です。最初に記述した３つの主要通貨ペアを見ていれば十分であると思います。さらに変動性を求めるならば、その３つを組み合わせた、EURJPY、GBPJPYを合わせた５通貨ペアを見ていればいいでしょう。
　いろいろな通貨ペアを見すぎてもかえって混乱するだけです。限られた信頼できる通貨ペアを見て、トレンドが出ているものを狙い撃ちすれば、勝率は高くなると思います。

あとがき

　まずは、本書を最後までお読みいただきましたことを心よりお礼申し上げます。投資や相場に対する考え方が少しでも変わっていただけたら嬉しく思います。

　私が著者として本を出版させていただく日が来るとは夢にも思いませんでした。
　学生時代から証券業界に至るまで、自分が相場で稼ぐために、がむしゃらに頑張ってまいりました。
　その後、2008年、2009年の出来事を経て、多くの方々の資産形成・人格形成のお役に立ちたいと思うようになり、その結晶として本書ができたことをありがたく思います。

　私は2015年に「お金の学校」「投資の学校」「お金を創るための学校」という意味で「アーニングアカデミー」をWeb上に設立しました。また、多くの方々に対面でもお伝えできるように、全国に教室を展開する目的で、そのコアとなる「アーニングアカデミー金沢本校」を設立いたします。

　これまで「投資」「相場」に関しては、多くの誤解や悪いイメージがありました。実際に多くの方々が損失を計上してやめていくことも多かったので、「投資＝悪いこと」という印象を持たれがちでした。
　私はずっと投資業界におりましたので、このネガティブなイメージにいつも違和感を持ち続けていました。

しかし、5年もの間、トレードを教える活動を通して、「投資は人を物心両面で豊かにする優れた手段である」という確信を持てるようになりました。

株式投資やFXトレードで損をしてしまうのは、そのためのトレーニングを積んでいないからです。きちんと学ぶ場がなかったからだと、私は思います。

戦後の日本の教育では、お金にかかわることはほとんど教えることがありません。生きていくためにはとても大切なことなのに、何も教わることのないまま大人になってしまうのです。そして、欲望のままに投資やトレードを始めて、損失を出してしまうのです。

自動車の運転に例えれば、無免許でいきなり高速道路を運転するようなものです。トラブルに遭う確率は当然高くなるでしょう。そもそもきちんと動かすこともできないはずです。

今後の私の活動は、ひとりでも多くの方々の金融リテラシーを向上させること、そして、お金の問題で悩む人をひとりでも減らすために全力で金融教育事業を続けることだと思っています。この書籍がその第一歩となりますことを、切に願っております。

私が証券業界にいるときから専門性の高い投資関連書籍を数多く購読させていただいておりましたパンローリング社から、自分の書籍が出版されることは喜びの極みであり、大変光栄に感じております。この世の中にたくさん投資家やトレーダーの方々がいらっしゃる中で、私にこの執筆の機会をいただきましたことを心より感謝申し上げます。

これまで、私の金融の知識と経験を積んでいく過程でお世話になり

ました一橋大学の小川英治教授、野村證券(株)やメリルリンチ日本証券(株)の諸先輩方、また投資家としての基礎から経験まで与えてくださいましたファンネックス・アセット・マネジメント(株)の皆様には、私の投資感が創り上げられる過程において、さまざまな教えを賜りました。今日の私があるのはひとえに皆様のご厚情があったからに他なりません。

そして、2009年よりFXトレードを述べ1000名の方々に教える機会をいただきました津曲さん、小竹さん、渡辺さん、湯浅さんをはじめ、私のトレード手法や考え方を学んでいただきました多くの生徒の皆さんにも感謝申し上げます。自らの手法をわかりやすくアウトプットをする経験を繰り返しいただけたおかげで、それまで私の中でぼんやりしていたトレード手法やフィロソフィーが確立されたと強く思います。

加えて今回、投資関連書籍の代名詞であるパンローリング社からの出版の機会をご提供してくださった池田さん、時任さん、そして、パンローリング社の後藤康徳社長、編集の磯﨑さんにも厚く御礼申し上げます。

皆様のお力があって、この書籍が世に出されることになりました。
いくら感謝してもしすぎることはありません。本当にありがとうございます。

浜本　学泰
〜北陸新幹線開業を待つ金沢より〜

◆著者紹介：浜本学泰（はまもと・たかやす）

　1973年4月、石川県生まれ。中学生のころに外国為替相場に興味を持ち、大学では外国為替・国際金融を専攻して学ぶ。その後、実践の場を求めて、野村證券、メリルリンチ日本証券を経て、独立系投資顧問会社でファンドマネジャーを務める。業務では外国為替ではなく、日本株、特に中小型成長株に特化して業界経験を積む。2008年9月、直感的にファンドマネジャーを自主退職した日の晩、まさに「リーマンショック」が起こる。

　退職後は個人投資家となり、株式投資をする傍らで、長年取り組みたかったFXトレードを始める。月利100％～300％を出し続け、これまで学んできた投資理論が正しいことを証明する。

　2009年より自らの手法をまとめたFXトレードを教え始め、2015年アーニングアカデミーを設立。Eラーニングとリアルセミナーを合わせて、多くの人たちに投資やトレードの魅力と効用を伝え、経済的に独立できる人を増やす活動をしている。

　「投資は簡単じゃなきゃできない」「投資は資産形成しながら人格形成ができる」というのがモットーで、一般的に難しいと思われている投資をわかりやすく伝えてくれるという定評がある。アーニングアカデミー代表。株式会社倭・美　代表取締役。一般社団法人日本証券アナリスト協会　検定会員。国際公認投資アナリスト。

アーニングアカデミー：http://www.earning-academy.com

2015年04月03日　第1刷発行

世界の"多数派"についていく
「事実」を見てから動くFXトレード
～正解は"マーケット"が教えてくれる～

著　者	浜本学泰
発行者	後藤康徳
発行所	パンローリング株式会社
	〒160-0023　東京都新宿区西新宿 7-9-18-6F
	TEL 03-5386-7391　FAX 03-5386-7393
	http://www.panrolling.com
	E-mail　info@panrolling.com
装　丁	パンローリング装丁室
組　版	パンローリング制作室
印刷・製本	株式会社シナノ

ISBN978-4-7759-9135-0

落丁・乱丁本はお取り替えします。
また、本書の全部、または一部を複写・複製・転訳載、および磁気・光記録媒体に入力することなどは、著作権法上の例外を除き禁じられています。

【免責事項】
この本で紹介している方法や技術が利益を生むと仮定してはなりません。過去の結果は必ずしも将来の結果を示したものではありません。

本文 © Takayasu Hamamoto　図表 © Pan Rolling 2015 Printed in Japan

アンディ

専業トレーダーとして生計を立てる。運営するブログ「アンディのFXブログ」で、日々のFXトレードに関する売買手法を執筆。東京時間で一目均衡表やもぐら叩きと名付けた手法で多くの投資家を魅了する。営業マン時代、日本で一番と二番の仕手筋(投資家)から大口注文を受けるなど、その確かな投資眼には定評がある。メディア取材も多く、「週刊SPA!」「YenSPA」(扶桑社)、「ダイヤモンドZAi」などで紹介されている。

17時からはじめる 東京時間半値トレード

定価 本体2,800円+税　ISBN:9784775991169

さまざまメディアに登場している有名トレーダー、アンディ氏の初著書!

「半値」に注目した、シンプルで、かつ論理的な手法をあますことなく紹介! さらに、原稿執筆時に生まれた、(執筆時の)神がかり的な手法も公開!
予測があたってもうまくポジションが作れなければ、良い結果を残すことは難しい。

目次
- 第1章 「半値」とは何か
- 第2章 半値トレードでのポジションの作り方
- 第3章 半値トレード 鉄板パターン集
- 第4章 半値トレード 売買日誌
- 第5章 半値トレード 理解度テスト

DVD アンディのもぐらトレード 正しい根拠に基づく罫線売買術

定価 本体4,800円+税　ISBN:9784775963654

相場で勝つにはどうしたらいいのか? どのような状況でポジションを持つのか? 高い情報商材を買い相場を学んでも勝てるようにはならない。「正しい根拠のある売買」はやっただけ蓄積されるのだ。

DVD アンディの半値トレードの極意 半値パズルと時間パズル

定価 本体4,800円+税　ISBN:9784775963913

神がかり的な売買が誰でもできる! 初心者から実践者まで成果のある半値トレード。秘技世界初公開の半値パズルと時間パズル。半値パズルに時間パズルを入れるとこれから相場が上がるのか下がるのか誰にでも明確。

えつこ

毎月10万円からスタートして、月末には数百万円にまで膨らませる専業主婦トレーダー。SEとして銀行や証券会社に勤務し、その後、ソフト開発の会社も経営していたが、息子を妊娠後、専業主婦になる。今は専業トレーダーとなり、相場の勢いをつかむ方法を独学で学び、毎日トレードに励んでいる。FXの利益で、発展途上国の子供たちや貧困層を援助する財団を設立することが夢。

1日3度のチャンスを狙い撃ちする 待つFX

定価 本体2,000円+税　ISBN:9784775991008

相場の勢いをつかんで勝負する 損小利大の売買をメタトレーダーで実践

本書で紹介する方法は、「MetaTrader4」を使った驚くほどシンプルなもの。難しい考え方や手法はひとつもない。あえて極論するならば、方法さえわかれば、小学生にでもできるようなものだ。なぜなら、すべきことが決まっているからだ。
今、思うように利益が出せていない人、利益も出せるが損失も出してしまう人など、"うまくいっていない"と感じている人に、ぜひ本書を手に取ることをおすすめする。

DVD もう一歩先の待つFX 通貨の相関性とV字トレンド
定価 本体4,800円+税　ISBN:9784939103346

勢いとPivotで見極める決済基準
通貨の相関性は、合成通貨でトレードをする上では大変重要な考え方。その通貨の相関性と、勢いを掴むテクニカルと、PIVOTの考え方で、勢いがついたチャートは何処まで動くのか、そしてどこまでポジションを持つのが安全なのかを説明。

DVD テクニカルとファンダメンタルで待つFX 相場の勢いをもっと掴むトレード
定価 本体4,800円+税　ISBN:9784775963685

「ポジティブか」「ネガティブか」「無反応か」
見るべき3つのポイント！これまでのテクニカルと合成通貨のおさらいはもちろん、講師が重視するファンダメンタルの見方を重点的に解説。

DVD 安全思考の待つFX
定価 本体3,800円+税　ISBN:9784775964088

勝手に動く相場（チャート）を通して、世界中の機関投資家といわれるプロの集団と同じように利益だけを残すためには、「トレードをして良い時」と「トレードしてはいけない時」を見極めろ！

齊藤トモラニ

ウィンインベストジャパンのFXトレーダー兼講師。2006年11月の杉田勝FXセミナーの受講生。セミナー受講後、FXでの利益が給料を上回るようになる。その後、トレーダー兼講師としてウィンへ入社。抜群のFXトレードセンスを持ち、セミナー受講生から絶大な評判を得る。「トモラニ」の愛称で親しまれている。

簡単サインで「安全地帯」を狙う FXデイトレード

定価 本体2,000円+税　ISBN:9784775991268

FXコーチが教えるフォロートレード
簡単サインで押し目買い&戻り売りの
絶好ポイントを探せ!

本書で紹介しているWBRという新しいインジケーターは、RSIに、ボリンジャーバンド(以下、ボリン)の中心線と±2シグマのラインを引いたもの。RSIとボリンの関係から見える動き、具体的には「RSIとボリンの中心線の関係」「RSIとボリンの±2σの関係」からエントリーを探る。

目次
- 第1章 ボリンジャーバンドとRSI ～基本的な使い方と其々を使ったトレード手法～
- 第2章 WBR（Win-Bollin-RSI）について ～ボリンジャー氏からの一言から生まれた手法～
- 第3章 WBRを使った基本トレード トレンドフォロー編
- 第4章 WBRを使った基本トレード 反転トレード編
- 第5章 WBRのイレギュラーパターン
- 第6章 練習問題
- 第7章 ルールより大事なことについて

DVD
トモラニが教える給与を10倍にする
FX勝ちパターンを実現する極意
定価 本体2,800円+税　ISBN:9784775963531

誰かのトレードのマネをしても性格も違う、相場の経験値も違うため自分に合うとは限らない。やはり勝ちパターンは手法ではなく自分自身の中にしか無いのだ。チャートから勝つ技術をつくりだす方法を解説！

DVD
通貨ペアの相関を使ったトレード法
時間軸の選び方がポイント
定価 本体2,800円+税　ISBN:9784775964040

相場で利益を出すためにはトレンドの見極め方が大事だがそれよりも勝敗を分けるのは通貨ペアの選び方である。またUSDJPYだけしかトレードしないという方もいますが、そういう方は時間軸の選び方が利益を上げるキーポイントとなる。

バカラ村

国際テクニカルアナリスト連盟 認定テクニカルアナリスト。得意通貨ペアはドル円やユーロドル等のドルストレート全般である。デイトレードを基本としているが、豊富な知識と経験に裏打ちされた鋭い分析をもとに、スイングトレードやスキャルピングなどを柔軟に使い分ける。1日12時間を超える相場の勉強から培った、毎月コンスタントに利益を獲得するそのアプローチには、個人投資家のみならず多くのマーケット関係者が注目している。

DVD 15時からのFX

定価 本体3,800円+税　ISBN:9784775963296

**毎月の利益をコンスタントに獲得する、
人気テクニカルアナリスト初公開の手法!**

専業トレーダーとして講師が実際に使用している「ボリンジャーバンド」と「フォーメーション分析」を使ったデイトレード・スイングトレードの手法について、多くの実践例や動くチャートをもとに詳しく解説。実際にトレードしたときのチャートと併せて、そのときにどう考えてポジションを建てたのか・手仕舞いしたのかを説明。

DVD 15時からのFX実践編
定価 本体3,800円+税　ISBN:9784775963692

トレード効果を最大化するデイトレード術実践編。勝率を高めるパターンの組み合わせ、他の市場参加者の損切りポイントを狙ったトレード方法などを解説。

DVD 新しいダイバージェンス
定価 本体3,800円+税　ISBN:9784775963562

バカラ村氏が信頼している「ダイバージェンス」を使ったトレード手法。より信頼度が高いダイバージェンスを含め、実践的チャートをもとに詳しく解説。

DVD バカラ村式 ハンタートレード
定価 本体4,800円+税　ISBN:9784775963838

勝ち組になるための3つのステップ、「相場観」「タイミング」「資金管理」。そのなかで利益を具現化させるための過程で一番重要であるのは資金管理である。

DVD バカラ村式 FX短期トレードテクニック 【変動幅と乖離率】
定価 本体3,800円+税　ISBN:9784775964026

トレードの基本は、トレンドに乗ること。今の為替市場であれば円安トレンドに乗ること。短期売買での、順張り・逆張りの両面に対応できるトレードを解説。

DVD バカラ村式 FX短期トレードテクニック 相場は相場に聞け
定価 本体3,800円+税　ISBN:9784775964071

講師が専業トレーダーとして、日々のトレードから培ったスキルを大公開!「明確なエントリーが分からない」・「売買ルールが確立できない」・「エントリー直後から含み損ばかり膨らむ」などのお悩みを解決!

ＦＸ関連書籍

iCustom（アイカスタム）で変幻自在のメタトレーダー
著者：ウエストビレッジインベストメント株式会社

定価 本体2,800円+税　ISBN:9784775991077

自分のロジックの通りにメタトレーダーが動いてくれる。自分自身はパソコンの前にいなくても自動で売買してくれる。そんなことを夢見てEA（自動売買システム）作りに励んでみたものの、難解なプログラム文に阻まれて挫折した人に読んでほしい。

たすＦＸ 脱・受け売りのトレード戦略
著者：島崎トーソン

定価 本体2,000円+税　ISBN:9784775991145

「足し算の発想」なくして、独自のトレードはできない。何らかのアイデア（＝条件）を売買サインに足していくこと、つまり"受け売りではない独自のトレード"を実現するためにどうすればよいのかを紹介。

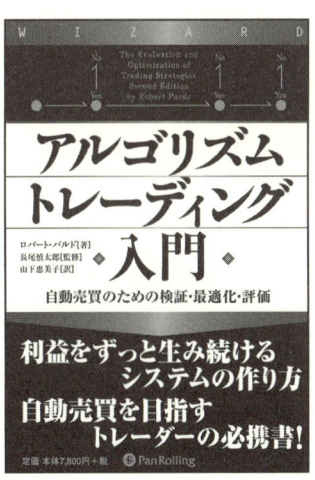

アルゴリズムトレーディング入門
著者：ロバート・パルド

定価 本体7,800円+税　ISBN:9784775971345

利益をずっと生み続けるシステムの作り方！自動売買を目指すトレーダーの必携書！自動売買のバイブル！　トレーディング戦略を正しく検証・最適化するには……。

ＦＸ乖離（かいり）トレード 行き過ぎを狙う 1分足のレンジで勝負！
著者：春香

定価 本体2,000円+税　ISBN:9784775991060

【独自のインジケーターで短期（1分足）のレンジ相場の行き過ぎを狙う】1カ月分（2011年1月）の「トレード日誌」で勝ち組トレーダーの頭の中を公開！

投資(トレード)のやり方はひとつではない。
"百人百色"のやり方がある!

凄腕の投資家たちが赤裸々に語ってくれた、投資のやり方や考え方とはいかに……。

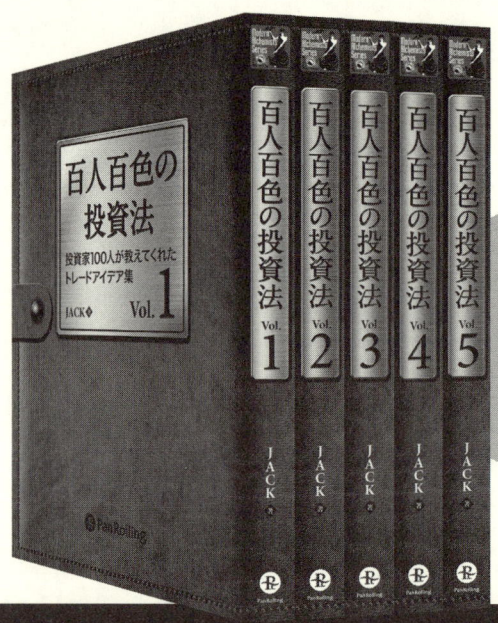

続々刊行

本書(シリーズ)では、100人の投資家(トレーダー)が教えてくれた、トレードアイデアを紹介しています。
みなさんの投資(トレード)にお役立てください!!

百人百色の投資法
投資家100人が教えてくれたトレードアイデア集　JACK 著

シリーズ全5巻